■ 本书系浙江省社科规划课题成果，资助项目为浙江省哲学社会科学规划后期资助课题（编号：22HQZZ19YB）。

浙江省哲学社会科学规划
后期资助课题成果文库

"新农保"
政策效果评估

老年人主观福利与儿童人力资本

郑晓冬　著

ZHEJIANG UNIVERSITY PRESS
浙江大学出版社

图书在版编目(CIP)数据

"新农保"政策效果评估:老年人主观福利与儿童
人力资本/ 郑晓冬著. —杭州:浙江大学出版社，
2021.11
　　ISBN 978-7-308-22044-6

Ⅰ.①新… Ⅱ.①郑… Ⅲ.①农村—养老保险制度—
研究—中国 Ⅳ.①F842.67

中国版本图书馆 CIP 数据核字(2021)第 248568 号

"新农保"政策效果评估:老年人主观福利与儿童人力资本

郑晓冬　著

策划编辑	吴伟伟
责任编辑	陈思佳(chensijia_ruc@163.com)
责任校对	许艺涛
封面设计	周　灵
出版发行	浙江大学出版社
	(杭州市天目山路 148 号　邮政编码 310007)
	(网址:http://www.zjupress.com)
排　　版	浙江时代出版服务有限公司
印　　刷	广东虎彩云印刷有限公司绍兴分公司
开　　本	710mm×1000mm　1/16
印　　张	15.25
字　　数	230 千
版 印 次	2021 年 11 月第 1 版　2021 年 11 月第 1 次印刷
书　　号	ISBN 978-7-308-22044-6
定　　价	68.00 元

前　言

在工业化和城镇化的进程中,中国农村经济不断增长,农民收入不断提高。但与此同时,城镇化和人口老龄化也使得农村家庭核心化与小型化的格局日趋凸显,农村老年人经济状况窘迫、生活照料缺失以及精神抑郁明显等问题亟待解决。我国政府于2009年9月启动了新型农村社会养老保险(简称"新农保")推广试点,此后该政策在全国范围内快速推广,到2012年末,"新农保"政策已基本覆盖了全国所有县级行政区。目前,"新农保"政策已经成为世界上覆盖人口最多的养老保障计划,同时也是中国农村社会保障体系的重要组成部分。政府、学界与公众对"新农保"政策效果寄予厚望,希望该政策能够提高农村老年人福利水平,改善农村居民生活质量。那么,"新农保"政策是否改善了农村老年人基本生活并增进其主观福利?"新农保"政策的主观福利增进效应的主要机制是什么?农村留守老人与非留守老人主观福利受"新农保"政策的影响是否有所不同?此外,由于大量农村劳动力外出务工,中国农村的留守家庭数量庞大。其中,留守儿童的照料任务大多落在了留守老人身上。那么,"新农保"养老金对老年人的影响是否存在家庭层面的儿童人力资本溢出效应?如何优化设计公共转移支付政策来有效促进农村儿童人力资本积累?回答以上问题对改进"新农保"政策、完善农村养老保障体系和公共转移支付制度、提高农村老年人的生活质量、促进农村人力资本发展,以及保证农村社会的稳定有序发展均有重要意义。

鉴于此,本书尝试基于多项具有全国代表性的微观调查数据,结合理论分析与实证检验，致力于探讨"新农保"政策对农村老年人主观福利的影响及其儿童人力资本溢出效应。运用多项数据进行研究的主要原因有二：一是不同微观数据库的主要调查对象不同，因此针对不同群体（例如老年人与儿童）的分析可能需要借助不同的数据集；二是即便调查对象相同，不同的微观调查提供的信息也有明显差异，所以即使是针对同一群体的研究，采用多项微观调查数据能够使得分析更加全面，结果更加稳健。本书针对农村老年人的研究数据来自中国老年健康影响因素跟踪调查（CLHLS）和中国健康与养老追踪调查（CHARLS），针对农村儿童的研究数据来自中国家庭追踪调查（CFPS）。本书的篇章结构安排如下。

第一章至第二章是绪论和理论基础与文献综述。其中，第一章主要阐述本研究的背景与意义、研究框架的构建，以及介绍研究方法和数据来源，该部分内容是本书研究问题的引出和基本信息介绍。第二章对本研究的核心概念进行说明，对"新农保"政策的效果进行研究综述，并进一步回顾总结"新农保"对农村老年人主观福利及儿童人力资本影响的相关理论与文献，该部分内容是本书后续实证研究的理论基础。

第三章至第五章对"新农保"与农村老年人主观福利的关系进行了比较全面的描述统计和实证分析。其中，第三章运用 2002—2014 年的 CLHLS 数据回顾了 21 世纪以来中国农村老年人主观福利的总体情况与变化趋势，并进一步比较了个人特征差异与城乡差异，以此初探农村老年人主观福利状况。第四章根据 2011 年和 2013 年的 CHARLS 数据，运用滞后项估计、工具变量法（2SLS）、断点回归法（RD）和路径分析等方法系统考察"新农保"对农村老年人主观福利的影响及其作用机制，以及该政策对留守老人与非留守老人的影响差异。分析结果回答了"新农保"增进农村老年人主观福利的主要途径是绝对收入水平提高还是相对收入状况改善的问题。第五章基于 2008—2014 年 CLHLS 的三期面板数据，主要运用基于倾向得分匹配的双重差分法（PSMDD），实证检验"新农保"对农村老年人，尤其是对留守老人主观福利的影响及其潜在原因，同时讨论了"新农保"与农村老年人主观福利差距的关系。

第六章至第八章对"新农保"的农村儿童人力资本溢出效应进行探讨，

并对旨在促进儿童人力资本积累的有条件现金转移支付政策的国际经验与中国实践进行归纳总结。其中,第六章、第七章基于2012年和2014年中国家庭追踪调查(CFPS)数据,主要运用固定效应模型(FE)、工具变量法(IV)、双重差分法(DID)和基于倾向得分匹配的双重差分法(PSMDD)等计量分析工具,分别实证检验了"新农保"政策对农村儿童健康与教育人力资本的溢出效应,并考察了该影响关于儿童性别、年龄、留守状态等的群体异质性。此外,研究还进一步探讨了"新农保"对农村儿童人力资本影响的作用机制,包括儿童照料和营养摄入等。第八章系统总结与讨论了旨在长期促进儿童人力资本发展的有条件转移支付项目的国际经验与中国实践,为完善包括"新农保"政策在内的农村公共转移支付政策设计提供参考与借鉴。

本书的主要结论如下:第一,进入21世纪以来,农村老年人的主观福利水平有所提升,但相比于城市老年人仍处低位。第二,"新农保"能够显著增进农村老年人的主观福利,但该正面作用并非主要来自物质层面的绝对收入增加,而是源于精神层面的相对剥夺感减弱。第三,相比于非留守老人,"新农保"对留守老人主观福利的增进作用更加明显。养老金促进了农村老年人的高蛋白食物消费和饮食均衡,并在一定程度上改善了老年人对自身经济水平的评价。但是,"新农保"对农村留守老人的劳动与闲暇、健康行为、代际转移支付以及医疗与照料并没有十分明显的影响,这说明现阶段"新农保"养老金提供的养老保障水平仍然较低。第四,"新农保"的主观福利水平提升作用主要表现为短期效应,在中长期将有所下降。虽然"新农保"可以缩小参保老人的主观福利差距,但包括留守老人在内的弱势老人群体的参保率仍相对较低。第五,"新农保"的影响在家庭层面存在儿童人力资本溢出效应。一方面,农村儿童(特别是留守儿童)的食物营养摄入和健康状况会因"新农保"政策而得到改善;另一方面,"新农保"养老金使家中老年人及父母对儿童的照料水平提升,同时促进儿童健康与学习行为改善,因而农村儿童(特别是留守儿童)的教育水平和教育表现得到了提升。第六,国际经验和中国实践表明,有条件转移支付项目是可资中国借鉴的、有效提升农村弱势儿童人力资本水平的政策工具,该项目能否在中国进一步发展的关键在于项目方案的设计和执行能否融合"自上而下"与"自下而上"的政策设计思路，以及能否与其他相关政策形成统筹互补和与时俱进的贫困治理体系，进而通过提升农村人力资本水平达成可持续减贫愿景。

基于研究结论，本书为"新农保"政策的改进提出了参考建议，包括完善"新农保"养老金待遇调整机制、健全参保和缴费激励机制、提高基金管理水平与参保领取效率等。与此同时，本书认为需要对"新农保"政策的影响进行系统全面的评估，从而更加科学合理地设置"新农保"政策的资金投入力度。在不断改进和完善"新农保"政策的同时，需要积极发展农村就业和养老市场，提高农村家庭和社区养老服务供给水平与质量。此外，需要科学设计和实施激励相容的公共转移支付政策，在我国贫困治理转型的背景下，通过精准有效提高农村人力资本水平帮助实现乡村振兴。最后，本书对可能的研究不足以及未来值得探索的研究方向进行了总结和展望。

设计、实施与完善任何一项政策都应当重视政策的影响评估，基于证据的政策效果评价与改进才能更有效地配置有限资源，提升资源利用效率，从而更大程度地提升政策目标群体的福利水平。本书为在农村地区广泛执行的"新农保"政策的实施效果及溢出效应提供了一个维度的经验证据，在一定程度上为下一步相关政策的优化设计提供了参考。当然，本书的研究视角和内容仍然是有限的，研究方法可能仍有待完善。希望本书能够成为后续相关研究的引玉之砖，书中存在的不足之处，还请批评指正。

目 录

第一章
绪　论

一、研究背景与意义

(一)研究背景

1.中国的人口老龄化趋势及其特点

进入 21 世纪以来,中国的人口老龄化趋势日渐明显。根据国家统计局公布的《2019 年国民经济和社会发展统计公报》,2019 年中国 60 岁及以上老年人共有 2.54 亿,占总人口的 18.1%,65 岁及以上老年人有 1.76 亿,占比 12.6%。《老龄蓝皮书:中国老龄产业发展报告(2014)》预测,到 2030年老年人口占比将达到 25.3%,2050 年这一比重将超过三分之一。中国的老龄化特征不仅呈现为"老龄人口多",还显现"老龄速度快"、"未富先老"以及"农村老龄化问题更严重"的特征。世界银行预测,按照 65 岁及以上老年人口占人口总数的 7% 的人口老龄化标准计算,中国从开始进入老龄化社会到老龄人口占比翻倍,即达到占人口比重为 14% 的时间仅需 25年,远远短于多数发达国家。比如,美国经历这一过程耗时 69 年,而法国则历时 115 年。同时,中国 2000 年进入老龄化社会时人均 GDP 只有 1000美元,仅为发达国家进入老龄化社会时人均 GDP 的一半。当时的农村居民家庭人均纯收入只有 2210.3 元,折算后仅为 267 美元(按当时汇率换算),还不到城镇居民家庭人均可支配收入(5854.0 元)的 38%。这说明相对于城市地区,我国农村地区"未富先老"的现象更加严重(王桂新,2016)。此外,在城镇化进程中,大量农村劳动力向城市转移,人口的城市化直接加快了农村人口的老龄化进程,并且加大了农村老年人的养老压力。根据国务院发布的《2017年农民工监测调查报告》,中国2017年全国农民工有2.87亿人,占全国人口的20.6%。其中,1980年及以后出生的新生代农民工占农民工总数的50.5%。《中国人口和就业统计年鉴——2017》数据显示,2016年中国农村65岁及以上的老年人口占比(12.5%)是城市老年人口比例(8.9%)的1.4倍,农村老年赡养系数(18.4%)是城市(12.4%)的1.5倍。因此,针对老年人口,尤其是农村老年人口问题的研究对中国的经济持续增长、社会和谐稳定以及人民生活质量提高等均有重大意义。老龄问题研究的核心要义是提高老年人的生活质量和改善老年人的福利状况。因而研究如何让老年人,尤其是农村老年人的福利水平稳步提升对促进国家长期的社会经济发展具有重要作用。

2. 中国农村老年人口的养老困难

在中国经济快速增长的过程中,农村社会经历着深刻的转型。在农村经济不断增长和农民收入不断提高的同时,农村家庭的核心化与小型化格局日益显现,包括农村留守老人问题等农村老龄问题亟待解决。国家卫计委发布的《中国家庭发展报告(2015年)》显示,全国空巢老年人已占老年人总数的一半。其中,独居老人占老年人总数的近10%,仅与配偶居住的老人占41.9%。《第四次中国城乡老年人生活状况抽样调查成果》显示,2015年空巢老年人占老年人口的比例达到了51.3%,其中农村为51.7%。根据民政部2013年的统计数字,全国农村留守老人数量已接近5000万。

子女的外出对农村老年人的经济状况、情感支持、生活照料等均产生了较大影响。一方面,外出子女并不一定能快速地通过务工获得额外收入支持农村父母。事实上在子女外出务工的初期,务工子女甚至可能需要农村父母提供经济支持以度过工作适应期。另一方面,即使务工收入有所盈余,子女提供给农村父母的经济支持也有限,并没有明显提高农村老年人的生活水平。因而,农村老年人的贫困状况仍然不容乐观。根据CHARLS2011年基线调查报告,不论是基于收入还是消费的贫困率,农村老年人的贫困状况都要比城市老年人严重得多。比如,农村老年人口的消费贫困率为 28.9%,远高于城市老年人口(9.5%)。另外,子女的外出不可避免地减少了其对农村老年人的生活照料和精神慰藉。CHARLS2011 数据显示,农村老年人子女中外出务工的比例超过了 60%,其中外出距离至少为外省的子女占比超过了四分之一,农村老年人子女平均看望频率和通信频率为每 3 月一次至每月一次。精神慰藉、生活照料的缺失对农村老年人的认知能力、躯体健康均产生了不小冲击。2016 年民政部发布的《中国老年人走失状况白皮书》显示,每年全国走失老人约有 50 万人,平均每天就约有 1370 名老人走失,而约四分之三走失的老人患有认知能力低下、痴呆等精神疾病。2016 年《中国中老年健康状况白皮书》显示:中国中老年认知功能患病率比 10 年前增加了 85%;50 岁后,中老年人因骨质疏松每年会遭遇约 37 万起的骨折事件;60 岁后,中老年人心血管疾病患病率达 39%。

同时,经济状况的窘迫、情感支持的缺失也使得农村老年人,特别是农村留守老人主观福利状况堪忧。CHARLS2011 年基线调查报告指出,中国有约 40% 的老年人(7400 万人)有程度较高的抑郁状况,12.7% 的老年人对生活不满意,这一情况在农村地区更加严重。根据近年对农村地区的老年人抑郁患病率和生活满意度的研究,农村地区老年人的抑郁患病率在 33.3%～53.6%。中国 65 岁老年人的自杀率达 0.04%～0.20%,是全体人口自杀率的 5 倍,农村老年人自杀率是城市的 3 倍以上。《中国家庭发展报告(2015 年)》显示,认为养老有困难的农村老年人超过了 80%。因此,中国农村老年人的养老问题与其主观福利是密切相关的,提高农村老年人的主观福利水平与强化老年人养老保障及改善其个人生活方式紧密相连。

3.“新农保”、农村老年人主观福利与儿童人力资本

在农村经济增长与社会转型的背景下,研究如何更好地增进农村老年人的主观福利对提高整体农村老年人的生活质量及家庭和睦程度,保证农村社会的稳定有序发展至关重要。在政策层面,目前主要的农村社会保障包括“新农保”和新型农村合作医疗。其中,2009 年逐步普及的“新农保”是现今农村老年人的基本社会养老保障,也是农村老年人接受正式社会支持的重要组成部分。它在保障农村居民的基本生活、实现农民的基本权利、

减少农村贫困发生、缩小城乡收入差距、缩小公共服务差距等方面的作用被决策层和学术界寄予了厚望。以往研究对"新农保"政策的减贫、消费、劳动供给、养老模式、代际支持等方面的效果已做了较为充分的讨论,但目前针对本书所关注问题的相关研究仍存在一些不足之处。

其一,国内仅有少量文献关注了"新农保"与农村老年人主观福利的关系,其所得的结论并不一致。一些研究认为"新农保"对农村老年人主观福利影响有限(解垩,2015a),另一些研究则发现"新农保"对农村老年人的主观福利有显著的正向影响(张川川等,2015;张晔等,2016;何泱泱和周钦,2016)。

其二,已有相关文献中部分研究的可靠性有待讨论。比如,解垩(2015b)的研究采用是否具有养老金资格,即以是否达到60岁作为"新农保"指标进行回归。虽然文中指出接受养老金的概率在60岁处形成了断点且有显著增长,但"新农保"制度的逐步试点和"家庭捆绑"的特点使得是否具有养老金资格这一指标并不能够代表老年人是否参保,因而其最终结果可能有一定的偏差。此外,该研究使用的是CHARLS预调研两个省的数据,结果的代表性有限。何泱泱和周钦(2016)的研究虽考虑到了"新农保"对老年人主观福利影响在地区、个人健康、收入的组间异质性,但其存在的最大缺陷是内生性没有得到较好解决。

其三,缺少对"新农保"主观福利效应作用途径的系统讨论和实证研究。以往文献对"新农保"如何影响农村老年人的主观福利还处于定性讨论阶段,尚未见到有研究系统深入地对"新农保"主观福利效应的作用途径进行实证检验。而明晰政策的作用途径对更具针对性地采取辅助措施以及更有效地提升主观福利水平是大有裨益的。

其四,缺乏对农村留守老人群体的关注。当前的"新农保"政策主观福利效应相关研究大多关注农村老年人整体,探析留守老人群体受到的政策影响以及影响路径的研究极为少见。留守老人在经济状况、情感支持以及生活照料方面与非留守老人有着较大的差异,因此,留守老人的主观福利状况往往比一般老年人更不乐观,这也决定了"新农保"政策对这两类人群的影响将会有所不同。这可能是改进现行政策的重要证据之一。

其五，缺乏考虑"新农保"对农村老年人影响的溢出效应。作为一种近似公共转移支付项目，"新农保"不仅对领取养老金的老年人福利水平产生影响，同时也将产生家庭成员间的溢出效应。由于家庭内部利他主义（altruism）的存在，"新农保"养老金在改善老年人生活状况的同时，可能减少其子女提供的代际经济支持，同时家中儿童的人力资本状况等也将随老年人生活水平的提高而改善，这种情况在当前中国农村可能是普遍存在的。原因在于，农村年轻劳动力的外出造成了很大数量的儿童被留在农村，这些留守儿童的照料任务往往落在了留守老人身上。而留守老人的福利状况将直接影响其与孙辈的隔代关系，包括对孙辈的教养态度、营养供给等，研究"新农保"政策对老年人影响的溢出效应有助于促进对该政策效果进行更全面的理解，同时也对评估与改进"新农保"政策有重要帮助。

鉴于上述分析，本书的主要目标是基于具全国代表性的微观调查数据，通过影响评估的方法探究"新农保"政策对全体农村老年人和农村留守老人主观福利的影响及作用途径。同时，在此基础上进行异质性分析，包括政策效果在不同类型老人的主观福利水平上的分布，以及在不同个人特征、家庭特征与区域因素等方面的差异。此外，本书还将讨论"新农保"政策的主观福利效应对于留守老人与非留守老人的差异，以及"新农保"养老金在家庭层面的儿童人力资本溢出效应，并在以上研究的基础上，提出增进农村老年人主观福利、促进农村人力资本发展的针对性对策建议，为改进农村养老服务体系、提高农村居民老年生活质量、实现农村长期可持续减贫、保障农村社会持续稳定发展提供经验证据与政策参考。

（二）研究意义与应用价值

本书补充与完善了关于农村老年人主观福利的主要决定因素等问题的研究，具有一定的理论意义。"新农保"政策是保障中国农村居民老年基本生活的重要基础性工程，探究其与老年人主观福利的关系有助于讨论与检验"幸福经济学"理论在中国语境下的表现，同时有助于在一定程度上回应以往相关研究的分歧与判断，丰富国内关于主观福利的理论研究成果，为社会养老金项目的成效提供中国经验。此外，本书还弥补了现有相关研究中存在的方法使用可靠性存疑、政策作用途径讨论与检验欠缺，以及对农村留守老人群体和政策溢出效应关注缺乏等不足，在主观福利方面丰富了"新农保"政策效果的评估，为政策的改进提供参考依据。

对于农村留守老人这一弱势群体，如何更有针对性地设定社会支持政策，进而更好地提升他们的福利水平是一个非常重要的课题。本书将同时比较"新农保"对留守与非留守老人的影响及路径差异，深入系统地讨论"新农保"政策对农村留守老人主观福利的影响及影响机制，因而具有较强的政策含义。这对于进一步提高政策的针对性、增进农村留守老人主观福利，进而提升农村留守老人的隔代照料水平均有重要作用。本书的成果可为致力于减少农村留守老人抑郁状况、改善其生活状态的政府部门提供决策依据。

在"新农保"政策的溢出效应方面，本书深入探讨了"新农保"对农村儿童人力资本（健康与教育）的影响及其作用机制，为全面理解"新农保"政策效果和改进现阶段的相关政策有重要参考价值。虽然儿童发展已被纳入国家发展规划和扶贫规划，但相关政策和实践仍有待更新与完善（中国发展研究基金会，2017）。一个需要重视的现状是：目前我国针对农村儿童的转移支付项目仍处于起步阶段，并且国内相关文献主要考察的是转移支付政策的短期减贫效应。本书着眼于农村儿童人力资本，考察"新农保"政策在家庭内部的溢出效应，这在一定程度上突破了多数研究仅关注"新农保"对老年人个人福利和家庭经济福利影响的现状，有助于更加全面准确地评价"新农保"政策的成效。

二、研究框架

(一)研究目标

本书的主要目标是基于具全国代表性的微观调查数据，通过影响评估的方法探究"新农保"政策对农村老年人主观福利的影响及主要作用途径。同时，在此基础上通过异质性分析探究政策效果差异，包括其在不同类型老人主观福利水平上的分布,以及在不同个人与家庭特征等方面的不同,特别是"新农保"主观福利效应关于留守老人与非留守老人的差异。此外,鉴于中国农村存在大量留守老人和留守儿童这一国情,本书以健康和教育为儿童人力资本的表征,探究"新农保"对农村儿童人力资本积累的溢出效应,以及该影响的群体异质性和作用机制。最后,基于研究结论,为决策部门提供针对性的政策建议,以期改善农村老年人生活状态并提高其主观福利水平,以及有效促进农村人力资本发展。

(二)研究对象与研究内容

本书的主要研究对象是农村老年人和农村儿童,特别是农村留守老人和留守儿童。其中,留守老人(儿童)是指因子女(或父母)长期(通常半年以上)离开农村户籍地进入城镇务工、经商或从事其他生产经营活动而在家留守的老年人(儿童)。本书在分析过程中注重留守与非留守群体之间的对比。根据研究目标,本书的主要研究内容如下。

第一,运用中国老年健康影响因素跟踪调查(CLHLS)数据回顾21世纪以来我国农村老年人主观福利的总体情况与变化趋势。在此基础上,进一步分析农村老年人主观福利变化趋势的个人特征差异,以及老年人主观福利的城乡差异。

第二,基于2011年和2013年中国健康与养老追踪调查(CHARLS)数据,运用滞后项估计、工具变量法(2SLS)、断点回归法(RD)和路径分析等方法,系统地考察"新农保"政策对农村老年人主观福利的影响及其作用机制,以及该政策对留守老人与非留守老人的影响差异。主要回答"新农保"主要是通过绝对收入水平提升还是相对收入状况改善来提升农村老年人主观福利水平的问题,并比较"新农保"的主观福利效应关于留守状态以及其他老年人特征的差异。

第三,基于2008—2014年中国老年健康影响因素跟踪调查(CLHLS)的三期面板数据,主要运用基于倾向得分匹配的双重差分法,实证检验"新农保"对农村老年人,尤其是留守老人主观福利及其不平等的影响及其原因,并讨论、检验"新农保"与包括留守老人在内的农村老年人主观福利差距的关系。其中，影响渠道分析将影响路径具体化为老年人生活方式（食物消费、劳动与闲暇以及健康行为）和生活水平（经济状况、代际转移支付、医疗与照料情况），以此进一步细致地分析"新农保"如何影响农村老年人的主观福利，并区分留守老人与总体的差异。

第四，基于2012—2014年中国家庭追踪调查（CFPS）数据，运用固定效应模型、工具变量法（2SLS）以及基于倾向得分匹配的双重差分法（PSMDD）等分析"新农保"政策对农村儿童，尤其是留守儿童健康的溢出效应、异质性以及作用机制。与此同时，本书还利用CFPS数据，进一步考察了"新农保"对农村儿童教育水平和教育表现的影响、群体异质性以及主要作用机制。对"新农保"政策在家庭层面的儿童人力资本溢出效应进行分析，有助于扩展"新农保"对农村老年人，特别是农村留守老人主观福利影响的理解。

第五，在得出"新农保"政策对农村老年人，特别是留守老人主观福利的影响、异质性、作用途径以及溢出效应等分析结果的基础上，为完善农村社会保障体系和公共转移支付制度、改善农村老年人生活质量和增进老年人主观福利，以及促进农村人力资本发展的政策设计，提出相应的针对性对策建议。

三、研究方法与数据来源

（一）研究方法

本书采用理论分析与实证检验相结合的方法，研究"新农保"对农村老年人主观福利和儿童人力资本的影响。具体研究方法包括理论分析法、描述统计分析法、实证分析法和对比分析法。

1. 理论分析法

在运用数据对每个具体的研究问题进行统计描述和实证检验之前，本书通过已有文献及理论对影响机制与逻辑进行尽可能全面的阐释。本书主要借助福利经济学理论、人力资本理论和家庭行为理论，以及既往研究的结论与推断,从多个角度对"新农保"如何影响农村老年人主观福利和儿童人力资本进行理论分析。

2.描述统计分析法

本书运用具有全国代表性的微观追踪调查数据,描述与总结农村老年人 21 世纪以来各个主观福利指标的变化趋势及特点,以及农村儿童的健康与教育指标的总体情况和群体差异。与此同时,回顾"新农保"政策的实施过程、特点以及农村居民的参与情况。

3.实证分析方法

首先,本书运用工具变量法(2SLS)、断点回归法(RD)和基于倾向得分匹配的双重差分法(PSMDD)等方法评估"新农保"政策对农村老年人主观福利影响的因果关系,并区分"新农保"的主观福利效应在留守老人与非留守老人之间的差异。其次,本书使用路径分析等方法探讨"新农保"对农村老年人主观福利的影响路径以及对留守老人影响机制的特殊性。再次,本书运用基于 PSMDD 的分位数回归讨论"新农保"与农村老年人主观福利差距的关系,并对留守老人群体进行单独考察。最后,本书以儿童健康和教育为人力资本的表征,运用固定效应(FE)模型等对"新农保"养老金在家庭层面的溢出效应进行研究,并运用中介效应模型考察"新农保"对农村儿童健康与教育的影响渠道,促进对"新农保"政策效果的全面理解。

4.对比分析法

在描述老年人主观福利总体变化趋势的同时,本书还根据老年人个体特征进行了分组比较以及城乡对比。在实证分析时,本书不仅考察了"新农保"对农村老年人主观福利和儿童人力资本的总体影响,也进行了多个标准的分组回归,以此获得不同群体的差异,进而提出更具针对性的政策建议。

(二)数据来源

本书的数据主要来自二手数据库。其中,在总结 21 世纪以来农村老年人主观福利及主要影响因素的变化趋势时,本书采用的数据主要是 2002—2014 年中国老年健康影响因素跟踪调查(CLHLS)数据。实证分析部分主要运用 2011 年和 2013 年中国健康与养老追踪调查(CHARLS)的农村老年人的数据,考察"新农保"对农村老年人主观福利的影响及其机制,并对比了该政策对留守老人与非留守老人的影响差异;使用 2008—2014 年中国老年健康影响因素跟踪调查(CLHLS)数据,分析"新农保"对农村留守老人主观福利的影响及其机制;利用中国家庭追踪调查(CFPS)数据,以农村儿童健康和教育为人力资本的表征,探索"新农保"对老年人的影响在家庭层面的溢出效应。接下来对数据库进行逐一简介,数据的使用与处理过程将在后面几章中进行具体说明。

1. CHARLS 数据库

中国健康与养老追踪调查(CHARLS)是目前我国唯一的以中老年人为调查对象的大型家户调查,是较具代表性的全国微观调查。其调查对象是随机抽取的家庭中 45 岁及以上的居民。CHARLS 问卷设计借鉴了国际经验,包括美国健康与退休调查(HRS)、英国老年追踪调查(ELSA)以及欧洲的健康、老年与退休调查(SHARE)等。调查内容包括家户信息、被访者健康状况和功能、体格测量、医疗保健与保险、工作、退休和养老金以及收入、支出与资产等情况。CHARLS 最早于 2008 年对浙江与甘肃两省 32 个县的 2850 个被访者进行预调查。全国基线调查于 2011—2012 年进行,覆盖 28 个省(区、市)的 150 个县,约 1 万户家庭中的 1.7 万人。2013 年 CHARLS 进行了首次追踪调查,以后的追踪调查每两年进行一次。CHARLS 调查抽样遵循多阶段按规模大小成比例的概率(PPS)抽样,分别在县(区)、村(居)、家户、个人层面上进行四个阶段的抽样。在县级抽样阶段,以每个区县的人口为基础,使用地区、城乡以及人均 GDP 划分层级,在全国范围内选取 150 个调查区县。而后,运用相同方法在每个区县抽取 3 个村或社区,最后得到 450 个村或社区。按照预调研得到的每个村(居)24 户有效家户估算需要抽中的样本户数量,并在 80 户内进行相应数量的样本抽取。最终,基线调查抽取样本户 23590 户,而后根据每户 45 岁及以上的条件得到有效样本 17587 个。

2. CLHLS 数据库

中国老年健康影响因素跟踪调查(CLHLS)是由北京大学健康老龄与

发展研究中心/国家发展研究院组织的中国老年人追踪调查。调查范围覆盖全国 23 个省(区、市),调查问卷分为存活被访者问卷和死亡老人家属问卷两种。存活被访者问卷的调查内容包括老人及其家庭基本状况、社会经济背景及家庭结构、经济来源和经济状况、健康和生活质量自评、认知功能、性格心理特征、日常活动能力、生活方式、生活照料、疾病治疗和医疗费承担;死亡老人家属问卷的调查内容包括死亡时间、死因等内容。该调查项目在 1998 年进行基线调查,在选取县、县级市、区以及村(社区)调查点时也根据多阶段 PPS 抽样原则进行抽样。此后分别于 2000 年、2002 年、2005 年、2008 年、2011 年和 2014 年进行了跟踪调查。1998 年及 2000 年 CLHLS 调查对象是 80 岁及以上的老年人,而后从 2002 年开始,调研对象年龄范围扩大到 65 岁及以上老人以及 35—65 岁成年子女子样本。在 2002 年、2005 年、2008 年、2011 年和 2014 年的跟踪调查中,年龄为 35—110 岁的被访问者人数分别为 20428、18549、20366、10191 人和 7192 人。其中,2011 年和 2014 年除长寿地区健康老龄化典型调查外的全国其他调查点跟踪调查中,没有新增替补受访者,仅访问上次调查被访、仍然存活的老人以及上次调查被访后已去世老人的亲属。

3. CFPS 数据库

中国家庭追踪调查(CFPS)是由北京大学中国社会科学调查中心(ISSS)开展的一项全国性综合社会调查,旨在反映中国社会、经济、人口、教育和健康的现状与变迁,为经济、社会理论与实践的相关主题学术研究提供高质量的数据支撑。CFPS 的基线调查于 2010 年进行,调查采用多阶段 PPS 抽样,样本覆盖全国 25 个省(区、市)的 16000 户家庭,能代表全国约 95% 的人口。基线调查结束后,项目组每两年进行一次追踪调查。截至研究进行时,项目组已搜集并对外公布了 4 期数据,分别来自 2010、2012、2014 与 2016 年的全国追踪调查。CFPS 调查中分为四类主体问卷,分别是村/居问卷、家庭问卷、成人问卷与少儿问卷。16 岁及以上的个人完成成人问卷,15 岁及以下的个人问卷主要由主要看护人进行代答,其中 10—15 岁的儿童完成额外的自答问卷。CFPS 数据提供个人受访者的基本人体测量数据、养老金状态和其他家庭成员的社会经济信息。由于 2010 年的基线调研问卷和之后几轮的问卷不同,且并未包括详细的"新农保"政策相关信息,在进行研究时,2016 年数据还未完全公开,所以本书主要使用的是 2012 年和 2014 年两轮数据。

第二章
理论基础与文献综述

本章主要对本书的核心概念进行说明,总结关于主观福利的已有相关理论,为后续的实证研究奠定理论基础。在此基础上,本章还描述了中国农村社会养老保险政策的背景与变迁,回顾了现有研究关于养老金对老年人及其家庭生活质量影响的国内外文献,并对现有研究仍存在的不足与改进之处进行了相应评述。本章的内容主要包括:①对本章研究的核心概念进行说明;②综述有关"新农保"政策效果的主要文献;③回顾"新农保"和农村老年人主观福利的相关理论与文献;④回顾"新农保"和农村儿童人力资本的相关理论与文献。

一、核心概念说明

(一)农村老年人、留守老人与老龄化

关于老年人的定义,现今主要有两种,均是通过年龄进行区分。西方国家以 65 岁为界限,满 65 岁的称为老年人。世界卫生组织(World Health Organization,WHO)将老年人定义为 60 岁及以上的人群,这与中国的习惯划分是相同的。在中国,60 岁又称"花甲之年"或"耳顺之年"。进入老年期的人群一般的生理特点包括生理机能和健康水平下降、新陈代谢放缓、记忆力衰退等。农村老年人指的是具有农村户籍的老年人。农村留守老人则通常是指子女长期(通常为 6 个月及以上)离开户籍地进入城镇务工

或经商而留守农村的老年人。

老龄化是人口出生率降低以及人均寿命延长导致的总人口中年轻人口数量相对减少，老年人口数量相对增加，即老年人口占总人口比例不断上升的过程。国际上关于老龄化社会的一般标准是，若一个国家或地区 60 岁及以上老年人口占到人口总数的 10％，或 65 岁及以上老年人口占到人口总数的 7％，则该国家或地区的人口处于老龄化社会。按照该指标，中国在 21 世纪初正式进入老龄化社会，同时老龄化进程非常迅速。根据国家统计局颁布的《2017 年国民经济和社会发展统计公报》，截至 2017 年末，中国 60 岁及以上的老年人占总人口的比例为 17.3％，其中 65 岁及以上的老年人占总人口的 11.4％。与此同时，中国的农村地区老龄化情况比城市地区更加严重。《中国人口和就业统计年鉴——2017》数据显示，2016 年中国农村 65 岁及以上的老年人口占比（12.5％）是城市老年人口比例（8.9％）的 1.4 倍。因而，农村老年人的养老问题是中国当前面临的重大问题之一。

需要说明的是，在本书的描述与实证分析中，对老年人的年龄界定是根据不同数据的实际情况进行相应划分的。基本的划分原则如下：第一，由于 CLHLS 调查的是 65 岁及以上老年人，故使用该数据库时老年人的年龄界线为 65 岁。第二，由于 CHARLS 和 CFPS 数据库包含 60 岁及以上农村人口样本，因此在运用这两个数据库时，设定的老年人年龄界线为更接近中国现实情况的 60 岁。

（二）福利与主观福利

1. 福利

"福利"一词在中国自古有之，其含义可以简单理解为幸福和利益。在东汉哲学家、政论家仲长统所著的《昌言》中即有"是使奸人擅无穷之福利，而善士挂不赦之罪辜"，"唐宋八大家"之一韩愈的《与孟尚书书》有载："何有去圣人之道，舍先王之法，而从夷狄之教，以求福利也。"在西方，"福利"一词的英文为 well-being、welfare 或 wellness，这些关于福利的英文单词的前半部分的 well 或 wel 均是指"好"的意思，而后半部分则是指"状态"、"阶段"或"程度"，两者相结合，福利指的是个体或者群体处于良好状态的程度。这里所谓的状态包括社会经济状态、身体健康状态、心理健康状态等。综合而言，中西方对福利的理解是类似的，当个体或群体的良好状态程度较高，则其福利水平也就较高。"福利"一词经常与"幸福"（happiness）共同使用，日常生活中提及的幸福通常是指个人在某一时刻的短期满足感或者感受到的积极情绪，因而福利相对于幸福的概念更加宽广。

　　福利的概念在不同领域中的内涵和侧重点有所不同。在哲学领域中，福利通常被认为是个体在生活中身心上的快乐与享受。以古希腊哲学家亚里斯提普为代表的享乐主义（hedonism）认为，个人的福利主要来源于感官上和心灵上的快乐体验，而且这种快乐体验对个体而言是最为重要的。欲望理论（desire theory）则认为人的福利来自对个人欲望或爱好的满足，德国哲学家康德曾说："幸福是对我们的一切爱好的满足。"此外，包括亚里士多德、柏拉图在内的古希腊哲学家认为个体福利感受源于个人的德行，个体福利为"有德行"的精神和物质生活感受，美德不仅能增进个人自身的福利还将增进他人福利。中国的儒家思想认为福利的主体是社会整体，如"修身、齐家、治国、平天下"的观点即指从个人的道德修养开始提升，达到天下的幸福，因而儒家的福利理念注重道德和精神上的快乐。可以发现，早期的一些中西方哲学家对福利的理解有诸多共同之处，两者均强调道德的作用。同时，相比之下，中国哲学思想更加强调整体的福利。

　　经济学家对福利有着长期的研究，新古典经济学家马歇尔在其著作《经济学原理》开篇即提道，"政治经济学或经济学是一门研究人类一般生活事务的学问，研究个人和社会活动中与获取和使用物质福利必需品最密切的那一部分内容"。因而经济学不仅研究财富，更重要的是研究人。福利水平的提高或者说获得幸福是绝大多数个体终其一生的追求，因而关于个人和社会福利的经济学研究颇为广泛。早期西方经济学家讨论福利时也强调伦理道德及自由平等，如现代西方经济学鼻祖亚当·斯密在其《道德情操论》中强调情感和同情心等利他主义（altruism）道德情操对社会整体福利水平提升的重要性。马克思的福利观认为社会福利不仅包括物质福利，更重要的是精神福利，自由、平等与和谐是社会福利的重要组成部分。一直以来,经济学家都在侧重个人或社会福利的测量,早期的研究主要侧重福利在财富与物质上的测度。例如,亚当·斯密的另一部更广为人知的著作《国富论》指出,社会的发展程度可以通过人们生活的必需品的便利程度测量(necessaries and conveniences of life)(Jany-Catrice and Méda,2013),其中的社会发展程度大体可以理解为社会的整体福利。19 世纪以来,经济学开始转变仅研究财富的局面,成为研究人的学问,用以解释人的经济行为的效用(utility)理论(或称消费者行为理论,theory of consumer behavior)开始发展。经济学上的效用是对消费者通过消费或享受闲暇等满足个人需求和欲望的一种度量,效用一度成为衡量个人的福利和快乐程度的指标。效用的概念还被运用于关注致力于社会整体福利最大化的经济学分支之一:福利经济学。现今的经济学对某一个体或经济体的福利评价不仅限于收入或 GDP,而更多地关注福利的多维度衡量,包括客观与主观标准,客观标准包括收入分配、健康、环境、教育等。比如 20 世纪 90 年代,联合国开发计划署提出了用于评价经济体的经济社会发展和福利水平的人类发展指数(human development index,HDI)。该指数的指标构成即包括人均收入、预期寿命、成人识字率和入学率等。主观标准则是个体基于自身的认知对自己的生活状态做出的评价,比如生活满意度和主观幸福感等。

2. 主观福利

经济学上的福利包括主观福利(subjective well-being)和客观福利(objective well-being)。其中,主观福利是个体生活质量的内在(internal)表现,包括心理情绪状态和生活满意度等。客观福利则表现在包括财富、社会地位等社会经济状况的外在(external)结果(Alatartseva and Barysheva,2015)。标准经济学理论通过"客观"角度将个人的显示性偏好导出为个人效用,从而通过效用解释消费者的选择行为,进而通过家庭的消费行为得出社会的整体福利,因此个人的主观福利一度在经济学中并不受重视。20 世纪 90 年代以来,诸多经济学家对这一观点提出了挑战,他们将情感、自尊、社会地位、目标实现等主观感受纳入了效用函数,并将其称为主观效用或主观福利(Frey and Stutzer,2002)。研究个体的主观福利也成为 20 世纪末兴起的"幸福经济学"的主体内容。

在心理学中也有 subjective well-being 一词,通常被翻译成"主观幸福感",表示个体对生活状态在认知上和情感上的总体判断,包括积极情绪、消极情绪、总体生活满意度以及不同领域生活满意度等(Diener et al.,1999)。这一概念与经济学中的主观福利较为接近,部分研究认为两者在概念上并没有本质区别(娄伶俐,2009)。但在研究内容与侧重点上,两者有所不同。在研究内容上,心理学较为重视主观幸福感的测量精确性,因而有包括不同情绪、不同领域满意度等多方面的度量,而经济学在主观福利测量上的指标选取并不复杂,更加强调主观福利与相关因素关系的逻辑和解释;在研究侧重点上,心理学上的主观幸福感研究侧重于与个体的性格、认知功能和神经功能的联系,而经济学中的主观福利则更加关注个体的社会经济因素以及社会制度、经济增长等与主观福利的关系。由于主观福利与主观幸福感在概念上并没有本质区别,因此下文不再区分主观福利与主观幸福感的定义。

关于主观福利的测量,有研究发现个人需求的满足程度与其生活满意度有显著的正向相关性(Omodei and Wearing,1990),因此目前多数关于主观福利的研究采用生活满意度来进行测量。生活满意度包括关于生活满意度的单一问题(Leung et al.,2011)和关于生活满意度的多问题量表(Alfonso et al.,1996;Diener et al.,1985;Vera-Villarroel et al.,2012),均采用自陈报告的形式,且已被证明有较高的可行性和有效性(Veenhoven,1996)。同时,也有部分研究将抑郁程度作为个体主观福利的衡量指标(Hemert et al.,2002)。抑郁程度的度量通常采用流行病调查中的抑郁量表,比如流调中心用抑郁自评量表(Center for Epidemiological Survey,Depression Scale,CES-D)(Radloff,1977)和贝克抑郁量表(Beck Depression Inventory,BDI)(Beck et al.,1988)。在国内,多数研究也通过生活满意度(阮荣平等,2011;王小林等,2012)和抑郁程度(解垩,2015b;张川川等,2015)或幸福感(陈刚,2015)衡量主观福利。一些研究将生活满意度和抑郁程度一起使用(张川川等,2015)。前者用以表示对个人生活的整体评价,当物质生活是个人生活的主体时,生活满意度更多是对物质生活状态的度量,而后者则是更加偏重精神生活状态的表征。从另一个角度说,生活满意度反映的是个人认知上的现实与理想状态之间的差距,而抑郁程度则反映的是个人处于快乐情绪的状态,是积极情感或消极情感的表现。因此,本书也采用生活满意度和抑郁指数(精神健康水平)作为实证分析中主观福利的主要度量指标。其中,抑郁指数(精神健康水平)通过多个问题组成的自评量表得出,避免了单个问题可能导致的测度偏差。

(三)人力资本与儿童人力资本

舒尔茨(Schultz,1961)、贝克尔(Becker,1962)和明瑟(Mincer,1958)等代表人物开创的经典人力资本理论认为,人力资本是指以人为载体的、具有经济价值的知识、技能和体力(健康)等质量因素的总和。由于个人能力难以测量,所以大量相关实证研究假定能力是先赋的,并以教育和健康为个体人力资本水平的主要表现(Grossman,1972;Currie,2009;Shah and Steinberg,2021;陈斌开和张川川,2016;程名望等,2016)。随着现代心理学对个体偏好、动机、自尊、责任感、自控力等一系列非认知能力的有效测量,人力资本的内涵得到了扩展(周金燕,2015)。赫克曼等首先将非认知能力引入经济模型,构建了新人力资本理论框架(Heckman et al.,2001)。在这一框架下,人力资本主要包括能力(认知和非认知能力)、技能(教育或培训)与健康因素。其中,能力是新人力资本理论的核心。技能、健康是先天能力和外部环境进行选择的后果,同时也将影响个体能力的积累和发挥,最终对个体的经济行为和结果产生影响(Hanushek,2010;李晓曼等,2019)。

根据人力资本的内涵,在目前多数相关研究中,教育和健康的相关指标被广泛用于测量人力资本。例如,胡鞍钢(2002)、周亚(2004)、程名望(2016)等使用平均受教育年限或总体教育水平等特征作为人力资本的度量指标。胡安宁(2014)、王翌秋和刘蕾(2016)等利用个体自评健康、健康问题(疾病)、预期寿命等测度健康人力资本。同时,还有研究结合教育回报率来计算生命周期中收入流净现值以测算人力资本,包括终生收入法(又称"J-F 收入法")(Jorgenson and Fraumeni,1992)、成本法(Kendrick,

1976),以及世界银行所使用的余额法。其中:J-F 收入法以个人预期生命期的终生收入的现值来衡量人力资本水平;成本法则是通过汇总人力资本的有形成本(例如孩子的养育费用)、无形成本(例如教育与培训支出,医疗、健康和安全支出),采用永续盘存法估算人力资本的投资支出现值;余额法对人力资本的测算基于对未来消费流的假设,通过一国总财富减去生产性资本和自然资本得到无形资本,而人力资本是无形资本中的重要组成部分(李海峥等,2013)。部分中国学者采用了 J-F 收入法对中国人力资本存量及其时序变化进行了测算,例如,李海峥等(2020)的研究结果表明,按照 1985 年可比价格计算,中国人力资本存量由 1985 年的 42.12 万亿元增长至 2018 年的 512.87 万亿元,增长了约 11 倍。这一时期人力资本存量的年均增长率达 7.79%,其中,农村的人力资本年均增长率为 3.04%,而城镇的人力资本年均增长率达 10.29%。

根据研究内容和数据可得性,本书主要关注的是 18 岁以下儿童人力资本的两个方面,分别是儿童健康和儿童教育。其中,儿童健康主要包括身体健康和心理健康两个方面,儿童教育则主要以教育水平(入学率)和教育表现(认知能力和学习成绩)来表征。

二、"新农保"政策效果的研究综述

随着人口老龄化和城镇化水平的不断提高,农村家庭的空巢化与小型化格局日益凸显,农村居民的养老问题成了政策设计者关注的重点,完善农村养老保障制度也已成为社会经济持续发展和乡村振兴需要补齐的一大短板。2009 年,旨在实现农村居民老有所养、扩大内需、帮助破解城乡二元结构的"新农保"开始在中国的农村地区推广,并于 2012 年末覆盖全国所有县级行政区,当年全国参保总人数达 4.6 亿,并成为世界上覆盖人口最多的养老金项目(郑晓冬和方向明,2018)。由于符合参保资格的老年人能够直接从"新农保"政策获取长期稳定的普惠式基础养老金,政策设计者与学界对"新农保"政策的效果寄予厚望,并给予了持续的关注。时至今日,"新农保"政策已经延续了 10 多年,该政策的成效是否达到了人们的预期？"新农保"是否带来了政策设计者原先未能预料的影响？回答这些问题对清楚认识"新农保"政策存在的不足以及进一步完善农村养老服务体系和提升居民福利水平均有重要意义。

近年来，普惠式养老金等公共转移支付项目逐渐成为许多发展中国家实现社会保障和减少贫困的重要战略，与此同时，关于这些项目或政策对受益者及其家庭的影响评估研究也大量涌现（Kabeer and Waddington，2015；Amarante and Brun，2018；Bastagli et al.，2019）。类似地，自中国的"新农保"政策实施以来，对该政策的效果评估也一直是学界的研究热点（Zheng et al.，2020）。学者们试图从多个角度评估"新农保"对农村居民生活以及社会经济发展的影响，这些视角不仅包括个体及其家庭的福利状况，还涵盖了养老模式、性别偏好、居民政治信任等方面的溢出效应。然而，既往文献在一些相同的研究主题上（比如家庭消费、劳动供给等）所得的实证结果并不一致，不同研究者的观点也存在一定分歧。因此，对"新农保"政策效果研究的理论模型以及实证结果进行综合的阐述与总结，找出现有相关研究存在争议或不足的可能原因，对完善此类政策影响评估研究具有较高的参考价值，对政策的改进也有较强的现实意义。遗憾的是，就目前的资料来看，系统总结"新农保"政策影响的研究十分少见。

有鉴于此，本书通过对相关理论模型与实证结果的总结，系统梳理与分析关注"新农保"政策效果的已有文献，比较全面地得出"新农保"发挥的政策影响和既往研究结果分歧的可能原因，并对未来的研究方向进行展望，以期为"新农保"政策的改进以及相关主题研究的完善提供借鉴与参考。

（一）"新农保"政策的背景与发展历程

在"新农保"政策实施之前，中国曾在 20 世纪 80—90 年代尝试建立农村社会养老保险（简称"农保"）制度。1986 年，国家"七五"计划首次提出要探索设计"农保"制度，经过多个地区的局部试点，民政部于 1992 年正式出台《县级农村社会养老保险基本方案》（以下简称《基本方案》），进行"农保"的推广试点。到 1992 年末，全国共有 1000 多个县（市、区）开展了"农保"试点工作,截至 1998 年末,"农保"已覆盖 2123 个县市和 65％的乡镇,全国"农保"机构将近 3 万个,参保农民达 8052 万人(王以才,1999)。

根据《基本方案》的规定,"农保"的参保原则为自愿参与,参保对象是20—60 岁的本地农民,领取养老金年龄一般为 60 岁。筹资原则是"个人缴费为主,集体补助为辅,国家给予政策支持",其中集体补助来自乡镇企业利润和集体资金积累,国家政策支持主要是对集体补助进行税收优惠,每个参保农民都在指定银行有自己的"农保"个人账户,由个人缴费和集体补助组成。个人月缴费档次分为 10 个,范围为 2～20 元(每 2 元为一档)。个人账户养老金按照基金制管理,投资渠道为国债和银行储蓄。达到养老金领取年龄的农村居民按照"个人养老金账户本息总额/120",逐月领取"农保"养老金。"农保"机构每年收取保费总额的 3％作为管理服务费。

然而,"农保"制度的实际执行过程引起了许多参保者的不满和退保。首先,大部分农村地区的参保农民缺乏集体补助,并且缺少政府的财政支持,养老金筹措基本实行的是个人积累制,同时保障水平与居民基本生活需要也有较大差距。其次,早期的"农保"政策以高收益率吸引农村居民参保,但是面对随后的银行利率多次大幅下降,"农保"部门选择下调参保者个人账户基金利率。最后,"农保"管理费收取公平性较差,同时养老金挪用挤占的情况时有发生。国务院从 1999 年开始对"农保"制度进行整顿,提出有条件的地区将"农保"转为商业保险。至此,自 20 世纪 80 年代开始实施的"农保"制度处于整顿和停滞状态,截至 2002 年末,全国参保人数不到 5000 万人(余桔云,2011)。

2002 年以后,中国开始探索"新农保"制度的建设,并进行小范围的局部试点。2009 年 9 月,国务院正式颁布《关于开展新型农村社会养老保险试点的指导意见》(以下简称《指导意见》),启动"新农保"推广试点,当年试点覆盖面为全国 10％的县(市、区)。随后,政策进入"扩大试点"和"加速扩面"阶段。2011 年末,全国"新农保"参保人数达 3.3 亿人,占当年农村人口的 49.7％。2012 年末,全国所有县级行政区已全面开展"新农保"普及推广工作,当年参保人数达 4.6 亿人。2014 年 2 月,《国务院关于建立统一的城乡居民基本养老保险制度的意见》颁布,将"新农保"与城镇居民社会养老保险(简称"城居保")制度合并,实现了城乡居民社会养老保险的跨户籍和跨区域转移。截至 2018 年末,全国城乡居民基本养老保险参保人数为 5.2 亿,领取养老金的老年人数达 1.6 亿,月人均待遇 125 元。表 2-1 展示了"新农保"政策实施以来的发展情况。

表 2-1　"新农保"养老金水平、参与情况与基金收支

年份	最低缴费档次	最低基础养老金/(元/月)	参保人数/万人	领取人数/万人	基金收入/亿元	基金支出/亿元	累计结余/亿元
2009		55	8691.0	1556.0	—	—	681.0
2010	100～500 元	55	10276.8	2862.6	453.4	200.4	422.5
2011	(每 100 元为一档),共 5 个缴费档次	55	32643.5	8921.8	1069.7	587.7	1199.2
2012		55	48369.5	13382.2	1829.2	1149.7	2302.2
2013		55	49750.1	14122.3	2052.3	1348.3	3005.7
2014	100～1000 元	70	50107.5	14741.7	2310.2	1571.2	3844.6
2015	(每 100 元为一档)、1500 元、2000 元,共 12 个缴费档次	70	50472.2	14800.3	2854.6	2116.7	4592.3
2016		70	50847.1	15270.3	2933.3	2150.5	5385.2
2017		70	51255.0	15597.9	3304.2	2372.1	6317.6
2018		88	52392.0	15898.0	3808.6	2919.5	7250.0

注:自 2012 年起,表中统计指标按照城乡居民基本养老保险进行统计。

数据来源:2010—2018 年历年《中国统计年鉴》,2009 年、2018 年《人力资源和社会保障事业发展统计公报》。

根据《指导意见》,"新农保"政策的基本原则是"保基本、广覆盖、有弹性、可持续",遵循自愿参与原则,覆盖未参加城镇职工基本养老保险的农村居民。农村老年人参保缴费累计 15 年或者其子女参保缴费,则可在年满 60 岁领取"新农保"养老金。"新农保"养老金由政府补贴、集体补助和个人缴费三部分组成。在政策初期,个人缴费标准设为每年 100～500 元 5 个档次。在政府补贴中,中央政府提供的基础养老金不低于每人每月 55 元,地方人民政府的补贴标准不低于每人每年 30 元,对于参保档次较高的居民适当增加补贴金额。"新农保"养老金的发放额可由以下过程进行计算:(中央人民政府提供的基础养老金＋地方人民政府补贴＋集体补助＋个人账户缴费存额)/139。"新农保"在与"城居保"合并为城乡居民基本养老保险后,除基础养老金与缴费档次调整外,总体政策设计保持不变,沿袭

原有的筹资渠道、激励机制与账户模式。中央人民政府提供的基础养老金分别于 2014 年、2018 年提高到每人每月 70 元和 88 元,基本缴费标准设为每年 100～2000 元(12 个档次)。

"新农保"与早期"农保"制度的最大区别在于,参保农民的基础养老金由国家财政全额投入,同时地方对参保农民进行缴费补贴。这强化了国家在农村社会保障中的"社会"性作用,与早期"农保"制度中的"国家政策支持"有本质的不同,体现了"新农保""保基本"的普惠原则。这在一定程度上使得"新农保"政策能够与一些发展中国家(比如南非、巴西、墨西哥等)的普惠制养老金项目进行横向比较。

(二)"新农保"与农村家庭的经济福利

1."新农保"对农村家庭收入与贫困的影响

"新农保"政策能否增进农村家庭的经济福利是决策层与学界关注的一个焦点,这不仅关系到农村居民的生活质量,同时也与国内消费需求和经济增长有密切联系(Zheng and Zhong,2016;马光荣和周广肃,2014)。既有文献主要从收入、贫困、储蓄和消费等角度来探究"新农保"对农村家庭经济福利的影响。作为具有转移支付性质的养老金项目,"新农保"能否实现农村家庭的减贫增收是研究者首先需要回答的问题。

从国际经验来看,养老金项目的减贫增收效应在多个发展中国家中得到了证实,包括巴西、墨西哥、南非、印度等(Lloyd-Sherlock et al.,2012;Kaushal,2014;Galiani,2016)。不过,由于制度设计、给付条件、待遇水平等方面的差异,不同国家养老金项目对家庭经济福利的影响有所不同,有时甚至相差悬殊。例如,南非的养老金项目使参与者家庭的贫困发生率显著降低 21%,并实现了一定的居民收入再分配的作用,而印度的养老金项目的成效则并不十分明显(Satumba et al.,2017)。

目前国内相关研究的共识是:"新农保"政策总体上能够提高农村家庭收入,降低贫困发生率。不过研究的分歧在于减贫增收效应的大小与群体差异。在效应量方面:部分研究认为,由于农村居民的缴费水平和养老金水平较低,"新农保"的减贫增收作用比较有限(薛惠元,2012;李齐云和席华,2015);另一部分研究则认为,对于没有经济来源的农村老年人而言,"新农保"养老金是一笔比较可观的收入。同时,"新农保"产生减贫增收效应的原因不仅仅是养老金本身,还在于养老金的引致效应,包括促进土地流转以及农村劳动力迁移等,而这些间接渠道也有助于提升农村家庭的收入水平,因此"新农保"对家庭经济状况有显著的改善作用,甚至能够在一定程度上缩小农村居民收入差距(秦昌才,2017;Zhang et al.,2018)。

在减贫增收效应的群体差异方面,既往文献的分歧在于"新农保"是否加剧了参保缴费阶段农村家庭的贫困脆弱性。由于处于缴费阶段的农村居民并不能领取养老金,并且需要支付一定的保费(至少最低缴费档次),因此在缴费阶段的农村居民可能更容易陷入贫困。虽然范辰辰和陈东(2014)利用2011年CHARLS数据的研究结果显示,"新农保"政策对缴费阶段的农村家庭贫困状况并没有明显影响,但是沈冰清和郭忠兴(2018)从消费贫困的视角发现,"新农保"使得处于缴费阶段的农村低收入家庭更加脆弱,并且这种贫困脆弱性随参保缴费人数增加而上升。

2."新农保"对农村家庭消费与储蓄的影响

(1)"新农保"与家庭消费储蓄的理论模型

生命周期模型(life-cycle model)和拓展的生命周期模型(extended life-cycle model)是目前绝大多数关于"新农保"与消费储蓄关系研究的理论基础。生命周期模型指出,由于个体的收入状况将随着退休产生系统变动[①],因而理性经济人将进行消费和储蓄的跨期决策:在退休前进行合理储蓄来维持退休后的消费,从而实现消费平滑,以使其整个生命周期的效用最大化(Ando and Modigliani,1957)。在退休时间固定的情况下,社会养老保险将通过财富替代效应来调整个体不同生命阶段的收入水平。由于养老金有助于增加个体退休后的预期收入,理性的参保者将在现期减少预防性储蓄,提升消费水平。不过该模型的缺陷在于未考虑社会养老保险与退休决策的关系,即前者可能引致参保者提前退休,进而增加个体当期储蓄来

---

① 虽然对于从事农业的农村居民而言,并不存在严格意义上的退休,不过由于年岁的增加,个体劳动供给水平和获取收入的能力也将不断下降。因此,农村居民的收入也将随着年龄增长产生系统的变化。

保证更长退休时间所需的消费。为此,拓展的生命周期模型将退休决策内生化(Feldstein,1974)。此时,社会养老保险对个体的消费与储蓄的净影响取决于其财富替代效应(减少储蓄,增加消费)和退休引致效应(增加储蓄,减少消费)的相对大小。由于理论上社会养老保险对消费与储蓄的影响有正有负,因此"新农保"能否减少农村家庭储蓄,促进农村家庭消费便成了一个实证问题。

(2)"新农保"对家庭消费和储蓄影响的实证研究

在理论模型的基础上,许多国内外学者运用不同的数据与方法考察了社会养老保险对家庭消费和储蓄的影响(Barrientos and Nino-Zarazua,2010;Kabeer and Waddington,2015)。不少研究发现普惠式养老金项目具有替代家庭储蓄的作用,并能刺激家庭消费,特别是食物和医疗支出(Case,2004;Galiani,2016)。从"新农保"政策影响评估研究来看,既往文献所得的结论主要可以分为两种观点。一方面,多数研究认为"新农保"能够显著提升家庭的总体消费水平,减少居民的预防性储蓄(贺立龙和姜召花,2015;范辰辰和李文,2015)。例如,岳爱等(2013)利用全国5省份的自主微观调查数据的研究得出,农户全家参加"新农保"将使其家庭日常消费支出增加10%~26%。马光荣和周广肃(2014)基于2010—2012年CFPS数据,测算发现"新农保"养老金占参保老人收入的平均比重超过20%,并且家庭成员领取"新农保"养老金将显著降低农户的储蓄率,并提高消费率。另一方面,部分研究认为"新农保"并不能显著促进农村家庭消费(Su,2017;王旭光,2017)。解垩(2015b)根据2008年和2012年CHARLS的浙江与甘肃两省调查数据的研究表明,"新农保"对农村家庭的消费支持并无明显影响,并认为低水平的养老金是主要原因。

上述研究在消费与储蓄的测量上主要集中于家庭的总体水平,近期的研究则对家庭消费支出类别进行细分,以此更加全面地刻画"新农保"与农村家庭消费的关系,同时也为既往研究出现分歧提供了一定的解释。总体来看,在进行消费支出类别划分后,大多数研究所得的结论是一致的,即"新农保"有助于增加农村家庭,特别是低收入家庭的生存型消费支出,包括食品、水电气、日用品消费等(Zheng and Zhong,2016),但对包括医疗保健、教育培训等高层次消费和耐用品支出的影响则并不显著（王天宇和周钦，2017）。

3. "新农保"与农村家庭经济福利研究的简要评述

从以上研究来看，学界对于"新农保"对农村家庭经济福利的影响似乎并没有达成共识，持不同观点的研究之间争论的焦点在于"新农保"养老金水平究竟能否改善农村居民的生活。不过，仔细研读既往文献，可以发现已有文献至少存在以下共同点：目前"新农保"养老金处于较低水平，但这笔转移支付能够在一定程度上降低农村低收入家庭的贫困发生率和贫困脆弱性水平，并增加贫困老年人家庭的生存型消费。但与此同时，处于参保缴费阶段的低收入家庭也将面临相对更高的贫困风险。也就是说，"新农保"政策针对的对象主要为收入水平较低的老年人及其家庭，发挥的政策效果主要是"保基本"作用。

进一步从研究数据的时序来看，既有的研究结果大致有如下特征：调查时间离"新农保"政策实施时间越近，则所得的政策效果通常越不明显，即"新农保"政策的成效可能需要累积体现，因而存在一定的时滞效应（张晔等，2016；靳卫东等，2018）。与此同时，"从无到有"的"新农保"养老金对农村家庭消费的刺激作用在早期逐步积累释放的同时，也将随着农村居民收入的提高以及对政策认识的深入而逐渐减弱（范辰辰和李文，2015）。因此，"新农保"政策效果可能随时间的推移呈先上升后下降的倒 U 形曲线的轨迹，这也为近期一些研究未发现"新农保"的消费促进效应提供了一定的解释。

（三）"新农保"与农村居民的个体福利

1. "新农保"对农村居民劳动供给的影响

（1）"新农保"与劳动供给的理论模型

目前关于"新农保"与农村居民劳动供给的理论框架主要基于新古典经济学理论中关于劳动供给的比较静态分析或者时间分配理论（theory of time allocation）（Becker，1965）。以上理论的主要分析思路和结论是：在理性人假定下，个体或家庭将在资源约束条件下追求效用最大化，从而实现劳动供给与闲暇时间的最优配置。当工资率提高时,个体或家庭的劳动供给将产生两种效应。其一,收入效应。在其他收入不变的情况下,工资率的提高将使得个体在相同工作时间内获得更多收入,因而个体将在放松预算约束的同时,增加对闲暇的需求,减少劳动供给。其二,替代效应。工资率的提高也意味着,单位时间的机会成本增加,即闲暇消费的成本也将提高,进而减少人们对闲暇的需求,增加劳动供给。综合来看,工资率对劳动供给的影响取决于两种效应的权衡。

由于"新农保"养老金属于非工资收入,所以在理论上主要发挥收入效应,对劳动供给产生负面作用。虽然养老金收入不大可能产生工资率变化所引致的替代效应,不过仍可能产生间接替代效应(程杰,2014)。也就是说,养老金有助于增加参保者及其家庭对人力资本和就业创业的投资,从而提高劳动生产率,进而增加闲暇消费的机会成本,提高劳动供给水平。因此,"新农保"对农村居民劳动供给的具体影响方向和程度取决于其发挥的收入效应与间接替代效应的相对大小以及效应量的差距。

(2)"新农保"对农村居民劳动供给影响的实证研究

目前在国际上,大量研究根据不同国家的实地调查数据证实了养老保障将削弱劳动供给的收入效应(Carvalho,2008;Kaushal,2014;Lalive and Parrotta,2017)。不过也有研究显示,社会养老保险也有促进劳动供给的作用。例如,有研究发现,养老金放松了农村家庭青壮年成员外出工作的预算约束,包括寻找工作的初始资金以及老人与儿童的照料,从而促使农村劳动力迁移外出,增加非农劳动供给(Ardington et al.,2009)。

近年来,国内出现了一批关于"新农保"与农村居民劳动供给关系的实证研究,除了总体劳动供给率和供给水平外,部分研究还对劳动供给类别和年龄段等的差异进行了分组讨论。不过,目前这一主题的相关研究也未得到一致的结论。首先,在总体劳动供给方面,多数研究显示,"新农保"养老金有助于减轻农村老年人的劳动负担(黄宏伟等,2014;张川川等,2015)。然而,部分研究则认为,由于养老金水平较低,"新农保"并不能明显改变农村老年人的劳动供给水平(Ning et al.,2016;解垩,2015a)。

其次,在劳动供给类别差异方面,针对老年人群体的研究主要有两种结论。其一,"新农保"对农业与非农劳动供给均产生负效应(刘亚洲等, 2016);其二,"新农保"对农业劳动供给产生负效应,但对非农劳动供给的 影响不显著(Shu,2018;赵晶晶和李放,2017;李江一和李涵,2017)。

最后,在年龄段差异方面,程杰(2014)基于 2011 年的四川省微观调 查,以全体农村居民为研究对象,发现"新农保"能够显著增加农村居民的 农业劳动供给,并减少非农劳动供给,从而在一定程度上促使农村居民留 在农村。不过,也有研究发现"新农保"能够促进农村劳动力迁移和创业。 谭华清等(2016)运用 2010 和 2012 年 CFPS 面板数据的研究表明,参保家 庭的外出就业率平均高 2%。周广肃和李力行(2016)运用同样的数据发 现,"新农保"使得农村家庭创业的概率提升了 1.9 个百分点。这部分研究 认为,"新农保"的迁移与创业促进作用不仅源于中青年农村居民参保本身 起到的保障作用,还在于老人领取养老金减少家庭预算约束和子女照料时 间的溢出效应。

2."新农保"对农村居民健康的影响

除劳动供给外,既往研究还关注了"新农保"对农村居民,特别是老年 人的健康福利的影响。"新农保"在一定程度上具有转移支付的作用,因此 多数研究根据收入与健康的关系来解释"新农保"可能存在的健康促进效 应(Goode et al.,2014;Cainzos-Achirica et al.,2019)。主要影响渠道包 括:一是促进居民食物消费与饮食均衡;二是增加居民的医疗服务消费,提 升疾病预防能力;三是改善居民生活环境,包括家庭厕所、饮用水、做饭燃 料等;四是提高居民闲暇水平,改善生活方式(Case,2004)。

关于这一主题的绝大多数实证研究结论是一致的,即"新农保"有助于 改善农村老年人的健康状况(Cheng et al.,2018;郑晓冬等,2019)。其中, 一项较为典型的研究基于 2008 年和 2011 年的 CLHLS 数据,全面考察了 "新农保"与农村老年人健康的关系。研究结果显示,"新农保"养老金显著 提高了农村老年人的自评健康、日常活动能力和认知功能水平,并降低了 老年人的死亡率(Cheng et al.,2018)。此外,研究还验证了营养摄入、医疗 服务、非正式照料、闲暇活动等是主要的作用途径,这些途径也被张晔等 (2016)证实。郑晓冬等(2019)进一步将 CLHLS 调查的研究跨度延伸至

2008—2014 年三期数据，发现"新农保"的对老年人健康状况存在改善作用，并且能够降低健康不平等程度，但这些影响将在中长期逐渐减弱。这为"新农保"政策效果随时间呈现倒 U 形曲线进一步提供经验证据。

3. "新农保"与农村居民个体福利研究的简要评述

综合来看，现有关于"新农保"与农村居民个体福利，特别是与劳动供给关系的研究结论仍有较大的分歧，可能的原因主要有以下两个方面：第一，研究对象和内容不同。一方面，养老金可能对老年人主要产生收入效应，而对中青年人则将进一步发挥促进人力资本投资和迁移就业的间接替代效应，因而研究对象是否为老年人群体将关系到研究结论。既往文献也证明，"新农保"对老年人与对中青年劳动供给的影响有所差异，甚至截然相反。另一方面，在研究内容上，养老金对农业劳动供给和非农劳动供给的影响可能因劳动类型的不同而存在系统差异。例如，对于老年人群体，多数研究显示，"新农保"显著减轻了农村居民的农业劳动负担，而对于中青年群体，不少文献则显示"新农保"存在促进非农就业的作用。

第二，研究数据和方法的差异。在研究数据方面，多数研究使用的是包括 CHALRS、CFPS 在内的全国调查数据，而部分研究的结论则是基于某一个或几个省份的数据，涵盖地区的不同可能在一定程度上导致结果差异。不过，即便运用同一年的相同数据，仍有部分研究出现不同的结论。主要原因可能是不同研究者在数据处理、变量选取以及方法运用上的差别。一方面，仔细观察已有相关文献，可以发现，在运用相同公开数据进行同一主题的研究中，仍有不少研究的样本量存在较大差异，这将影响最终结果的显著性与影响方向。造成这一现象的原因既有可能是研究者对公开数据的调查与编码过程的理解不一，导致数据处理过程存在不同，也有可能是因为控制变量的选取差异，使得部分研究遗漏重要解释变量，进而出现模型估计结果偏误。另一方面，由于"新农保"的参与选择是自愿的，因此学者们在研究"新农保"政策成效时不得不面临内生性的问题。尽管多数研究意识到了这一点，并尝试运用工具变量法、双重差分法、断点回归设计等计量方法予以克服，但是部分研究在方法运用上仍可能存在可商榷、改进的空间，所得结论需要谨慎对待（陈林和伍海军，2015）。

(四)"新农保"的溢出效应

1."新农保"与农村居民养老模式

(1)"新农保"与养老模式的理论模型

"新农保"对农村居民养老模式的影响主要涉及家庭养老(代际支持、居住模式)和土地养老(土地流转)两个方面。在家庭养老模式上，"新农保"产生的影响取决于子女代际支持的动机。一方面，根据关于养老金与子女经济支持关系的新古典经济学模型(Becker,1974;Barro,1974)，在代际交换行为出自利他主义动机的情况下，养老金将"挤出"子女提供给父母的经济支持，以此在维持老年人消费水平的同时，实现家庭效用最大化。相应地，假如子女提供的生活照料、情感支持等与子女经济支持属于类似性质，则养老金也有可能减少子女在其他方面的代际支持，老年人转而通过购买市场服务进行一定的替代。同时，伴随着对子女经济依赖程度的下降，老年人可能更加偏好与选择拥有私人空间的居住模式(程令国等，2013)。另一方面，如果代际转移支付并非出于利他主义，而是出于互助交换动机，例如子女的经济支持是用作对老年人抚育小孩以及做家务等的报答，则养老金对子女代际支持可能并不会产生明显的替代作用(Cox，1987)。当老年人经济独立性提高，并增加对孙辈照料等家庭贡献时，养老金也有可能产生提升子女代际支持的"挤入效应"(靳卫东等，2018)。在土地养老模式上，"新农保"与农村家庭土地流转及其与农村居民劳动供给的关系通常是相伴的，如果养老金促使农村居民减少农业劳动供给，增加非农劳动参与，那么，这将进一步引致农地的转出，进而减少土地养老的情况(徐志刚等，2018)。因此，"新农保"对土地养老的替代作用在很大程度上取决于其对农村居民劳动供给的作用。

(2)"新农保"对农村居民养老模式影响的实证研究

在家庭养老方面，既往国外文献显示，养老金对私人转移支付的挤出效应在墨西哥、秘鲁、菲律宾和南非等发展中国家已得到验证(Cox et al.，2004)，但这种替代作用在美国、德国、英国等发达国家却并不明显，说明养老金与居民养老模式的关系可能因经济发展水平和社会文化(如代际支持动机)的差异而不同。在国内相关研究中,陈华帅和曾毅(2013)、程令国等(2013)基于2008—2011年的CLHLS调查数据,考察了"新农保"政策对子女代际支持以及老年人居住模式的影响。结果表明,"新农保"养老金提高了农村老年人的经济独立性,减少了子女在经济上和时间上提供的代际支持,从而使子女间接受益。此外,"新农保"还在居住模式上提高了老年人与子女分居的可能性。许多后续相关研究通过使用不同的数据和方法验证了"新农保"对子女代际支持的挤出效应(Ning et al.,2019;张川川和陈斌开,2014),以及对亲子分居的居住意愿和实际居住安排的促进作用(Chen,2017;Cheng et al.,2018;冷熙媛和张莉琴,2018)。在群体差异上,"新农保"对子女代际支持的挤出作用更加明显地发生于经济相对欠发达的中西部地区、收入水平较低的家庭,以及受"家庭捆绑"机制覆盖的老年人(Chen et al.,2018;宁满秀,2015;王芳和李锐,2016)。当然,也有部分研究发现"新农保"对子女赡养行为的影响并非替代作用,而是挤入作用,并以中国代际转移支付多出于交换动机,以及政策初期老年人参保对子女反哺的"教育效应"进行解释(靳卫东等,2018)。

在土地养老方面,伴随着社会养老保险对农村居民劳动供给影响研究的深入,"新农保"与农村土地流转的关系也在近年逐渐受到学者们的关注。总体上看,目前针对这一主题的研究结论是一致的,即"新农保"有一定的促进农村土地流转的作用,且主要显现在促进参保者家庭的土地转出,以及降低农户租出土地的意愿租金(罗仁福等,2019)。不过"新农保"对土地养老的替代作用在当前仍处于低水平,并且主要对老年农户,以及预算约束相对宽松的农村家庭产生影响(徐志刚等,2018;张亚丽等,2019)。有研究进一步发现,"新农保"对土地流转的促进作用存在门槛效应,只有在村庄参保覆盖率提升至较高水平时,农户的土地流转行为才会发生显著变化(Huang and Tan,2018)。

2."新农保"的其他溢出效应

除养老模式外,国外研究者们对养老金项目溢出效应的考察还包括家庭其他成员(特别是儿童)的人力资本积累与长期发展(Duflo,2003;Aizer et al.,2016)、资本与劳动力市场表现以及收入分配水平等(Ardington et al.，2016；Amarante and Brun，2018）。国内关于"新农保"其他溢出效应研究的主题则主要涉及农村的性别偏好以及农村居民的政治信任等。在性别偏好方面，张川川等（2017）结合使用 CHALRS 调查和 2010 年全国人口普查数据，发现"新农保"政策的实施使得农村中老年人预期依靠家庭养老的比例下降 5％左右。该研究进一步发现，伴随着养儿防老预期水平的下降，"新农保"使得县级层面的出生人口性别比显著降低，在一定程度上减少了农村性别失衡的情况。在政治信任方面，有利用 2010 年中国综合社会调查（CGSS）数据的研究发现，养老金领取者对政府的政治信任程度相对更高（Li and Wu，2018）。这一结果意味着，让居民获得实物支持的惠民工程有助于提升政府的公信力。

3."新农保"溢出效应研究的简要评述

虽然政策设计者主要关注的"新农保"成效是其对农村家庭经济福利和居民个体福利的影响，但是近年来一些研究者发现，"新农保"政策的效果已经超越了这一范畴，并发挥着家庭、社区甚至更广泛范围内的溢出效应。这种溢出作用不仅较具研究趣味性，而且同样具有较强的政策启示。在这一类研究中，学者们最先关注到的是"新农保"对农村居民养老模式的影响。尽管多数研究结果显示"新农保"养老金促使代际向上的经济支持减少，老年人独居概率提高，但也有学者发现"新农保"有可能挤入子女代际支持。对该分歧的一个的解释是，中国农村家庭的代际支持行为可能并不完全出自利他主义动机，也不完全是出于互助交换性质，而可能是两者的结合，并且随着城镇化与工业化的推进，代际支持动机在不同时期和群体中存在异质性的表现。

此外，还有学者的研究表明"新农保"养老金在减轻农村性别失衡、增强农民政治信任上发挥积极作用，以上关于"新农保"溢出效应的研究在一定程度上拓宽了我们对"新农保"政策绩效的理解，同时也为公共政策的评估与改进提供了新的启示。

（五）对"新农保"政策效果相关研究的总体评述

作为一项面向农村居民的重要民生工程，2009 年正式开始向全国推广实施的"新农保"政策所取得的成效是决策层和学界颇为重视并持续关注的问题。近年来,大量关于"新农保"政策影响评估的研究开始涌现,这为综合评价这项政策的效果提供了基础。但是,既有文献所得的结果也在不同的研究主题上出现了不同程度的分歧,有必要对这些研究分歧的来源进行探析,从而更好地规范未来相关研究,促使政策改进,最终提升居民福利水平。基于此,本书从理论模型与实证研究两个视角系统梳理了"新农保"政策效果相关的主要文献,综合展现了"新农保"政策对农村居民、家庭、社区以及更广范围的影响。同时,本书进一步从研究时期、对象、内容、数据、方法等方面探讨了已有研究得出不同结论的可能原因,为完善此类政策影响评估研究提供了一定的参考依据。

从现有文献的研究轨迹和趋势来看,未来关于"新农保"等政策效果评估的研究重点将主要集中在以下两个方面。第一,政策影响评估内容的深化和广化。例如,进一步探讨"新农保"与农民增收渠道、农村人力资本积累的关系。一方面,"新农保"养老金能否改善农村居民及其家庭的福利状况是既往研究产生争议的一个焦点,消除这一争议的重要思路是回答"新农保"如何促进农民增收的问题,即"新农保"政策的增收效应仅限于养老金本身,还是该政策也将通过劳动力迁移、土地流转等间接途径产生"撬动"其他收入来源的"杠杆效应"。另一方面,在"新农保"的溢出效应方面,公共转移支付与农村人力资本关系的研究在国内仍处于起步阶段,"新农保"政策对农村青少年的人力资本积累,包括身心健康、教育获得、认知能力与非认知能力,以及长期发展等方面的影响同样值得后续研究关注。

第二,结合新时期特点的政策效果评价与优化设计。一方面,充分与均衡发展是新时期中国的发展方向与主题,因此,"新农保"政策对城乡差距与地区差距的影响研究,以及与之相伴的确保政策精准支持、长效发展的待遇确定机制、基础养老金调整机制与缴费激励机制的优化设计分析,将是往后"新农保"政策研究的一个重要方向。另一方面,"新农保"与"城居保"在 2014 年合并为城乡居民基本养老保险制度,那么政策的合并能否破解城乡养老体系的二元结构,实现老年居民的生存公平?这一问题也有待相关研究的讨论、检验与解答。

三、"新农保"与农村老年人主观福利的相关理论与文献回顾

(一)收入与主观福利的相关理论

早期的经济学家大多认为一个人的主观福利由其所拥有的财富决定,个人的财富数量越多,其主观福利状况就越好,生活满意度越高。效用理论认为收入的上升将使得个人的需求更容易得到满足,从而消费者的无差异曲线将处于更高的位置,此时消费者的福利水平更高。因而在传统上,福利一直由收入或 GDP 这样的单一维度物质福利来衡量(佩德罗·孔塞桑等,2013)。20 世纪 70 年代,经济学家伊斯特林基于 19 个国家的居民调查数据研究收入与主观福利的关系(Easterlin,1974)发现,从截面数据来看,收入与幸福确有显著的正相关关系,高收入群体的自陈幸福感总体比低收入群体强。但从时间序列的角度来看,国家的收入水平的提高与该国居民的整体幸福感并没有明显的正相关性。比如从美国 1946—1970 年调查结果来看,高收入并没有伴随着更强的幸福感。"收入的增长并不明显促进幸福感的增强"这一发现就是著名的"幸福悖论",或称"幸福-收入之谜"、"伊斯特林悖论"。

此后的一些研究对这一论点予以了证实。比如日本在战后的 GDP 快速增长,1958—1991 年,日本的 GDP 增长超过 5 倍,然而在此期间日本居民的自陈幸福感并没有明显变化(Easterlin,1995)。基于美国和英国 20 世纪 70 年代至 90 年代的 10 万样本量调查数据的研究得出,英国居民在此期间的总体幸福感没有明显变化,美国居民整体幸福感甚至随时间的推移而有所减弱,而两国收入在此期间均有一定的持续增长趋势(Blanchflower and Oswald,2004)。"幸福悖论"引起了不少经济学者的兴趣,一些研究开始探索主观福利的形成原因与机制,用以解释"幸福悖论",从而衍生出了不同关于主观福利的理论,主要包括相对收入理论、定值理论、临界点理论和水车理论等。

1.相对收入理论

在伊斯特林发现"幸福悖论"的文章中,他在文末对这一结论进行了解

释。其基本论点在于人们在评估自己的幸福程度时，并非直接根据自己的绝对收入决定，而是通过自己的现实情况与参照标准或正常水平进行对比决定（Easterlin，1974）。而这里的参照标准或正常水平主要包括他人的收入水平或个人过去的收入状况，以及个人目标或期望的收入水平等（Michalos，1986）。当他人收入增长得更快或者个人与以前相比收入增长速度下降，尽管绝对收入有所增加，但相对收入将是下降的，从而使得幸福感并没有伴随绝对收入的增长而增强。这与社会比较理论（Festinger，1954）的论点相一致。社会比较理论认为，在没有客观公正的参考标准时，个人在判断自己的观点、能力以及其他感觉时往往与他人进行比较。部分研究验证了相对收入与个人主观福利之间的关系。比如，基于德国调查数据的研究发现，参照组收入情况对个人的幸福感有重要影响，个人收入超出参照组收入的部分越多，则个人就越快乐（Ferrer-I-Carbonell，2005）。同样，针对美国的研究也发现当居民收入比邻居更高时，其幸福感也比邻居更强，这一效应对于那些收入处于中等水平以上的居民尤为明显（Dynan and Ravina，2007）。国内学者近年也基于中国的实际情况对"幸福悖论"进行了探索，同时，多数研究采用了相对收入理论进行解释和检验。例如，官皓（2010）基于北京、上海和广东的家庭调查数据，发现绝对收入对幸福感并无显著影响，而相对收入地位则显著正向影响居民幸福感。何立新和潘春阳（2011）从社会不平等、收入差距和机会不均对中国的"伊斯特林悖论"进行检验，发现收入差距和机会不平等均对中国居民的幸福感有显著负面影响。黄祖辉和朋文欢（2016）的研究指出，中国农民工群体的收入幸福感之间也存在"伊斯特林悖论"，他们发现对农民工幸福感具有显著作用的是生活必要开支之外的收入，同时农民工与城市居民的收入差距对低收入农民工的幸福感有显著负向影响。

2. 定值理论

定值理论（set-point theory）最为著名的论述来自林肯和特勒根（Lykken and Tellegen，1996）。在其基于出生记录进行的针对数千对成人双胞胎的多维性格的调查研究发现，个人的社会经济状况、教育、家庭收入、婚姻以及宗教信仰仅能解释个体幸福感差异的3%，而44%～52%的差异则是源于个体基因的不同。因而定值理论认为，性格和基因决定了个体主观福利的水平，这一水平将稳定在一个定值上，外在环境很难长期改变个人的主观福利水平。因而，包括收入、婚姻、失业在内的因素可能在短期对个人的幸福感产生冲击（Myers and Diener，1995），但人们的主观福利水平很快又会自我调节至由遗传因素决定的初始定值。这一理论的论点与早前的适应理论（adaptation theory）（Brickman et al.，1971）和性格理论（personality theory）是类似的。然而，这一理论在之后受到了挑战，比如卢卡斯等将搜集了15年超过24000名德国居民的数据用于检验定值理论，发现个人失业后生活满意度急剧下降，且长时间没有恢复到原先的状态，即便这些人后来又找到了新工作，仍不能回到原本的主观福利水平。此外，曾经失业的人再次失业也并没有比首次失业者的生活满意度恢复更快。后续的研究也发现人们可以较快速地适应财富的变化，但家庭生活和健康对个人的幸福感的冲击则很难完全恢复。海蒂在对定值理论进行修正时认为，个人的主观福利不仅由个人的基因和性格决定，目标（非零和目标）的实现对幸福感也发挥着重要作用。

3. 临界点理论

临界点理论或门槛假说（threshold hypothesis）是专门用于解释"幸福悖论"的理论之一。该理论认为每个经济体都会在早期经历经济增长伴随居民生活质量提升的过程，而在达到临界点或门槛后，经济的增长与幸福感的正向联动关系将会消失，人们的主观福利甚至开始恶化。马克斯-尼夫运用可持续经济福利指标（index of sustainable economic welfare，ISEW）来衡量居民的生活质量，对美、英、德等5个国家1945—1995年的经济增长和生活质量的趋势进行拟合，发现这些国家的人民生活质量随时间变化呈倒U形曲线趋势，而各国的经济水平基本都处于持续提升态势（Max-Neef，1995）。跨国研究结果表明，人均收入1万美元可能是临界点。在此临界点以下时，人们的幸福感随经济增长而增强，而一旦超过这一临界点，两者就不存在明显的相关关系。临界点理论的支持者一般对该理论做如下解释：在收入较低的阶段，国民关注的重点是收入的提高和物质条件的改善（Inglehart，2010），而当收入提高至一定程度时，人们开始更加关注环境保护、健康、社会网络及家庭生活(Clark and Shields,2007)。这一理论也受到了一些经济学者的质疑,比如伊斯特林的研究显示日本在二战后初期经济水平很低,但后来的经济腾飞也并没有增强日本居民的幸福感(Easterlin,1995)。迪顿则发现即便是在富裕国家,收入的增加与人民的幸福感也是有正向联系的(Deaton,2008)。

4. 水车理论

水车理论(treadmill theory)的发展可以说是将相对收入理论、适应理论、定值理论以及个人心理预期作用逐步整合的过程。适应理论认为人们会就生活中的突发事件进行自我调节,主观福利受到的冲击在一段时间后又将恢复,如中彩票将在短期大幅增强个人的幸福感,但随时间推移个人的状态将逐渐平复(Brickman and Campbell,1971)。这就好比踏水车,水车上升到最高点后随着运动的进行又将回到原点,布里克曼和坎贝尔将这种机制称为"享乐水车"(hedonic treadmill)(Brickman and Campbell,1971),这一论点与定值理论的观点基本相同。同样地,"享乐水车"也在之后受到了攻讦,失业、婚姻、健康等对个人主观福利的影响似乎并不能完全恢复(Headey,2010)。于是,卡内曼在"享乐水车"的基础上,结合个人预期理论提出了"满意水车"(satisfaction treadmill)(Kahneman,1999)。这一观点认为,"享乐水车"主要由个人的适应能力决定,而"满意水车"则取决于个人预期与所处现实之间差距。"满意水车"的主要论点是,随着人们收入或财富的增长,其个人的预期也将随之上升,尽管客观上人们的福利水平得到了提高,然而与随收入增加而增长的个人预期相比较,个人的生活满意度可能并没有明显变化。也就是说,当一个人的收入或消费水平提高,个人的生活状态已不可逆,出于预期和习惯,个人难以获得之前情况下给定收入或消费水平的主观福利。一些经济学者将这种不可逆状态称为主观福利或者主观幸福感中的"棘轮效应"(娄伶俐,2009;何强,2011)。布鲁尼和波尔塔加入相对收入概念对水车理论进行进一步发展,他们认为,从个人角度而言,"享乐水车"和"满意水车"均为"个人水车",除"个人水车"外还有"社会水车","社会水车"则是由个人与个人较关注的他人比较的差异所决定的,而这一论点与相对收入理论并无二致。个人的"满意水车"中的预期的来源不仅是"享乐水车"的实际变化,还包括"社会水车"中社会比较所起到的作用。两者结合对个人的预期产生综合作用,从而最终决定个人的主观福利(Bruni and Porta,2005)。

综合上述关于收入与主观福利关系的理论,不难发现,目前用于解释"幸福悖论"的主流理论观点集中在两点:其一,决定个体主观福利的并非仅仅是绝对收入,相对收入水平是影响主观福利的重要因素,特别是在绝对收入达到一定水平后。个体绝对收入水平的提高并不代表其相对收入的增加。其二,个体的相对收入水平不仅由个体与他人经济水平的相对比较决定,同时也受个体预期状态的影响。随着绝对收入水平的提高,个人的欲望与预期也将随之提高,而现实与预期的差距往往在很大程度上决定着个人主观福利的水平。

(二)"新农保"与农村老年人主观福利

关于主观福利的主要理论集中关注财富或收入与人们的幸福感的关系,不过个人的主观福利不仅仅受其经济因素影响,同时也受到其他诸多因素影响,比如年龄、性别、教育程度、健康、性格、宗教信仰等个人特征,工作类型、失业与否、工作时间等就业特征,婚姻、子女等家庭生活状况,体育锻炼、利他行为、与亲戚朋友的社会交往以及包括收入差距、失业率、通货膨胀、社会保障制度、民主参与状况、气候与自然环境、地区安全与战争、城镇化程度等在内的经济、社会及政治环境因素等(Dolan et al.,2008)。

相比于其他人群,老年人群体最明显的特征是年龄较大,健康状况大多不如年轻时期,并逐渐退出劳动力市场,而后两者是伴随年龄的增大出现的。一些研究的结果表明,人们的主观福利与年龄负向相关,同时与年龄的平方正向相关,即个人的幸福感与年龄呈 U 形关系(Oswald,1997;Blanchflower and Oswald,2004)。对此的主要解释为:随着年龄的增长,老年人对生死离别会有一定的预期,从而不断调整自己的目标和欲望,更加善于调节消极情感(Stroebe and Stroebe,1987)。然而也有研究认为,该 U 形结论主要是由选样的偏误以及其他不可观测的因素影响造成的(Frijters and Beatton,2008)。

　　老年人是社会中的弱势群体之一,学者们在研究老年人主观福利的影响因素时,不仅仅考虑性别、年龄、文化程度等个人基本特征,同时更加关注经济状况(Zhou et al.,2015)、健康状况(Kehn,1995;Moreno et al.,2014)、社会保障(李建新,2004;胡宏伟等,2013;方黎明,2014)、居住模式(Chyi and Mao,2012;刘宏等,2011)、家庭生活(杨人平和康小兰,2011;吴振云,2003)、代际支持(吴捷,2008;唐丹等,2006;方黎明,2016)以及社会活动参与(苑鹏和白描,2013)等因素。由于在中国农村地区,农民收入水平相对较低,年轻劳动力大量转移,社区精神文化活动匮乏,目前关于农村老年人主观福利影响因素的研究重点在于农村老年人的经济状况、代际支持与社会联系等方面(李越和崔红志,2014)。

　　由于"新农保"政策提供的养老金中的政府基础养老金与国际上的普惠制养老金类似,"新农保"政策在全国范围内实施以后,不少学者开始评估该政策对农村老年人产生的效果。目前相关研究较多地关注"新农保"与老年人的增收减贫(张川川等,2015)、消费(贺立龙和姜召花,2015;刘远风,2012)、储蓄(焦克源和井亚琼,2014;马光荣和周广肃,2014)、劳动供给(解垩,2015a;黄宏伟等,2014)、养老模式(程令国等,2013;叶丹丹,2012)以及代际支持(陈华帅和曾毅,2013;张川川和陈斌开,2014)等的关系,而少有"新农保"和农村老年人主观福利关系的相关研究。

　　养老保险通过发放养老金给予老年人一定的转移支付,因而养老保险对老年人主观福利的影响可以认为是长期稳定的收入对老年人主观福利的影响。多项研究显示,较低的经济收入水平与较低的主观福利水平是密切相关的(Ahnquist et al.,2012;Laaksonen et al.,2007;Lorant et al.,2003;Wildman,2003)。低收入导致的生活资源匮乏将增强人们的焦虑感,提高抑郁程度(Marmot,1999)。洛伦特等在研究众多社会经济因素后发现,收入和教育对个人主观福利的影响是最为突出的,收入的增加有利于提高人们的生活满意度(Lorant et al.,2003)。在相对收入水平更低的地区和人群中,收入对幸福感的增强和抑郁状况的改善有更大的影响(Veenhoven,1994;唐丹,2010)。此外,不同主观福利水平的人群所受到外界影响产生变化的敏感度也有所不同。调查发现,处于抑郁状态临界点处的人群较易受到外界因素影响,抑郁状态转换较快,而处于临界点两侧,即抑郁程度较高和较低的人群的抑郁状态则相对稳定(Van de Leemput et al. ,2014)。

目前关于对养老金对老年人主观福利的影响机制的研究观点可分为如下几种。第一,养老金通过促进老年人的食物消费和医疗服务消费,增进老年人的主观福利。比如,基于南非老年人样本的研究认为,养老金的获得使得老年人收入增加,从而通过增加营养食物的消费和医疗服务消费提升其健康水平与主观福利水平(Case,2004)。张晔等(2016)采用CLHLS数据发现"新农保"有助于增加农村老年人的常食水果蔬菜营养摄取并促进饮食均衡,同时老年人的心理状况也有所改善。

第二,养老金通过提高老年人对未来乐观的预期,减少相对收入不平等,从而增进老年人的主观福利。根据"幸福悖论"中的相对收入理论解释,人们的幸福感并非基于其绝对收入,而依赖于其与自身或他人相比的相对收入水平,从而评价个人的主观福利状态。因此,养老金可能降低老年人群体的相对收入不平等程度,提高老年人对未来积极体验的预期,提高老年人的生活满意度。比如,有研究表明,长期稳定的收入有利于人们对未来积极的预期从而增强其幸福感(MacLeod and Conway,2005)。官皓(2010)的研究则指出中国居民的幸福感主要由相对地位而非绝对收入决定。

第三,养老金通过使老年人能够更多地参加自己感兴趣的活动增进其主观福利。有学者在讨论养老金与抑郁的关系时,指出失业(退休)对主观福利的影响可以分解为两方面。一是人们没有能力找到工作的"悲伤效应"(saddening effect),这将加重抑郁情绪;二是"时间组成效应"(time-composition effect),即失业或退休的人有更多的时间参加自己感兴趣的活动从而改善主观福利状况。他们认为时间组成效应在中老年人中更加明显,故作为经济保障的养老金可以使老年人减少劳动供给并享受生活,这一理论在其实证研究中得到了证实。基于墨西哥国家公共卫生中心数据,他们发现普惠制养老金使得参加项目的仍在工作的老年人的劳动供给减少了20%,使老年人家庭消费增长23%。此外,养老金还显著提升了老年人的心理健康水平,使其抑郁指数下降了 12%。

综合上述影响机制,可以将"新农保"主观福利效应的来源分为三个部分,分别是绝对收入效应、相对收入效应和时间分配效应。目前国内仅有少量文献关注到了"新农保"与农村老年人主观福利的关系,同时这些研究所得的结论并不一致。一些研究认为"新农保"对农村老年人主观福利影响有限,比如解垩(2015a)基于 2008 年和 2012 年 CHARLS 预调研的两省数据,采用差分-断点方法对"新农保"和农村老年人劳动供给及福利的关系进行了分析,间接检验了"新农保"对老年人抑郁状况的作用,所得结论是"新农保"对老年人的抑郁指数没有任何影响。而其他研究则发现"新农保"对农村老年人的主观福利有显著的正向影响。比如,张川川等(2015)运用 CHARLS 2011 年的数据评估了"新农保"的政策效果,运用断点回归法发现"新农保"降低了老年人的抑郁程度,但边际效果并不十分明显。张晔等(2016)基于 2008 和 2011 年 CLHLS 数据的研究发现,参加"新农保"的老年人"凡事想得开"的概率显著提高了。何泱泱和周钦(2016)采用2011 年和 2013 年 CHARLS 数据的研究结果表明,参加"新农保"的老年人比未参保的老年人的抑郁程度平均低 16%,且健康状况较差、财富水平较低的老年人受益更明显。

然而,这些文献中的部分研究的可靠性有待讨论。比如,解垩(2015a)的研究采用的标准为是否具有养老金资格,即把是否达到 60 岁作为"新农保"指标进行回归。虽然文中指出接受养老金的概率在 60 岁处形成了断点且有显著增长,但"新农保"制度的逐步试点与"家庭捆绑"特点使得是否具有养老金资格这一指标并不代表老年人是否参保,因此最终结果可能有一定的偏差。此外,该研究使用的是 CHARLS 预调研两个省的数据,结果的代表性有限。何泱泱、周钦(2016)的研究虽考虑到了"新农保"对老年人主观福利影响在地区、个人健康、收入的组间异质性,但其存在的最大缺陷可能是内生性问题并没有得到较好解决。"新农保"与农村老年人主观福利的内生性主要体现在两者之间的双向因果或者参保的自选择问题,老年人的主观福利反过来也有可能影响其参保选择,当然也可能有其他不可观测因素(比如个人性格与偏好等)同时影响老年人的参保决策以及主观福利水平,因而在未较好处理内生性问题的情况下所得到的结果可能会遭受质疑。此外,目前仍没有较详细的研究讨论"新农保"如何影响老年人福利,而明白这一点对进一步设计针对性对策提高老年人养老质量,增进老年人主观福利极为重要。

四、"新农保"与农村儿童人力资本的相关理论与文献回顾

(一)人力资本的形成周期

人力资本的形成与发展是一个贯穿于个体生命周期的动态过程。诺贝尔经济学奖获得者赫克曼及其博士生卡内洛率先将公共投入的成本收益纳入人力资本政策的分析框架,描绘了从学前教育、学校教育到继续教育阶段人力资本投资边际收益递减的"赫克曼曲线",即在其他条件不变的情况下,早期的人力资本投资回报率总是高于晚期(Carneiro and Heckman,2003)。对"赫克曼曲线"的解释包括三个方面:其一,心理学和脑科学研究证实,生命早期人力资本投资的回报时间相对更长,并且早期能力(特别是认知能力)的可塑性更强。其二,技能的形成具有自创性(self-productivity)特征,即在生命早期习得的技能将持续到后期,并有助于促进后期其他技能的获得。例如,早期形成较好的自控力和情绪稳定性将有利于强化求知欲和积极学习的能力,进而能够促进认知能力的提升。其三,技能的形成具有互补性(complementarity)特征,即在早期习得的技能有助于提升后期人力资本投资的回报率,不同生命阶段的人力资本投资的作用协同互补。同时,若要使得早期投资的效果得到充分发挥,则需要进行持续的人力资本投资(Cunha and Heckman,2007;张苏和朱媛;2018)。自创性和互补性两大特征使得个体技能的形成与发展存在乘数效应,进而产生技能获得的集聚过程(skill begets skill)。

赫克曼在发表于《科学》(Science)等期刊上的多项研究中强调,技能的形成与发展存在关键期和敏感期,两者关系到个体能否获得某类技能以及习得技能的数量。儿童期人力资本投资具有高回报率,而在青年时期采取

补救措施则较难促使个体习得技能，并且成本高昂。因此，对儿童的人力资本投入不存在公平和效率的权衡问题（equity-efficiency trade-off），应当积极进行有质量的干预，促进儿童人力资本积累（Bornstein and Bradly，2014；Goode et al.，2014；Heckman，2006；Heckman and Corbin，2016）。这一观点也受到了罗泽尔（Scott Rozelle）等许多关注中国儿童发展的经济学家的支持和推广（岳爱等，2019）。

（二）"新农保"与农村儿童人力资本积累

在影响儿童人力资本积累的众多因素中，家庭收入、父母照料，以及儿童的学习和生活环境等因素受到大量研究关注。既往研究显示：家庭收入的提高将有助于改善儿童的膳食、家庭卫生状况，增加教育机会，并能够促进儿童的医疗服务利用，进而促进其人力资本的发展（Duflo，2003；Goode et al.，2014；陶然和周敏慧，2012；孙文凯和王乙杰，2016）；相比于他人照料，父母的有效陪伴和养育能够显著降低婴幼儿的死亡率，并且能改善子女的营养健康和心理发展状况；除了家庭环境外，良好的学校、社区环境和同伴关系也都有助于儿童的身心健康与技能发展（Bornstein and Bradley，2014）。

理论上，"新农保"作为中国农村公共转移支付制度的重要组成部分，有助于增加农村家庭收入，进而通过家庭内部的代际溢出效应影响儿童人力资本发展。进入 21 世纪以来，研究家庭收入与儿童健康之间关系的文献逐渐丰富。凯斯等利用美国的数据检验发现，家庭收入与儿童健康存在显著的正相关关系，且随儿童年龄的增大而加强（Case et al.，2002）。随后，学者们运用不同国家的数据证实了这一关系，包括加拿大、英国、德国和法国等。孙文凯和王乙杰（2016）发现父母外出所引致的收入提高有助于改善中国留守儿童的健康状况。不过，也有研究并未发现家庭收入对儿童健康的显著影响（Currie，2011）。家庭收入对儿童健康的可能影响渠道主要有三：其一，儿童的膳食质量与营养摄入。收入增加将使得家庭食物不再短缺，进而能够使儿童摄入更多的高蛋白食物，补充儿童生长发育所需的能量和维生素。其二，儿童的医疗服务利用。收入增加有助于增强家庭消费儿童医疗保险和医疗服务的能力与意识,进而预防或减轻疾病对儿童健康的负面作用。其三,卫生条件与健康环境。收入增加有利于改善家庭卫生条件与健康环境,例如,清洁的饮用水与燃料、冲水厕所等(Duflo, 2003;Goode et al.,2014)。

家庭收入(包括转移支付收入)与儿童教育表现的关系也一直是学界广泛关注的问题。虽然多数研究显示家庭收入对儿童,特别是贫困家庭儿童的认知能力和学习成绩有正向影响,但是由于数据与方法的差异,这一结论尚未完全达成共识(Duncan et al.,2014)。既往研究通过如下三个渠道解释家庭收入对儿童教育表现的影响。其一,教育机会与学习环境。收入较高的家庭通常更有能力负担儿童的学前教育、正式教育和课外辅导等的支出,减少因经济能力不足而产生的儿童辍学情况,同时能够提供给儿童优良的生活和教育环境,促进其人力资本积累(陶然和周敏慧,2012)。其二,营养摄入与生长发育。贫困家庭对儿童的养育水平通常较低,从而可能导致儿童营养摄入不足以及大脑与身体发育迟缓,进而影响其学习表现(Noble et al.,2015)。其三,亲子关系与儿童精神状态。贫困家庭中的父母有着更强的抑郁倾向,这使得贫困家庭的儿童更有可能受到虐待或忽视,进而语言能力和学习注意力下降,在精神上产生自我主义倾向,并对周围环境产生敌意,这将在其受教育的过程中发挥负面作用(Milligan and Stabile,2011;Fang et al.,2017)。

研究家庭收入与儿童人力资本关系的一个难点在于如何识别两者的因果关系,这可能是既往研究出现分歧的一个重要原因。简单的线性回归很难分离出家庭收入及其相关的不可观测因素的影响,同时,儿童人力资本水平也可能通过父母的劳动供给反向影响家庭收入。针对以上内生性问题,目前学界主要的解决方式是:将考察的家庭收入限定于公共转移支付这一类相对外生的收入来源,运用准实验(quasi-experiment)方法估计家庭收入对儿童人力资本积累的净影响,包括工具变量法、断点回归法、双重差分法等(Stampini et al.,2018)。此外,公共转移支付也可能对家庭劳动供给产生负向激励,进而导致贫困陷阱的出现(陈国强等,2018),这一潜在效应对儿童人力资本的负面作用也需要研究者予以关注。

第三章
农村老年人主观福利的总貌与趋势

本章旨在对农村老年人主观福利的总貌、变化趋势及个人特征差异进行回顾，为本书进行"新农保"与农村老年人主观福利关系的实证研究奠定基础。本章的主要内容如下：①对本章运用的数据和指标的处理过程进行说明；②总结农村老年人主观福利的总体情况与变化趋势；③描绘农村老年人主观福利的个人特征差异，并进一步比较老年人主观福利的城乡差异；④对本章研究结果进行小结。

一、数据说明与主观福利指标选取

(一)数据处理说明

刻画老年人主观福利变化趋势需要以长期的跟踪调查为基础，本章进行的中国农村老年人主观福利变化趋势的描述与城乡比较的数据主要来源于中国老年健康影响因素跟踪调查(CLHLS)。CLHLS 始于 1998 年，目前共公布了 1998—2014 年 7 轮调查数据。由于 1998 年和 2000 年 CLHLS 的受访者仅为 80 岁及以上的高龄老人，因此本章选取 2002 年、2005 年、2008 年、2011 年以及 2014 年共 5 轮追踪调查数据中 65 岁及以上老年人作为研究样本。值得一提的是，由于老年人死亡或其他原因，部分老年人在回访过程中退出了调查，同时 CLHLS 也在追踪调查中补充了一定的老年人样本。因此，每个样本的观测次数从 1 次至 5 次不等，剔除主观福利变量数据缺失的样本后，最终获得被访者个体数为 31300 个，总体样本数为

59407 个。其中:农村样本 32838 个,城市样本 26569 个;2002 年样本 14745 个,2005 年样本 14345 个,2008 年样本 14793 个,2011 年样本 8971 个,2014 年样本 6553 个。由于 2011 年和 2014 年没有增补受访者,加上老年人死亡或其他原因,这两年的样本数有一定幅度的下降,但总体样本量仍保持在较高水平。

(二)主观福利指标选取

主观福利是指个体对生活状态在认知和情感上的总体判断(Diener et al.,1999),测量角度通常分为三种,分别是幸福感知(eudemonic)、精神体验(affective)与生活评价(evaluative)(Layard,2010)。根据数据特点与已有相关文献的变量选择(Li and Wu,2008),本章在使用 CLHLS 数据研究中国农村老年人主观福利的变化趋势特点时,选取两种主观福利指标,分别是精神健康与生活满意度,前者主要用于衡量个体的精神与情感状态,而后者则是对物质生活与精神状况的综合评价。精神健康指标由 7 个子指标组成,包括 4 个正面子指标(乐观程度、责任心、自我掌控力、变老适应力)与 3 个负面子指标(精神敏感度、孤独感、能力丧失感知)(李婷和张闫龙,2014)。其中,4 个正面子指标的问题分别为"不论遇到什么事您是不是都能想得开"、"您是不是喜欢把东西弄得干净、整洁"、"您自己的事情是不是自己说了算"、"您是不是觉得与年轻时一样快乐",3 个负面子指标的问题分别是"您是不是经常感到紧张、害怕"、"您是不是经常觉得孤独"、"您是不是觉得越老越不中用"。每个问题的选项分为"从不"、"很少"、"有时"、"经常"和"总是"5 级,分别赋值为 0~4。为保证测量一致以及便于结果解释,本章将 3 个负面子指标转换为正向得分。例如,当老年人在回答"您是不是经常感到紧张、害怕"这一问题时选择"从不",则赋值为 4,以此类推。而后将 4 个正面子指标分值与经过转换的 3 个负面子指标分值汇总,得到精神健康指标,取值范围为 0~28,分值越高,则表示精神健康状况越好。生活满意度指标由"您觉得您现在的生活怎么样"这一题项衡量,该题选项也分为 5 级,分别是"很不好"、"不好"、"一般"、"好"、"很好",按照上述顺序分别赋值为 1~5,分值越高则表明生活满意度的自我评价越正面。

二、中国农村老年人主观福利的总貌与趋势

(一)农村老年人主观福利的总貌

图 3-1 显示了中国农村老年人精神健康得分在 2002—2014 年的总体分布。可以看到,农村老年人总体精神健康得分分布右偏,多数样本(80%)的精神健康得分集中在 13～25 分。由于目前并没有文献明确对该指标设定存在精神健康问题的得分划分标准,为更好地解释老年人精神健康的具体分布情况,本章将计算精神健康得分的各个子指标的分布进行了汇总分析(见表 3-1)。不难发现,农村老年人的乐观程度("想得开")、责任心("整洁")的总体水平较高,经常或总是"遇到事情能想得开"、"喜欢把东西弄得干净"的农村老年人占比分别是 77% 和 71%。老年人的精神敏感度("害怕")和孤独感("孤独")总体处于中低水平,分别有 73%、68% 的老年人较少感到害怕和孤独。相对而言,农村老年人的自我掌控力("自己做主")、能力丧失感知("中用")和变老适应力("快乐")相对较弱,41% 的农村老年人感到"自己的事情不由自己说了算",62% 的农村老年人感到自己"越老越不中用",61% 的农村老年人不再觉得"和年轻时一样快乐"。

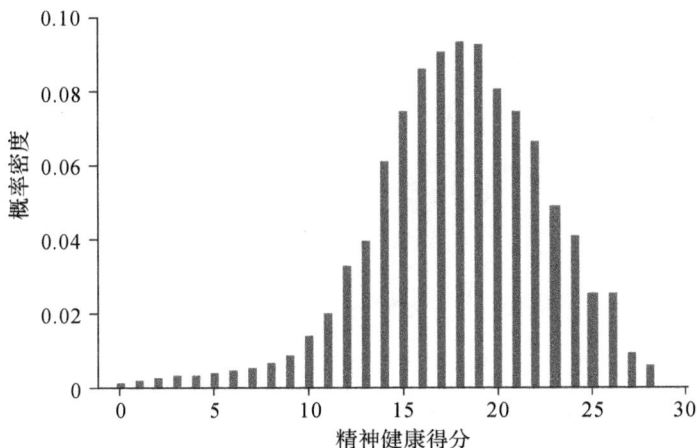

图 3-1　农村老年人精神健康得分的总体情况(2002—2014 年)

表 3-1　农村老年人精神健康组成指标的总体分布(2002—2014 年)

单位:%

选项	想得开	整洁	不害怕	不孤独	自己做主	中用	快乐
从不	0.54	0.17	1.12	1.98	5.17	8.86	9.56
很少	4.24	2.00	4.09	6.06	12.73	17.31	25.24
有时	18.35	26.63	21.82	24.08	23.3	36.05	26.15
经常	65.00	58.32	36.34	31.65	24.86	20.66	13.45
总是	11.87	12.88	36.62	36.22	33.94	17.11	25.60

　　注:为使得各个子指标赋值的方向一致,将 3 个负面子指标(精神敏感度、孤独感、能力丧失感知)转换成了正向指标(不害怕、不孤独、中用)。

　　如图 3-2 所示,在生活满意度方面,CLHLS 数据显示,14.6%的农村老年人在 2002—2014 年感到生活过得"很好",46.3%的农村老年人觉得"好",32.6%的农村老年人觉得"一般",分别有 5.6%和 0.9%的农村老年人觉得"不好"和"很不好"。综合来看,超过一半的农村老年人对自己的生活感到满意,全体农村老年人在 2002—2014 年的生活满意度得分均值为3.6,即处于"一般"和"好"之间。

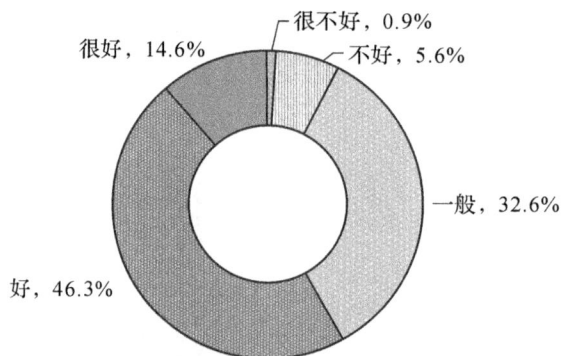

图 3-2　农村老年人生活满意度的总体情况(2002—2014 年)

　　进一步地,本章对农村老年人的精神健康得分与生活满意度进行了调查地区分布汇总。从精神健康得分的地域分布来看,总体上东部地区的农村老年人精神健康水平更高,比如北京、天津、山东等地区的农村老年人精神健康得分均值约为 20 分。然而农村老年人精神健康水平并未按照地区经济发展水平呈现明显的东中西梯度分布,部分中西部地区农村老年人精神健康水平并不比中部地区低。这表明,农村老年人的精神健康并不仅仅取决于经济发展水平或公共服务供给,还受到其他重要因素影响,比如劳动力迁移、自然和居住环境状况等。

但从生活满意度的地域分布来看,相比于精神健康指标,农村老年人的生活满意度则是比较明显地呈现了东中西的梯度分布,表明农村老年人生活满意度与地区经济发展、公共服务的供给有明显关系。精神健康与生活满意度的地域分布稍有不同的主要原因可能是两种主观福利指标的衡量侧重有所不同。心理学家认为:精神健康是一种情感体验(affective experience),反映的是真实精神生活质量;而生活满意度则是认知体验(cognitive experience),更多表现的是个体对总体生活的认知与感受。前者主要测量的是老年人的精神状态(Campbell,1976),因而更多体现的是精神层面的福利评价;而后者更能表现物质生活的满意程度,所以在一定程度上表现出了与地区经济发展水平更大的相关性。

(二)农村老年人主观福利的变化趋势

图 3-3 展示了农村老年人精神健康在 2002—2014 年不同调查时期的变化趋势。总体来看,农村老年人精神健康水平在 5 次调查期间的变动并不大。具体来看,在 2008 年及以前,老年人的精神健康水平有微幅下降,2008 年以后有小幅的波动上升。从构成精神健康指标的各个题项分值的变化趋势看,相比其他题项,老年人能力丧失感知("中用")与变老适应力("快乐")自我评价分值较低,且后者与精神健康指标整体得分的变化趋势高度一致,农村老年人"快乐"得分总体呈现先下降后上升的趋势,尤其在2008 年有一个较明显的下降,其他指标得分在各期并没有明显变化,这说明,农村老年人的"快乐"程度在很大程度上决定了精神健康水平的变化趋势。

图 3-4 给出了农村老年人生活满意度在 2002—2014 年的分布情况与变化趋势。生活满意度指标的总体变化趋势与精神健康类似,以 2008 年为分界线,老年人生活满意度在分界线前总体有微幅下降,在分界线后逐步上升,且对自己生活评价为"好"和"很好"的老年人比例有所增加。

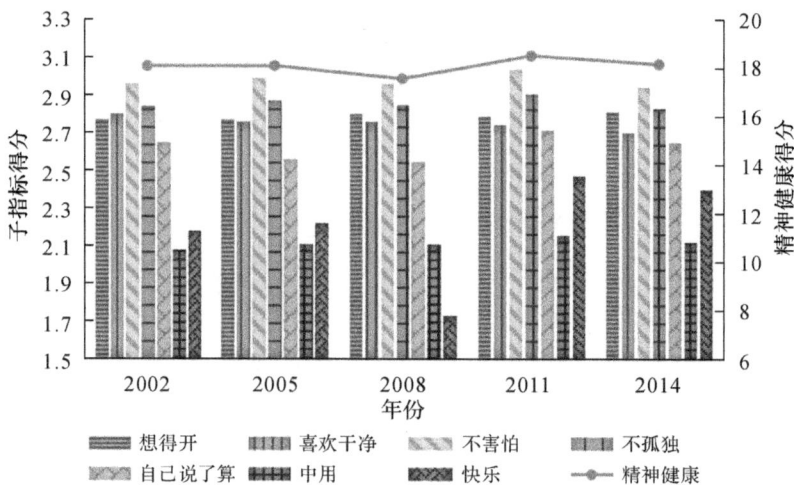

图 3-3　农村老年人精神健康及各子指标的得分变化趋势

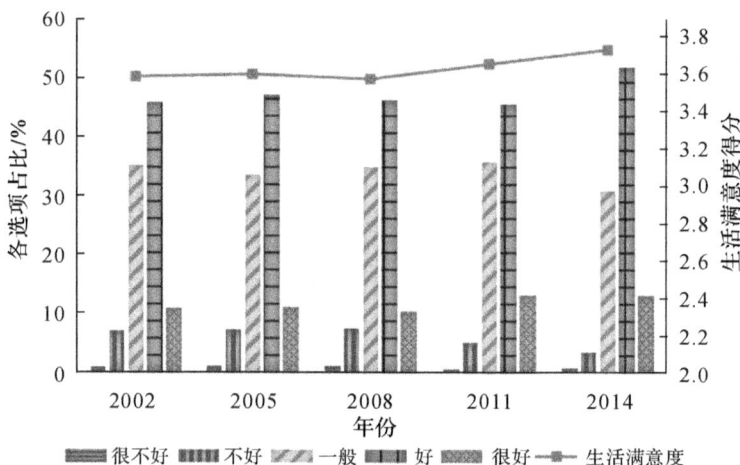

图 3-4　农村老年人生活满意度的变化趋势

农村老年人主观福利水平在 2008 年有所下降的原因可能是国家宏观经济受到全球经济危机的冲击,对农村居民的收入、就业产生负面作用;在 2008 年后有所提高可能的原因包括普惠式社会养老保险的建立(比如 2009 年开始实施的"新农保")、社区与居家养老服务的丰富化、子女经济与情感支持受到社会关注(比如 2012 年"常回家看看"被写入《老年人权益保障法》)等。

三、老年人主观福利的个人特征差异及城乡差异

（一）农村老年人主观福利的性别差异

进一步将农村老年人进行性别分组以比较男女主观福利的变化趋势差异（见图 3-5），可以发现，不论是用精神健康还是生活满意度来测量老年人的主观福利，男性和女性老年人在 2002—2014 年的变化趋势几乎是一致的。然而两者关于不同主观福利的水平却是不同的。在精神健康指标上，男性老年人的得分在各个时期都比女性老年人更高（平均高 1 分左右），而两者的生活满意度差异在各期却并不明显。主要原因可能是，男性老年人与女性老年人对于物质生活水平的评价是接近的，然而在精神状态上，出于生理特点与精神敏感度等原因，女性在应对风险与压力等方面更容易受到精神层面的困扰，因而通常表现出较高的抑郁水平。比如，CHARLS 2011 年的基线调查结果指出，中国有 40％的老年人有较高水平的抑郁症状，其中 47.6％的女性老年人具有程度较高的抑郁症状，而男性中该比例为 32.1％，可见女性的精神健康状况更不乐观。因此，本章所得的结果也与以往文献一致。同时，可以看到，农村老年人精神健康的性别差异并没有随时间的推移而明显改变。对于中国老年人主观福利性别差异的原因解释需要更多的研究关注与检验。

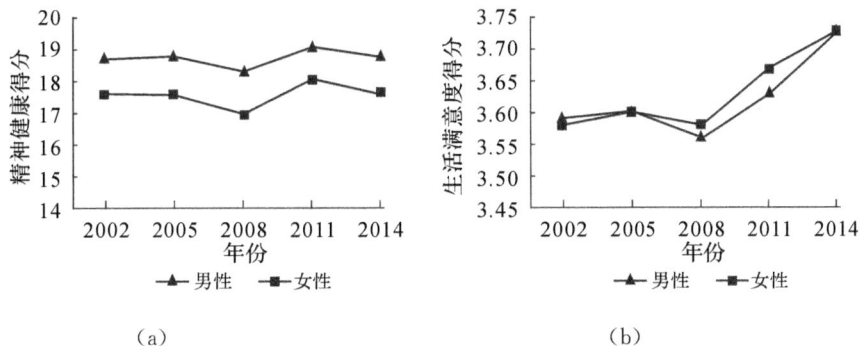

图 3-5　农村老年人主观福利的性别差异

(二)农村老年人主观福利的年龄差异

为探究农村老年人主观福利变化趋势的年龄差异,本章对老年人进行了年龄分组,分别是 65—74 岁(20.0%)、75—84 岁(22.7%)、85—94 岁(30.0%)和 95 岁及以上(27.3%),图 3-6 给出了各个年龄段农村老年人精神健康与生活满意度的变化趋势。从精神健康的年龄差异来看,不同年龄段的精神健康水平变化的总体时序变化趋势比较接近,同时老年人年龄越大,精神健康水平越低,且随时间推移而产生的波动更大。这是因为,随着年龄的增大,老年人的身体机能、健康水平、认知功能等都将逐步下降,疾病发生率不断提升,高龄老人一般会比低龄老人遭受更多的病痛折磨,更加接近死亡,同时也将经历更多的家庭地位下降、经济拮据、亲友离世等负面事件,从而表现出更低的精神健康水平;从生活满意度的年龄差异看,不同年龄段的老年人生活满意度的变化趋势基本一致,但在年龄差异上可以发现年龄较大的老年人的生活满意度反而相对较高,这一结果与以精神健康指标刻画的农村老年人主观福利变化趋势的年龄差异恰好相反。

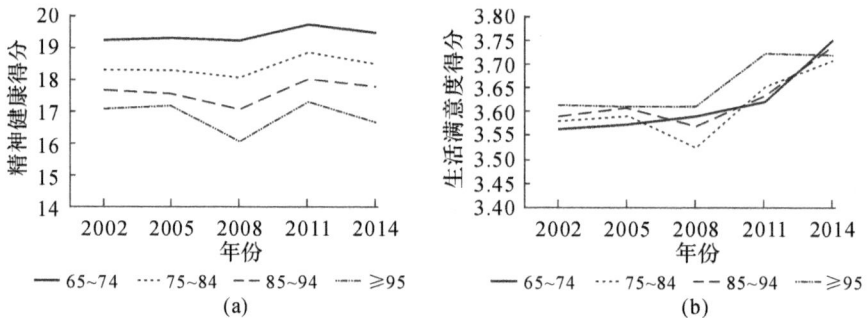

图 3-6　农村老年人主观福利的年龄差异

事实上,年龄与老年人主观福利之间的关系至今尚无明确定论。一方面,老年人随着年龄的增大而产生的"健康失去效应"和"角色失去效应"将对老年人主观福利有负向影响。这是因为,年纪越大,老年人遭受疾病痛苦困扰的可能性将越大,同时也将面临家庭地位下降、社会网络减小等不利影响。另一方面,老年人的年龄增大也意味着"获得",这种获得主要体现在"成熟效应",即年岁的增加也使老年人的生活经验更加丰富,心智更加成熟,对事物的见解更加全面。同时由于处于生命周期的后半段,年龄的增大也使老年人更为关注生命的意义与价值,即所谓的"少壮轻岁月,迟暮惜光辉",因而高龄老人能够更好地控制自己的情感和调节不良情绪,减小负面事件的冲击,趋向于用更加积极乐观的心态面对生活。本章出现的农村老年人精神健康与生活满意度变化趋势的年龄差异有所不同的原因,也很有可能在于两者对于主观福利维度的侧重有所不同。前者更能表现出不加个人调整的真实层次老年人精神状态,而后者则是老年人依据当前的物质生活以及自身的生活经验进行自我调整后的主观福利水平。因此,高龄老人的精神健康水平相对较低,而生活满意度则相对较高。

(三)农村老年人主观福利的出生队列差异

在截面数据中,年龄与出生时期是相互决定的,即出生时期加年龄为调查时期,此时很难区分老年人主观福利的队列差异,因此也就很难在截面数据中进行队列分析。追踪调查的优势之一就在于它能区分出被访者的年龄和出生队列,进而将研究老年人主观福利的队列差异变为可能。图3-7显示了运用2002—2014年CLHLS数据刻画的农村老年人精神健康与生活满意度出生队列差异。根据各期调查的年龄组成,本章划分了5个出生队列组,分别是:1905年及以前(11.4%)、1906—1915年(22.8%)、1916—1925年(27.5%)、1926—1935年(24.4%)和1936年及以后(13.9%)。结果显示:在精神健康方面,不同出生队列的变化趋势比较一致,而不同出生队列农村老年人的平均精神健康水平有明显差异,出生时期越早的老年人的精神健康水平越低,这与老年人年龄增大、疾病增加带来的痛苦与社会网络薄弱可能有较大关系;在生活满意度方面,与年龄差异分析结果类似,不同出生队列的老年人在5期调查中的生活满意度总体呈上升趋势,同时出生时期越早的老年人反而生活满意度更高,这有可能是因为高龄老人可以借助更好的心理调适能力来提高自己对生活质量的评价。总体来看,农村老年人主观福利的出生队列差异与年龄差异是一致的,但这仅仅是在本章中出现的情况,并不能断定年龄差异与出生队列差异是完全相互替代的。这是因为,出生时期在一定程度上是一种时代的烙印,因此,它相对于年龄有更多的时代背景因素作用。在本章中,出生时期较早的老年人精神健康水平较低而生活满意度较高的原因也有可能是:一方面,出生时期较早的老年人经历的战争岁月比较长,比如新中国成立前的辛亥革命、北伐战争、抗日战争、解放战争等,这些经历成为印记,可能有长期的精神创伤效应;另一方面,正因为早期经历了比较艰苦与不幸的生活,老年人可能对近期相对优越的生活更加珍惜并觉得更加满意。针对老年人主观福利变化趋势的出生队列差异及其原因,还需要更多研究进行深入讨论。

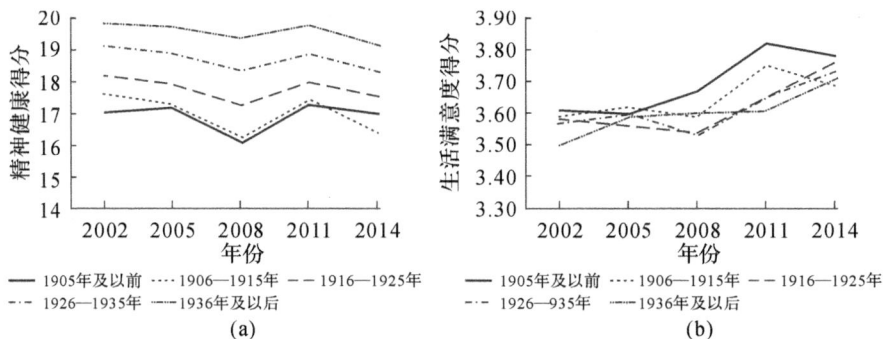

图 3-7 农村老年人主观福利的出生队列差异

（四）老年人主观福利变化趋势的城乡差异

农村老年人主观福利水平及其变化趋势是否与城市老年人有所不同?为解答这一问题,本章在运用 CLHLS 数据刻画农村老年人主观福利指标的时序变化的同时,也描绘了城市老年人以及老年人总体的主观福利情况及变化趋势,结果如图 3-8 所示。从中可以发现,农村老年人精神健康水平与生活满意度明显低于城市老年人,且在时间趋势上,虽然在 2008 年之后两者有些许接近的迹象,但总体上城乡老年人主观福利水平几乎是平行的,并没有展现明显的收敛趋势。可见农村老年人的生活质量仍低于城市老年人,这在一定程度上表现出了在居民收入水平、经济与社会发展程度、文化教育资源、公共服务供给、医疗与社会保障程度等方面可能仍然存在较大的城乡差距,城乡居民主观福利的差异可能会成为城乡社会产生不稳定情况的重要因素。

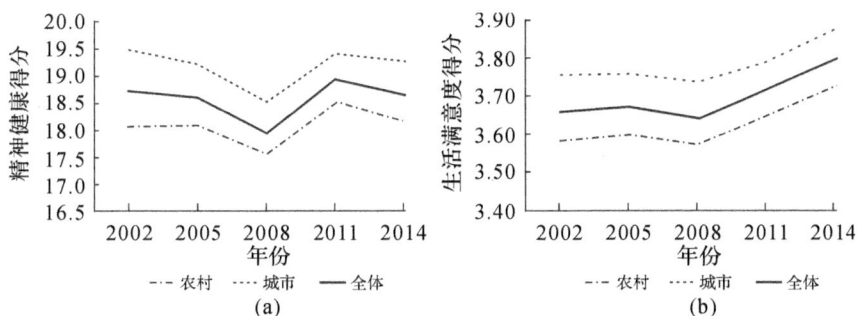

图 3-8　老年人主观福利的城乡差异

四、本章小结

本章主要运用 CLHLS 数据回顾了 21 世纪以来中国农村老年人主观福利的总体情况、变化趋势，并比较了个人特征差异和城乡差异。结果显示：从农村老年人主观福利的总貌和变化趋势来看，2002—2014 年农村老年人的总体精神健康情况较好，生活满意度较高。2002—2014 年，农村老年人主观福利水平总体波动并不是很大，具体呈先微幅下降后小幅上升的趋势。不同性别、年龄和出生队列的农村老年人主观福利变化趋势与总体趋势并没有明显不同，但存在主观福利水平差异。具体而言：女性的精神健康水平比男性更低，但不同性别的生活满意度是相近的；相比于低龄老人，高龄老人的精神健康状况更差，但生活满意度更高；与出生时期较晚的老年人相比，出生时期较早老年人的精神健康水平更低，而生活满意度更高。此外，在城乡差异上，农村老年人主观福利水平（包括精神健康和生活满意度）在 2002—2014 年一直低于城市老年人，且两者持续保持着一定的差距，并没有明显的收敛趋势。这些结果表明，改善农村老年人主观福利状况具有一定的迫切性和重要性。

本章的描述统计结果不仅为理解中国农村老年人主观福利的总体情况提供了数据结果支持，也为本书后续进一步分析"新农保"与农村老年人主观福利的关系奠定了基础。

第四章
"新农保"与农村老年人主观福利：
基于 CHARLS 数据的实证分析

　　本章基于中国健康与养老追踪调查（CHARLS）数据，主要讨论与检验了"新农保"对农村老年人主观福利的影响、异质性以及作用机制，回答了"新农保"对农村老年人主观福利的影响主要是通过绝对收入水平提升还是相对收入状况改善的问题，为进一步提高"新农保"的改革成效、完善农村养老服务体系提供了借鉴与参考。本章的内容主要包括以下五个部分：①从政策背景、国内外相关研究现状与不足等方面引入本章的研究主题；②理论分析与总结"新农保"如何影响老年人主观福利，并提出研究假说；③介绍本章研究的数据、变量与实证策略；④报告实证结果并进行相应解读；⑤对本章的主要结论与启示进行小结。

一、引　言

　　当经济发展到一定阶段后，建立社会养老保险制度，将养老纳入公共财政范畴是在世界范围内诸多国家与地区的普遍做法。为应对日益严重的农村养老问题和保障农村居民老年基本生活，中国的"新农保"于 2009年正式启动试点，并快速成为农村社会保障体系的重要组成部分。"新农保"的首批试点地区规模为全国 10％的县（市、区），随后进入"扩大试点"和"加速扩面"阶段，到 2012 年末，"新农保"政策覆盖了全国所有县级行政区，全国参保人数达 4.6 亿。2014 年，国家将"新农保"与"城居保"合并为统一的城乡居民基本养老保险制度,截至 2017 年末,全国城乡居民基本养老保险参保人为为 5.1 亿,领取养老金的老年人为 1.6 亿,月人均待遇 125 元,并已成为世界上覆盖人口最多的养老保障计划。[①]

"新农保"政策在全国范围内实施后,不少学者开始评估该政策对农村老年人及其家庭的福利水平与生活状况的影响,包括贫困、消费、储蓄、劳动供给和养老模式等(陈华帅和曾毅,2013;程令国等,2013;马光荣和周广肃,2014;张川川等,2015),这些研究丰富了"新农保"政策影响评估的内容。然而,随着经济与社会的发展,个人福利的含义不再局限于经济福利,还表现在人们的主观福利水平上,并且后者已成为人民福祉的重要体现(檀学文,2013)。主观福利是用于表征个体对生活状态在认知上和情感上的总体判断(Diener et al.,1999),它不仅体现个人的物质生活状态,也是精神生活状态的反映,且与个人的健康状况与死亡风险等有紧密的联系(Watkins et al.,2013)。在人口快速老龄化和社会主要矛盾转变的背景下,实现"老有所养,老有所乐"的积极老龄化社会不仅是人们对幸福生活向往的要求,也是新时代农村社会发展的重要课题。因此,研究"新农保"与农村老年人主观福利的关系对改进当前农村养老政策,提高农村居民养老质量,以及促进农村家庭和睦与社会和谐均有重要意义。

从国际经验来看,社会养老保险制度对老年人主观福利有积极作用。墨西哥普惠制养老金制度使老年人家庭消费提高 20% 左右,同时老年人抑郁程度下降了 12%(Galiani et al.,2016)。南非的养老金计划对老年人的幸福感与生活满意度均有正向影响,且对 60—64 岁女性老年人的影响更加明显(Schatz et al.,2012)。基于巴西与南非两轮调查进行的动态分析发现,两国参加养老金项目的各个年龄段老年人的生活满意度都有所上升(Lloyd-Sherlock et al.,2012)。虽然中国的"新农保"政策与国外的养老金制度有许多相同之处,比如实行自愿参保原则,养老金主要由政府财政承担,但具体的养老金水平、保障内容以及给付方式都有所不同。因此,这类国外经验并不一定能适用于中国,"新农保"政策的主观福利效应需要进行

[①] 资料来源为人力资源和社会保障部 2012—2017 年的《人力资源和社会保障事业发展统计公报》。

实证检验。

近年来,一些国内学者对"新农保"政策与农村老年人的主观福利水平的关系进行了探索,但目前并未取得一致结论。一方面,有研究认为"新农保"有显著的主观福利增进作用。张川川等(2015)采用 CHARLS 2011 年基线调查数据的研究结果表明,"新农保"有利于降低老年人贫困发生率,提高主观福利水平。何泱泱和周钦(2017)的研究发现,参加"新农保"的老年人比未参保的老年人的抑郁程度平均低 16%,且健康状况较差、财富水平较低的老年人受益更明显。刘西国和刘晓慧(2017)以生活满意度指标表征主观福利,也得到了类似结论。另一方面,有学者认为"新农保"的主观福利效应并不明显。比如,解垩(2015a)利用 2008 年和 2012 年 CHARLS 浙江与甘肃两省调查数据的研究表明,"新农保"对老年人的抑郁状况没有任何影响,并认为"新农保"的补助强度较小以及政策实施的时间较短是主要原因。

以上文献为本章提供了良好的研究思路与重要的参考价值,但这些研究或是基于部分省份数据进行分析,或是在研究的内生性问题上考虑不足,又或是缺少对"新农保"主观福利效应的群组差异进行讨论。因此,"新农保"与农村老年人主观福利的关系仍然需要使用更新的具有广泛代表性的数据以及合理的方法进行研究,同时也需要对"新农保"影响的异质性进行拓展来加强政策的针对性。此外,以往相关文献仍缺少对"新农保"的影响机制的详细讨论与检验,即"新农保"何以影响农村老年人主观福利。明晰"新农保"福利效应的作用途径对于明确"新农保"影响的主要来源与进一步的政策改进均有启示意义。鉴于此,本章基于具有广泛代表性的 2011 年和 2013 年的 CHARLS 数据:首先利用滞后项估计、工具变量法和断点回归法克服可能存在的内生性问题,评估"新农保"对农村老年人主观福利的影响;其次,对"新农保"的主观福利效应就老年人群体特征与养老金水平进行异质性分析;最后,讨论并检验"新农保"对农村老年人主观福利的影响路径。

相比于以往文献,本章研究的主要贡献在于:①尝试运用多种方法克服内生性问题,从而得到"新农保"主观福利效应的可靠结果,并进一步深入分析影响的异质性;②讨论与检验"新农保"主观福利效应的影响机制,更加全面地揭示当前阶段"新农保"与农村老年人主观福利的关系。

二、理论分析

通过梳理相关文献,本章将"新农保"的主观福利效应归纳为三个方面,分别为绝对收入效应、相对收入效应和时间分配效应。

第一,绝对收入效应。"新农保"政策规定,拥有参保资格,且符合参保资格的子女已参保的农村 60 岁及以上的老年人可直接领取中央人民政府提供的基础养老金与地方人民政府的相应补助。[①] 根据测算,2013 年农村老年人所得的"新农保"养老金平均水平相当于农村贫困线的 41%(Cheng et al.,2016)。因此,从最直观的绝对收入角度看,参加"新农保"的老年人不用缴费便可得到一笔长期稳定的额外收入。农村老年人,特别是处于经济社会弱势地位的老年人可通过使用这笔养老金增强个体经济独立性、转变食物消费模式、优化医疗服务利用等来提高生活质量与健康水平,从而增强应对不确定性事件的能力,降低躯体与心理疾病发生率,提高主观福利水平(何泱泱和周钦,2016)。相关实证研究包括:针对南非养老金项目的研究发现,老年人领取养老金后促进了高营养食物消费和医疗服务消费(Case,2004);张晔等(2016)利用 CLHLS 数据的研究表明,养老金有助于提高农村老年人的常食水果蔬菜的营养摄取水平,并促进饮食均衡。

第二,相对收入效应。经济学家伊斯特林发现,收入的增长并不一定导致人们主观幸福感的增强(Easterlin,1974),这被学者们称为"幸福悖论"。在众多解释"幸福悖论"的理论中,相对收入理论受到许多学者的认同。其基本论点是,人们在评估自己的幸福程度时,并非直接通过评价自己的绝对收入,而是通过与社会属性相近的参照人群进行比较。当发现自

---

① 参保者的养老金账户由社会统筹账户与个人账户组成。其中,个人账户主要由个人缴费、地方人民政府补贴与集体补助组成,社会统筹账户则全部来自政府财政支付的基础养老金。"新农保"政策设立之初,基础养老金为每人每月 55 元,2014 年和 2018 年"新农保"基础养老金分别上调为每人每月 70 元、88 元。虽然有参保资格的老年人可直接领取养老金,但前提是其符合参保条件的子女应当参保缴费,这一"家庭捆绑"条款饱受学界的质疑和批评。

已处于劣势,则会产生一种被参照群体剥夺而处于相对贫困的负面情绪,这种相对剥夺感将对主观福利产生负向影响。例如,有研究发现,当个人收入水平以及其他因素不变的情况下,邻居收入水平与本人的幸福感有显著的负相关关系(Dynan and Ravina,2007)。因此,即便个人或家庭消费水平并未因养老金而产生明显变化,养老金"从无到有"的转变也仍然意义重大(贺雪峰,2017)。"新农保"仍可能通过改善农村老年人群的收入分配,降低相对贫困程度,增强老年人精神层面的安全感与获得感,进而有利于增进农村老年人群体的主观福利。鉴于当前阶段较低的缴费档次和养老金绝对水平(解垩,2015b),"新农保"产生的相对收入效应可能比绝对收入效应更加明显。

第三,时间分配效应。养老金不仅具有收入效应,而且有可能改变参保者进行日常活动的时间配置。根据时间分配理论(Becker,1965),个体的效用水平由消费、闲暇、个人特征与家庭特征等形成的偏好所决定,人们可以通过货币收入购买商品和劳务来节约生产、劳动时间,从而获得更多的可支配时间参加自己感兴趣的活动。因而"新农保"养老金可能促使参保老年人闲暇时间增加,社会活动参与水平提高。有研究表明,"新农保"显著减少了参保老年人的劳动供给,尤其是农业劳动供给(张川川等,2015),同时提高了参与闲暇活动的概率(Cheng et al.,2018)。在有限的时间禀赋约束下,个体自主分配的时间越多,社会活动参与水平越高,则福利状况就相对越好(Floro,1995)。因此,"新农保"也可能通过增加老年人的闲暇时间,促进其社会活动参与,进而改善农村老年人主观福利状况。综上所述,本章提出如下假说:

假说1:"新农保"对农村老年人主观福利有显著的正向影响,且对经济社会地位弱势的群体发挥的作用更加明显。

假说2:"新农保"增进农村老年人主观福利的途径包括绝对收入效应、相对收入效应和时间分配效应,其中相对收入效应发挥主要作用。

三、研究设计

(一)数据处理说明

本章的研究数据来自 2011 年和 2013 年的 CHARLS,具体使用了其中个人与家庭基本特征、家庭成员交往、家庭收入支出、个人健康、社会活动、生活方式等调查内容,同时还用到了社区问卷中关于调查地点的"新农保"试点情况信息。在具体进行实证分析的过程中,本章结合使用了 2011 年和 2013 年的 CHARLS 数据,即将两年均调查到的观测值合并,进行滞后项估计以避免可能的联立性问题。根据研究目标,本章保留了 60 岁及以上的农村老年人样本,最终获得样本 4606 个。

(二)实证策略

本章首先估计"新农保"对农村老年人主观福利的影响,设定采用最小二乘法(OLS)的基准线性回归模型如下：

$$SWB = \beta_0 + \beta_1 NRSP + \beta_2 X + \varepsilon \qquad (4-1)$$

其中：SWB 代表老年人主观福利水平;NRSP 表示农村老年人参加"新农保"的情况;X 为一系列控制变量,包括个人特征、家庭特征、初始健康状况以及健康行为等;ε 为随机扰动项。β_1 为本章关心的"新农保"对老年人主观福利的影响系数。

以上模型得到无偏有效估计量的前提是"新农保"变量 NRSP 外生,然而,"新农保"与农村老年人主观福利可能存在内生性问题,其来源主要有两个。一是联立性问题,即老年人的主观福利情况可能反过来影响"新农保"的参保选择。二是遗漏变量问题,比如,老年人的风险偏好、性格特征等不可观测因素同时影响其参保选择和主观福利水平。在这些情况下,普通线性回归模型所得的估计结果将有偏且不一致。因此,本章采取两种估计策略避免以上问题。第一种估计策略是,采用滞后一期自变量以避免互为因果产生的内生性问题(封进和余央央,2007),即运用 2013 年调查的主观福利指标对 2011 年的"新农保"指标及控制变量进行回归,得到"新农保"的影响估计系数。第二种策略则是，在第一种策略的基础上，选取工具变量，运用两阶段最小二乘法(2SLS)得到"新农保"对农村老年人主观福利影响的一致估计。两阶段估计模型如下：

$$NRSP = \alpha_1 + \alpha_2 IV + \alpha_3 X + \upsilon \qquad (4-2)$$

$$SWB = \gamma_0 + \gamma_1 N\hat{R}SP + \gamma_2 X + \varepsilon \qquad (4-3)$$

其中：式(4-2)为第一阶段的估计方程，IV 表示选取的工具变量；式(4-3)为第二阶段的估计方程，$N\hat{R}SP$ 为式(4-2)中 NRSP 的预测值。其余变量含义与式(4-1)相同。

2SLS 有效估计的前提在于工具变量的合理选取，本章除了在后文检验了工具变量的有效性与外生性外，还进一步运用近年兴起的准实验方法——断点回归法(RD)对"新农保"的主观福利效应进行检验。断点回归法的基本思想是，将政策或项目决定个人是否受到"处理"的门槛或界线附近的样本视为局部随机分布，此时个体受到政策"处理"具有随机干预的特征，对这部分样本分析可以得出较"干净"的处理效应。断点回归法主要分为两种，一种是精确断点回归(sharp RD)，另一种是模糊断点回归(fuzzy RD)。前者在断点处的"处理"概率直接从 0 跳到 1，而后者则是从"处理"概率 a 跳至 b($0 < a < b < 1$)。由于"新农保"政策遵循自愿参保原则，并不适用于精确断点回归，因而本章运用模糊断点回归进行估计。

常规的断点回归参数估计的准确性依赖于函数形式的设定，不同的函数形式(比如分段线性和高次方)所得的结果可能相差悬殊，因此本章采用非参估计来估计断点两侧的结果变量取值，从而放松了"函数形式设定正确"这一假定，使得结果更加可靠，非参估计得到的局部处理效应表达式为：

$$lwald = \lim_{x \downarrow c} E[SWB | Z = Z_c] - \lim_{x \uparrow c} E[SWB | Z = Z_c] \qquad (4-4)$$

其中：lwald 表示断点回归非参估计得到的局部沃尔德(local Wald)值，用于估计局部处理效应；Z 表示驱动变量，Z_c 表示驱动变量在断点处的取值，本章的驱动变量为年龄，断点在 60 岁左右。局部处理效应由主观福利指标在断点右侧与左侧极限值之差所得，断点处的极限值通常通过局部线性核回归(local linear kernel regression)进行估计。

除评估"新农保"的主观福利效应外,本章还将采用路径分析方法实证检验"新农保"对农村老年人主观福利的影响途径。路径分析是探索和检验显变量间关系的重要统计方法,其优势在于不仅可以检验自变量对因变量的直接影响,而且能得出两者间可能存在的间接效应,进而丰富两者的关系。为避免在运用路径分析方法时出现互为因果的内生性可能,本章借鉴已有研究(Acock,2013),同样采用滞后项自变量进行模型估计,即运用CHARLS 2013年的因变量数据和2011年调查中的自变量及中介变量的数据进行路径分析,考察影响路径。这在很大程度上避免了自变量、中介变量与因变量关系中可能存在的互为因果问题。本章进行路径分析时使用Stata13.1软件操作,模型估计方法选择极大似然法。

(三)变量选取与描述

1. 因变量

本章的因变量是农村老年人的主观福利,借鉴已有研究的指标选取(何泱泱和周钦,2016;张晔等,2016;张川川等,2015),采用抑郁指数与生活满意度作为衡量指标。其中,抑郁指数由CHARLS问卷中的简版抑郁自评量表(CES-D10 scale)所得,CES-D10量表广泛运用于抑郁症状的测定,它避免了单个问题表征抑郁状况可能产生的偏差,且已被证实具有较高信度和效度(Andresen et al.,1994)。该量表共包含10个关于被访者近一周心理状态的问题,每个问题均有四个选项代表相应程度的高低,按照计算CES-D得分的一般取值方法从低到高分别赋值为0～3分,问题得分汇总即得到抑郁指数,其取值范围为0～30分[①],抑郁指数越高表示抑郁状况越严重,主观福利水平越低。生活满意度来自CHARLS生活满意度问题条目"总体来看,您对自己的生活是否感到满意",选项包括"一点也不满

[①] CES-D10量表的10个问题包括:过去一周"我因一些小事而烦恼"、"我在做事时很难集中精力"、"我感到情绪低落"、"我觉得做任何事都很费劲"、"我对未来充满希望"、"我感到害怕"、"我的睡眠不好"、"我很愉快"、"我感到孤独"、"我觉得我无法继续我的生活"。各个问题均有相同的四个选项,分别为:很少或者根本没有(少于1天)、不太多(1～2天)、有时或者说一半的时间(3～4天)、大多数的时间(5～7天)。在对每题赋值时,第5题与第8题的赋值方向与其余题目相反,按照选项分别赋值3～0。

意"、"不太满意"、"比较满意"、"非常满意"和"极其满意",按照以上选项顺序分别赋值1~5,分值越高,则生活满意度越高。

2.关键自变量与工具变量

本章的关键自变量为农村老年人"新农保"的参与情况,按参保与否分别赋值为1和0。由于参保的农村老年人可直接领取"新农保"养老金,因此,本章中的农村老年人参保情况等同于领取养老金情况。针对可能存在的内生性问题,本章借鉴已有相关研究的工具变量选取(马光荣和周广肃,2014;Cheng et al.,2016),根据"新农保"逐步试点的特点,基于2011年CHARLS的社区特征数据,采用调查时期被访者所在村庄是否实施"新农保"政策(是=1,否=0)作为2SLS估计中的工具变量。选用"新农保"试点作为工具变量的合理性在于:一方面,根据"新农保"政策在全国渐进性实施的特点,村庄是否实施"新农保"政策直接影响村内居民的参保行为,未实施政策的农村中的居民无法参保,已实施"新农保"政策的地区老年人参保概率更高,故满足工具变量与内生变量相关的条件。另一方面,给定的村庄是否开展"新农保"政策以及政策实施时间主要是由政府决定,这与当地的老年人主观福利状况并无直接关联,因此也符合工具变量的外生性要求。

3.中介变量

根据前文分析,"新农保"对农村老年人主观福利的影响通过三条途径实现,分别是绝对收入、相对收入和时间分配。首先,本章中的绝对收入指标用个人总收入表示,包括个人年工资收入和转移收入,为便于结果的解释,将绝对收入指标取对数处理。其次,本章选取的相对收入指标包括客观指标与主观指标两类,第一类是用于衡量客观个人相对剥夺感的相对贫困程度(Deaton,2001),该指标通过比较个人收入与比其收入更高的参照群体之间的差距来评价个人相对收入情况,具体测算公式如下:

$$RD = \frac{[1-F(y)][m^+(y)-y]}{m(y)} \tag{4-5}$$

其中,RD表示老年人的相对贫困程度,$F(y)$为按照个人收入y排序的累计分布,$m(y)$代表个人所在村庄的平均收入,$m^+(y)$表示村庄内收入高于y

的所有人的平均收入。相对贫困程度越高,则相对剥夺感就越强,相对收入水平就越低。第二类相对收入指标是用来测度主观家庭经济状况的自评生活水平,相应的问卷题项为"总体来说,您怎么评价您自己家的生活水平",并将选项中的"贫困"、"偏下"、"中等"、"偏上"和"非常高"分别赋值为1~5,分值越高,则表示自评生活水平与相对收入水平越高。同时,以上两类指标也是个人与家庭相对收入的反映。最后,本章用 CHARLS 问卷中询问被访者过去一个月的社会活动参与情况来表征老年人的闲暇时间。老年人社会活动参与情况的测算分为三步:第一步,根据以往文献对社会活动的界定(薛新东和刘国恩,2012),将问卷中的 8 项社会活动参与性质的活动指标[①]纳入老年人社会活动范畴;第二步,根据每种社会活动的频率,按照"不参加"、"不经常"、"差不多每周"和"差不多每天"的顺序分别赋值为 0~4,并将 8 项社会活动进行汇总;第三步,将汇总后的社会活动参与得分进行标准化,具体测算公式为:

$$SP_i = \frac{(S_i - \overline{S})}{\sqrt{\mathrm{var}(S)}} \tag{4-6}$$

其中,SP_i 指第 i 个样本的社会活动参与情况,S_i 指第 i 个样本参加各种社会活动的总得分,$\overline{S}$ 表示老年人总体社会活动参与的平均水平,$\sqrt{\mathrm{var}(S)}$ 表示总体社会活动参与情况的标准差。社会活动参与指标 SP_i 的值越大,表示老年人社会活动参与的频率越高,闲暇时间越充裕。

4. 控制变量

老年人的主观福利水平状况还将受到其个人和家庭社会经济特征影响(郑晓冬和方向明;2016),因此本章选取的控制变量包括老年人的个人特征、家庭特征、初始健康状况和健康行为等四方面,其中个人特征包括性别、年龄、婚姻状况、受教育程度、医疗保险参与,家庭特征包括家庭规模、人均家庭收入(不包含养老金),初始健康状况包括残疾、慢性病,健康行为包括吸烟、喝酒。

---

① 这 8 项社会活动包括:串门、跟朋友交往,打麻将、下棋、打牌、去社区活动室,无偿向不住在一起的亲人、朋友或者邻居提供帮助,去公园或者其他场所跳舞、健身、练气功等,参加社团组织活动,志愿者活动或者慈善活动,无偿照顾不住在一起的病人或残疾人,上学或者参加培训课程。

5.变量描述与比较

表 4-1 报告了本章所用变量的描述性统计，这里主要描述比较因变量和关键自变量，即老年人的主观福利与"新农保"参保情况。从主观福利指标看，2013 年农村老年人的平均抑郁指数为 8.8 分，接近 10 分的抑郁症状临界值。如果按照抑郁指数 10 分为分界线对老年人样本进行分组，则抑郁指数在 10 分及以上，即有精神抑郁症状的农村老年人占全体的 37.2%。农村老年人的生活满意度均值为 3.1，即总体上对个人的生活"比较满意"。从老年人"新农保"参与情况看，2011 年参保的农村老年人占全体的 26.5%。图 4-1 为农村老年人抑郁指数与生活满意度关于"新农保"参保与否分组的分布。可以发现，与未参保组老年人相比，参保组老年人抑郁指数分布更加左偏，抑郁分值在 10 分以下的样本更多，而在 10 分以上的样本则更少，说明参保组老年人的总体抑郁程度比未参保组更低。同样，参保组与未参保组的生活满意度分布差异有类似特征，参保组"不太满意"的样本更少，而"非常满意"的样本相对更多。以上结果初步显示，"新农保"养老金有利于提高农村老年人的主观福利水平。接下来，本章将对"新农保"与农村老年人主观福利的关系进行实证分析，进一步验证两者的关系。

表 4-1　变量描述性统计

变量类型	变量	观测值	均值	标准差	最小值	最大值
因变量	抑郁指数	4267	8.793	6.039	0	30
	生活满意度	4258	3.172	0.764	1	5
关键自变量	"新农保"(1＝是)	4606	0.265	0.441	0	1
中介变量	个人总收入(对数)	4602	5.723	1.914	0	10.645
	相对贫困程度	4602	6.221	6.726	0	40
	自评生活水平	4602	2.432	0.792	1	5
	社会活动参与	4606	0.000	0.542	－0.169	8.394

续表

变量	观测值	均值	标准差	最小值	最大值	
	男性(1＝是)	4606	0.483	0.500	0	1
	年龄/岁	4606	67.915	6.763	60	101
	已婚同居(1＝是)	4606	0.785	0.411	0	1
	受教育年限/年	4606	3.044	3.213	0	15
	医疗保险(1＝是)	4606	0.947	0.224	0	1
控制变量	家庭人均收入(对数)	4606	6.590	2.704	0.336	12.206
	家庭规模(对数)	4606	1.341	0.398	0.693	2.833
	残疾(1＝是)	4606	0.258	0.438	0	1
	慢性病(1＝是)	4606	0.733	0.442	0	1
	吸烟(1＝是)	4606	0.429	0.495	0	1
	喝酒(1＝是)	4606	0.307	0.461	0	1

注:抑郁指数与生活满意度指标数据来自 2013 年的 CHARLS,其他变量来自 2011 年的 CHARLS。由于 2013 年调查时有部分 2011 年样本未能成功追踪,因而 2013 年的样本略少。

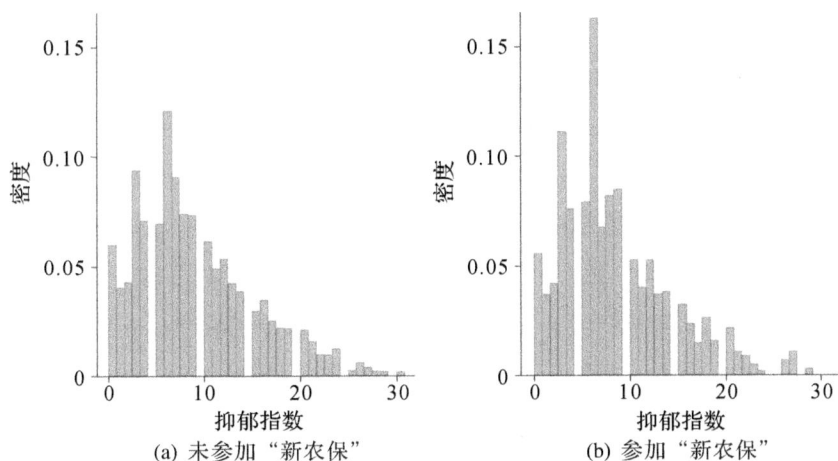

(a) 未参加"新农保" (b) 参加"新农保"

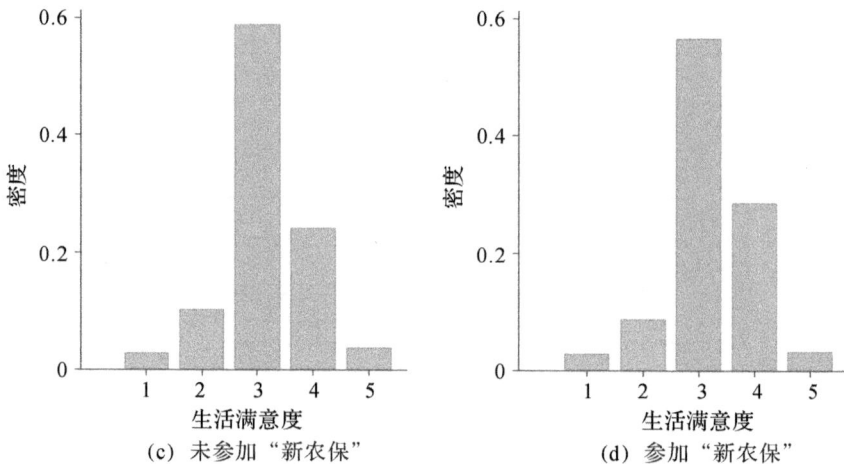

图 4-1　抑郁指数与生活满意度关于参保与否分组的分布

四、实证结果与分析

(一)"新农保"对农村老年人主观福利的影响：基准估计结果

表 4-2 为"新农保"与农村老年人抑郁指数和生活满意度的滞后项 OLS 及 2SLS 回归估计结果。[①] 其中自变量、因变量分别来自 2011 年和 2013 年的调查数据。模型 1 和模型 2 的估计结果显示，不论是否加入控制变量，"新农保"对农村老年人的抑郁指数的影响显著为负，表明参加"新农保"老年人的抑郁程度比未参保者更低。模型 3 中的 2SLS 回归的第一阶段估计结果显示，村庄实施"新农保"政策与当地老年人参保行为有显著的正相关关系，这与本章预期一致，且第一阶段回归 F 值远大于临界值，因此可以认为不存在弱工具变量问题。第二阶段回归的 Durbin-Wu-Hausman 内生性检验 p 值为 0.016，说明"新农保"变量显著内生，此时 OLS 估计结果将是有偏的，而 2SLS 回归则能得到一致估计量。第二阶段估计结果显示，"新农保"变量估计系数仍显著为负，再次表明参加"新农保"能够减少农村老

---

①　由于生活满意度为顺序变量，本章也使用了 Ordered Probit 和 IV Ordered Probit 模型进行回归，发现估计结果所得的系数符号、显著性以及总体边际效应与 OLS 和 2SLS 估计结果接近。

表 4-2 "新农保"对农村老年人主观福利的影响

变量	抑郁指数				生活满意度			
	模型 1 OLS	模型 2 OLS	模型 3 2SLS:一阶段	模型 3 2SLS:二阶段	模型 4 OLS	模型 5 OLS	模型 6 2SLS:一阶段	模型 6 2SLS:二阶段
"新农保"	-0.551^{***} (0.206)	-0.566^{***} (0.201)		-1.335^{***} (0.370)	0.051^{*} (0.026)	0.048^{*} (0.026)		0.099^{**} (0.047)
村庄实施"新农保"			0.551^{***} (0.013)				0.554^{***} (0.013)	
男性	(0.255)	-1.470^{***} (0.016)	0.003 (0.264)	-1.497^{***}	(0.033)	-0.005 (0.016)	0.007 (0.034)	-0.015
年龄		-0.044^{***} (0.016)	-0.001 (0.001)	-0.050^{***} (0.017)		0.008^{***} (0.002)	-0.001 (0.001)	0.009^{***} (0.002)
已婚同居		-0.724^{***} (0.245)	-0.002 (0.016)	-0.813^{***} (0.251)		0.023 (0.032)	-0.002 (0.016)	0.034 (0.032)
受教育年限		-0.091^{***} (0.031)	-0.004^{*} (0.002)	-0.095^{***} (0.032)		-0.008^{*} (0.004)	-0.004^{*} (0.002)	-0.006 (0.004)
医疗保险		-0.724^{*} (0.424)	0.097^{***} (0.027)	-0.627 (0.435)		0.011 (0.055)	0.096^{***} (0.027)	0.015 (0.056)
家庭人均收入		-0.009 (0.035)	0.009^{***} (0.002)	0.015 (0.036)		0.004 (0.004)	0.009^{***} (0.002)	0.002 (0.005)

续表

变量	抑郁指数				生活满意度			
	模型 1	模型 2	模型 3		模型 4	模型 5	模型 6	
	OLS	OLS	2SLS:一阶段	2SLS:二阶段	OLS	OLS	2SLS:一阶段	2SLS:二阶段
家庭规模		−0.332	−0.031**	−0.331		0.001	−0.030**	−0.007
		(0.237)	(0.015)	(0.243)		(0.031)	(0.015)	(0.031)
残疾		1.005***	−0.023	0.862***		−0.089***	−0.023	−0.088***
		(0.217)	(0.014)	(0.223)		(0.028)	(0.014)	(0.029)
慢性病		2.087***	−0.010	2.113***		−0.054**	−0.008	−0.045*
		(0.205)	(0.013)	(0.209)		(0.027)	(0.013)	(0.027)
吸烟		0.355	0.002	0.310		0.035	−0.001	0.052
		(0.238)	(0.015)	(0.246)		(0.031)	(0.015)	(0.032)
喝酒		0.323***	0.019**	0.350***		−0.016	0.020***	−0.014
		(0.116)	(0.007)	(0.119)		(0.015)	(0.007)	(0.015)
常数项	8.945***	11.957***	0.068	12.440***	3.156***	2.681***	0.070	2.565***
	(0.109)	(1.370)	(0.088)	(1.415)	(0.014)	(0.178)	(0.088)	(0.183)
R^2	0.002	0.065	0.327	0.069	0.001	0.010	0.331	0.010
观测值数	4267	4267	4069	4069	4258	4058		
工具变量 F 值	—	—	1892.508	—	—	—	1920.456	—
内生性检验 p 值	—	—	0.016	—	—	—	0.188	—

注:*、**和***分别表示在10%、5%、1%的统计水平上显著。括号内为标准误。

年人的抑郁状况,对估计系数进行换算[1]可知,"新农保"可使农村老年人的抑郁程度平均下降 13％左右。

以生活满意度为因变量的估计结果也较为类似,模型 4 至模型 6 的结果显示,不论是 OLS 回归还是 2SLS 估计,"新农保"变量对农村老年人生活满意度的影响均显著为正。这说明参加"新农保"有助于提高农村老年人的生活满意度。将 2SLS 估计结果中的估计系数进行换算后可知,"新农保"可平均提高农村老年人生活满意度 3％。综合"新农保"与两个主观福利指标的关系,可以发现参加"新农保"能够提升农村老年人主观福利水平,这一结果支持"新农保"存在主观福利效应。同时,"新农保"的生活满意度促进作用小于"新农保"的抑郁改善效应,可能的原因是,"新农保"在精神保障作用上更加明显,而在经济与物质上对农村老年人福利的增进效应相对有限。

在控制变量估计结果方面,男性、年龄、已婚同居、受教育年限和医疗保险均对农村老年人主观福利有显著的正向影响,而残疾、慢性病以及喝酒对主观福利则有负面作用,这也符合一般的理论预期。

(二)工具变量有效性检验

前文分析中 2SLS 估计有效的前提是工具变量的合理使用,虽然本章选取的"'新农保'试点"在直觉上符合工具变量的相关性与外生性要求,同时在模型的估计中显示了政策试点情况与老年人参保情况的显著相关性,但仍需对其外生性进行检验。"'新农保'试点"可能内生的原因在于试点县/村的选取过程本身可能与居民主观福利及其相关因素相关,为减轻这一担忧,本章分别进行了安慰剂检验(placebo test)和证伪检验(falsification test)。其中,安慰剂检验采用"新农保"政策实施前的 2008 年 CHARLS 浙江与甘肃两省预调查数据,以预调查老年人主观福利指标为因变量,对居民所处村庄 2011 年是否"'新农保'试点"回归,如结果发现两者无显著关系,则说明工具变量无明显内生性问题。证伪检验则是利用非

---

① 边际效应换算为百分比的公式为 $(\beta/M_c)\times 100\%$,其中 β 为估计系数,M_c 为未参保组的因变量均值。

政策作用对象,即领取养老金且非"新农保"养老金的农村老年人样本,采用滞后项估计检验"'新农保'试点"与这部分人群主观福利的关系。由于这部分群体理论上不应受到政策影响,因此如果两者关系不显著,则表明工具变量符合外生性要求(Cheng et al. ,2016)。表 4-3 给出了工具变量外生性的检验结果,不难看出,不论是否加入控制变量,在安慰剂检验与证伪检验中的"'新农保'试点"变量均未通过显著性检验,表明本章采用的工具变量有效。

表 4-3　工具变量外生性的安慰剂检验与证伪检验

变量	安慰剂检验		证伪检验			
	抑郁指数 (2008 年预调查样本)		抑郁指数 (非政策作用对象)		生活满意度 (非政策作用对象)	
	模型 1	模型 2	模型 3	模型 4	模型 5	模型 6
"新农保"试点	−0.243	−0.221	−0.818	−0.584	0.354	0.351
	(0.679)	(0.678)	(1.663)	(1.674)	(0.238)	(0.236)
控制变量	未控制	控制	未控制	控制	未控制	控制
R^2	0.002	0.021	0.010	0.163	0.003	0.095
观测值数	526	526	172	172	144	144

注:由于 2008 年 CHARLS 预调查中生活满意度并未问及,因此安慰剂检验的因变量指标仅有抑郁指数。

(三)稳健性检验:断点回归估计

接下来,本章进行断点回归估计以进一步验证结果的可靠性。首先,本章对领取养老金的"断点"进行图示。图 4-2 描绘了 2011 年农村居民领取"新农保"养老金比例关于年龄的分布,不难看出,领取养老金人数比重在 60 岁附近有明显的跳跃。仔细观察可以发现,60 岁领取养老金的人口比例在 10%以下,而到 61 岁时,该比例达到 40%以上,准确的断点在 60.5 岁左右。断点未发生在法定领取"新农保"养老金年龄 60 岁的主要原因可能是养老金发放存在时滞(张川川等,2015),部分地区养老金发放方式为某一时点集中发放,比如集中在年底发放等。因此,本章在进行断点回归分析时采用的断点为 60.5 岁。在进行回归估计前,本章对断点回归的有效性进行检验。断点回归识别策略的有效性要求在"断点"处的局部样本近似随机分布,检验该假设的第一种方法为考察驱动变量密度函数的连续性,如驱动变量在"断点"处连续平滑,则说明结果有效。图 4-3 为年龄的概率密度函数,观察 60.5 岁附近发现,两侧平滑过渡,并未出现明显的跳点,表明驱动变量不受人为操纵,检验通过。第二种方法为检验控制变量在"断点"处的变化,如各变量均未出现明显变化,则表明结果有效,表 4-4 给出了控制变量的连续性检验结果,其中各变量的 p 值均在 0.1 以上,支持了断点回归结果的有效性。

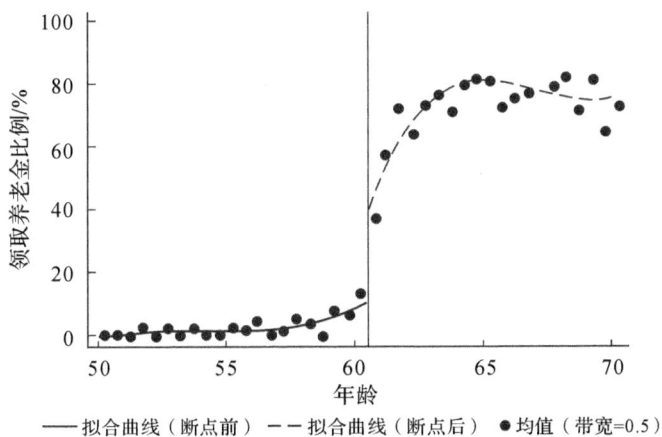

图 4-2 领取养老金比率的年龄分布

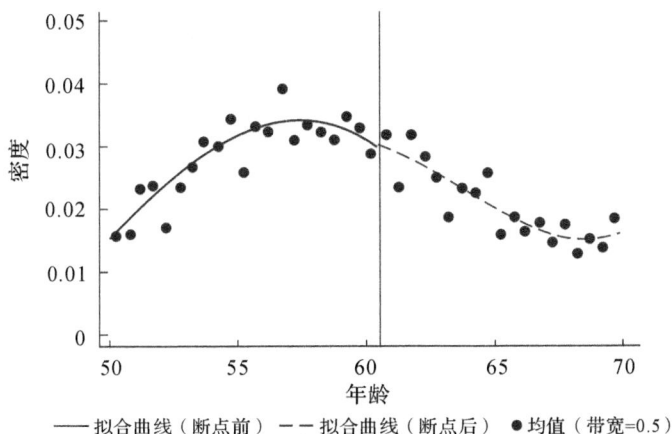

图 4-3 年龄密度函数

表 4-4　控制变量连续性检验(非参估计)

变量	系数	标准误	Z 值	p>z	95％置信区间	
男性	0.221	0.303	0.73	0.465	−0.372	0.814
年龄	−0.173	0.218	−0.80	0.426	−0.600	0.254
已婚同居	−0.239	0.187	−1.28	0.200	−0.605	0.127
受教育年限	1.943	2.003	0.97	0.332	−1.982	5.868
医疗保险	2.215	1.436	1.54	0.123	−0.599	5.030
家庭人均收入	−0.228	0.224	−1.02	0.308	−0.666	0.210
家庭规模	0.012	0.024	0.51	0.607	−0.035	0.060
残疾	0.028	0.200	0.14	0.890	−0.364	0.419
慢性病	0.036	0.247	0.15	0.883	−0.447	0.520
吸烟	−0.071	0.287	−0.25	0.804	−0.633	0.491
喝酒	−0.046	0.269	−0.17	0.863	−0.573	0.480

注:驱动变量为年龄,断点为 60.5 岁,估计方法为局部线性核函数,表内结果来自最优带宽估计结果。

表 4-5 给出了模糊断点回归的非参估计结果。由于不同带宽的估计精度与效率有所差异,为避免带宽选择的随意性,本章按照因本斯和卡里亚纳拉曼提出的方法,估算了使回归估计的均方误差(MSE)最小的最优带宽(＋/−1),并选取最优带宽的 0.5 倍(＋/−0.5)和 2 倍(＋/−2)检验结果的稳健性。从全样本结果来看,不论在何种带宽下,"新农保"仍对农村老年人的抑郁有显著的缓解作用,对生活满意度有显著的正向影响,且估计系数与前文中工具变量回归结果比较接近,表明本章所得的结果较为稳健。考虑到政策试点与非试点地区可能存在系统性差异,本章进一步对试点地区农村居民进行了同样的断点回归估计,结果显示,虽然"新农保"对抑郁指数与生活满意度的边际效应有小幅变动,但仍然统计显著,再次证实了结果的可靠性。

此外,本章还进行了一个证伪检验来证明断点处的主观福利差异是由领取养老金造成,而并非直接由年龄变化导致。本章考察了非试点地区农村居民主观福利水平关于年龄的连续性,如图 4-3 所示。由于非试点地区农村居民即使达到 60 岁也没有领取"新农保"养老金的可能,因此,其主观福利水平在理论上不应随年龄变化而出现跳跃。从图 4-4 中可以看出,不论是抑郁指数还是生活满意度指标,非试点地区农村居民在 60 岁或 60.5 岁左右并没有明显的跳点,因而证伪检验也支持断点回归的结果是有效的。

表 4-5　模糊断点回归非参估计结果

样本	变量	抑郁指数			生活满意度		
		+/−0.5	+/−1	+/−2	+/−0.5	+/−1	+/−2
全样本	"新农保"	−1.342**	−1.341**	−1.340**	0.153**	0.155**	0.156**
	(lwald)	(0.579)	(0.575)	(0.573)	(0.074)	(0.074)	(0.074)
	控制变量	控制	控制	控制	控制	控制	控制
试点地区样本	"新农保"	−1.158*	−1.156*	−1.156*	0.140*	0.142*	0.144*
	(lwald)	(0.686)	(0.679)	(0.676)	(0.082)	(0.082)	(0.082)
	控制变量	控制	控制	控制	控制	控制	控制

注:*、**分别表示在 10%、5%的统计水平上显著,括号内为标准误。驱动变量为年龄,断点为 60.5 岁,估计方法为局部线性核函数。"+/−0.5"、"+/−1"、"+/−2"分别代表 0.5 倍、1 倍和 2 倍最优带宽。

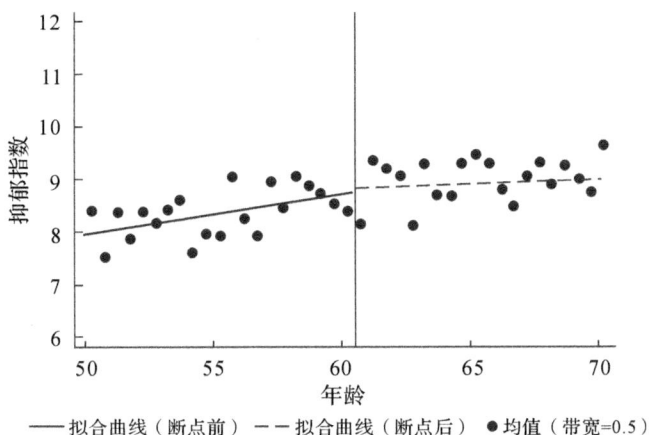

——拟合曲线（断点前）　- -拟合曲线（断点后）　●均值（带宽=0.5）

(a)

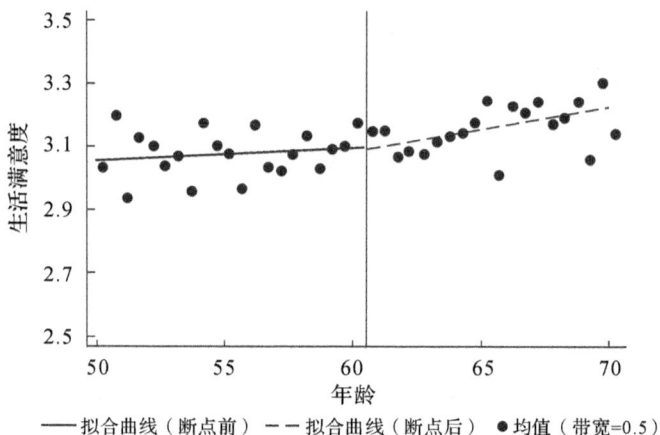

（b）

图 4-4　非试点地区农村居民主观福利指标关于年龄的分布

（四）"新农保"对农村老年人主观福利影响的异质性

　　本章对"新农保"与农村老年人主观福利关系的异质性分析主要分为两个部分，一是"新农保"的主观福利效应关于老年人特征的群组差异，二是不同养老金水平对老年人主观福利影响的差异。表 4-6 为"新农保"与农村老年人主观福利关系关于老年人性别、年龄和留守状态的异质性估计结果，估计方法为 2SLS 回归。在具体分组时：将年龄分组界线设为 70 岁，若老年人年龄为 60—69 岁，则定义为低龄老人，若老年人年龄为 70 岁及以上，则定义为中高龄老人；老年人的留守状态由子女外出情况界定，如子女外出时间连续 6 个月及以上，则认为是留守老人，否则为非留守老人。

　　根据表 4-6 的估计结果，从性别分组情况看，"新农保"对男性与女性老年人抑郁指数均有显著的负向影响，但在边际效应与统计显著性上，"新农保"对女性老年人的主观福利增进作用均更大，同时，"新农保"对女性老年人生活满意度有更加显著的提升作用，表明"新农保"对女性老年人主观福利的增进效应更加明显，这与对南非养老金计划的研究结论一致（Schatz et al.，2012）。可能的原因是，在农村家庭中，女性的家庭地位与经济独立水平相对较低，而获取"新农保"养老金更有助于减少女性老年人对家庭的经济依赖，提高女性老年人的家庭地位和生活自尊水平，进而更明显地提升主观福利水平。从年龄分组情况看,不难发现,"新农保"对低龄老人的主观福利有更明显的影响,而对中高龄老人的影响并不显著。原因在于,相对于中高龄老人,低龄老人处于退出劳动力市场的早期阶段,需要适应从主要的家庭收入获取者向被赡养者的角色转变,养老金的获取更有助于这部分老年人保持一定的家庭地位与话语权,因而对提高其主观福利水平更加有效。从留守状态分组情况看,"新农保"对留守老人的抑郁有明显的缓解作用,对生活满意度有显著的提升作用,而对于非留守老人,"新农保"的影响则相对有限。可能的原因有二:一是"新农保"养老金在一定程度上弥补了子女外出产生的生活照料减少、精神慰藉缺失的分离效应,而对非留守老人而言,这种分离效应并不存在;二是"新农保"的代际经济支持挤出效应对于非留守老人群体更加明显,即农村老年人领取养老金后将更大程度上减少同住子女的经济赡养(陈华帅和曾毅,2013),而其对留守老人所得到的代际经济支持的影响则相对较小。

表 4-6 "新农保"与农村老年人主观福利关系的异质性

因变量	变量	性别		年龄		留守状态	
		男性	女性	60—69 岁	≥70 岁	留守	非留守
抑郁指数	"新农保"	−0.951*	−1.593***	−1.523***	−0.907	−2.047***	−0.728
		(0.518)	(0.524)	(0.437)	(0.693)	(0.553)	(0.496)
	控制变量	控制	控制	控制	控制	控制	控制
	R^2	0.037	0.051	0.086	0.037	0.066	0.067
	观测值数	1993	2076	2808	1261	2016	2053
	工具变量 F 值	839.46	1050.75	1332.26	547.62	779.91	1145.95
	内生性检验 p 值	0.119	0.098	0.040	0.231	0.011	0.338
生活满意度	"新农保"	0.075	0.112*	0.177**	0.148	0.133**	0.053
		(0.067)	(0.067)	(0.083)	(0.096)	(0.062)	(0.072)
	控制变量	控制	控制	控制	控制	控制	控制
	R^2	0.010	0.013	0.002	0.010	0.015	0.008
	观测值数	1988	2070	2803	1255	2048	2010
	工具变量 F 值	834.36	1086.90	1359.18	549.39	1148.53	801.66
	内生性检验 p 值	0.279	0.500	0.025	0.230	0.092	0.888

注:*、** 分别表示在 10%、5% 的统计水平上显著,括号内为标准误。

表4-7为不同养老金水平与农村老年人主观福利关系的估计结果。本章将养老金水平分为三个等级，分别是"无养老金"、"基础养老金"和"基础养老金以上"①，并分别赋值为0～2，除了建立养老金水平的顺序变量，本章还建立了"基础养老金"（1＝是，0＝否）和"基础养老金以上"（1＝是，0＝否）两个虚拟变量，用于检验不同养老金水平对主观福利影响的差异。由于以抑郁指数（模型1至模型4）和生活满意度（模型5至模型8）为因变量的估计结果所得结论非常相似，因而本章主要讨论不同养老金水平与农村老年人抑郁程度的关系。模型1的滞后项OLS估计和模型2的2SLS估计结果均显示，养老金水平的提高对农村老年人抑郁有显著的缓解作用。进一步地，将养老金水平的两个虚拟变量作为关键自变量代入模型，得到模型3的估计结果。可以发现，与未参保老年人相比，领取基础养老金并不能显著降低老年人抑郁程度，但领取金额超过基础养老金后，"新农保"的主观福利效应明显增强。在模型4中，本章加入了养老金水平与参保时期（1＝2011年，0＝2011年前）的交互项来考察"新农保"养老金主观福利效应的时期差异，结果显示，交互项的系数显著为正，表明老年人参保越晚，相同水平养老金的抑郁缓解作用越小。

如何解释以上两个实证发现？本章认为，上述结果可以通过"新农保"养老金的两方面相对收入效应来理解。其一，客观相对收入效应。该效应可以分解为两个部分：参保者与未参保者以及参保者间的相对收入差异。一方面，2011年仍处于"新农保"政策的扩大试点时期，未试点地区的老年人没有领取"新农保"养老金的可能，同时，由于"新农保"政策遵循自愿参保原则，并且实行"家庭捆绑"条款，因此在试点地区内也会有一部分人群持观望与谨慎态度而不参保（宁满秀，2015），从这一角度来看，领取养老金有利于缓解参保者在地区间和地区内的相对贫困。因此，当政策覆盖面不断扩大，农村居民参保率逐渐提高时，"新农保"养老金的主观福利效应就将减弱，这就解释了老年人参保越晚，"新农保"的作用相对越小的结果。另一方面，本章使用的数据显示，虽然大部分参保老年人缴费档次较低，且

① 2011年"新农保"基础养老金为每人每月55元，老年人获取的"新农保"养老金高于基础养老金部分的来源包括参加更高的缴费档次、更多的地方人民政府或集体补助等。

表 4-7 养老金水平与农村老年人主观福利

变量	抑郁指数					生活满意度		
	模型 1	模型 2	模型 3	模型 4	模型 5	模型 6	模型 7	模型 8
	OLS	2SLS	OLS	OLS	OLS	2SLS	OLS	OLS
养老金水平	−0.439***	−0.980***		−0.594***	0.030*	0.074**		0.046*
	(0.135)	(0.274)		(0.145)	(0.017)	(0.035)		(0.027)
养老金水平×2011 年参保				0.757**				−0.006
				(0.295)				(0.005)
基础养老金			−0.370				0.043	
			(0.242)				(0.031)	
基础养老金以上			−0.921***				0.065*	
			(0.296)				(0.038)	
控制变量	控制	控制	控制	控制	控制	控制	控制	控制
R^2	0.066	0.065	0.066	0.067	0.010	0.009	0.010	0.010
观测值数	4267	4069	4267	4267	4258	4058	4258	4258
工具变量 F 值	—	1475.43	—	—	—	1496.03	—	—
内生性检验 p 值	—	0.023	—	—	—	0.131	—	—

注：*、**、***分别表示在 10%、5%的统计水平上显著,括号内为标准误。模型 4 和模型 8 同时控制了参保时期虚拟变量。

领取的养老金在基础养老金与 70 元之间,但养老金领取金额在 70 元及以上的老年人占比仍有 20% 左右,因而不同的缴费档次仍将造成参保老年人间一定的相对收入差异。所以,除基础养老金的补助力度较小外,参保者间的相对收入差异也是养老金水平超过基础养老金时主观福利效应开始显现的原因之一。

其二,主观相对收入效应。以上讨论的一个假设是等额的养老金对所有个体的效用是相同的。但根据边际理论,随着人们收入提高,相同养老金的边际效用将出现递减。这也可以解释后期参保的老年人获得的主观福利效应较弱的现象。[①] 对于没有稳定收入来源或本身处于收入或健康贫困的老年人而言,等额的养老金发挥的作用比对经济状况良好的老年人要大得多(何泱泱和周钦,2017)。因此,即使养老金水平较低,但作为长期稳定的现金收入来源,它在很大程度上改变了农村老年人"有饭吃,无钱花"的情况(贺雪峰,2017),使农村老年人减少对子代的经济依赖(陈华帅和曾毅,2013),减弱与同类群体比较产生的相对剥夺感,增强个人的自尊心和安全感,获得对未来生活的信心与精神保障,从而提高主观福利水平。这也是前述异质性分析中弱势群体从"新农保"政策获益更多的重要原因。

(五)"新农保"对农村老年人主观福利的影响途径

根据前文的理论分析,本部分从绝对收入、相对收入与时间分配三个方面检验"新农保"对农村老年人主观福利的影响路径。在进行路径分析前,本部分将考察"新农保"与中介变量之间的关系。表 4-8 给出了"新农保"对农村老年人个人总收入、相对贫困程度、自评生活水平和社会活动参与影响的 2SLS 估计结果。从具体的模型估计结果看:首先,"新农保"对老年人收入的影响显著为正,参加"新农保"可使参保者的收入平均提高 19.7%,表明绝对收入效应存在;其次,"新农保"对老年人的相对贫困程度有显著的负向影响,且对老年人自评生活水平的影响显著为正,说明不论从客观还是主观角度,"新农保"均可减弱总体的相对剥夺感,降低相对贫

---

① 随着时间的推移,人们收入提高的同时还伴随着通货膨胀的发生,后者也在一定程度上可以解释同样一笔养老金对于后参保老年人主观福利的影响更弱的结果。

困程度,提高相对收入水平[1];最后,"新农保"对老年人社会活动参与的影响系数也显著为正,这意味着"新农保"也有助于增加农村老年人的闲暇时间和促进其社会活动参与。

鉴于老年人收入本身处于较低水平,"新农保"的经济福利作用需要进一步验证。本章提取了 2013 年调查所得的老年人家庭消费支出数据(取对数处理),采用滞后项估计探究"新农保"与老年人家庭不同种类消费支出的关系(见表 4-9)。结果显示,在选取的 7 项家庭消费支出中,仅家庭外出食物消费受到"新农保"的正向显著影响,表明"新农保"养老金虽在一定程度上增进了老年人经济生活福利,但由于绝大多数老年人领取的养老金仅为 55~100 元/月,"新农保"的作用仍比较有限,这与解垩(2015b)的研究结论一致。

表 4-8 "新农保"与农村老年人绝对收入、相对收入及时间分配

变量	绝对收入	相对收入		时间分配
	个人总收入	相对贫困程度	自评生活水平	社会活动参与
"新农保"	0.197***	−4.998***	0.213***	0.225***
	(0.072)	(0.399)	(0.047)	(0.052)
控制变量	控制	控制	控制	控制
R^2	0.017	0.028	0.019	0.019
观测值	4602	4602	4602	4606
工具变量 F 值	2180.11	2180.11	2133.78	2181.92
内生性检验 p 值	0.000	0.000	0.000	0.043

注:*、**分别表示在 10%、5%的统计水平上显著,括号内为标准误。

---

[1] 为了确保老年人自评生活水平的可比较性,本章还对参保组与未参保组关于他人经济水平的主观判断有否明显偏差进行了检验。具体而言,采用 CHARLS 问卷中两个主观判断测试问题作为因变量,自变量中加入"新农保"变量与控制变量,而后进行 2SLS 估计。两个因变量对应的问题分别为"王先生在大城市有一套房子。他和妻子以及退休的父亲一起住。他和妻子每月挣 3000 元。总体来说,您怎么评价王先生家的生活水平"和"张先生是个外来务工人员,每月挣 1000 元。他的妻子和父亲都在农村住。他们家的地每年能产 2000 公斤粮食,他们还养了两头猪。总体来说,您怎么评价王先生家的生活水平",并从"贫困"到"非常高"5 级分别赋值 1~5。回归估计结果显示,参保组与未参保组对相同的他人经济水平的判断无明显不同,这在一定程度上验证了采用自评生活水平作为因变量的可靠性。

表 4-9 "新农保"与不同种类的家庭消费支出

变量	模型 1 家中食物消费	模型 2 外出食物消费	模型 3 烟酒消费	模型 4 衣着消费	模型 5 教育支出	模型 6 医疗支出	模型 7 保健支出
"新农保"	0.022	0.084**	0.061	0.116	0.113	0.106	0.008
	(0.051)	(0.033)	(0.063)	(0.088)	(0.099)	(0.097)	(0.082)
控制变量	控制	控制	控制	控制	控制	控制	控制
R^2	0.069	0.007	0.094	0.181	0.190	0.036	0.048
观测值	4158	4158	4158	4158	4158	4158	4158

注：*、**分别表示在 10%、5%的统计水平上显著，括号内为标准误。根据问卷设计，在 7 项家庭消费支出数据中，家中食物消费、外出食物消费、烟酒消费、衣着消费、教育支出、医疗支出的消费支出为"过去一周"的消费支出，保健支出为"过去一年"的消费支出。

那么,在"新农保"的影响途径中,哪一条途径发挥了主要作用?尽管上述分析初见端倪,但回答这一问题仍需实证检验。表 4-10 给出了"新农保"对农村老年人主观福利影响的路径分析结果。由于本章设定的主观福利指标与相对收入指标均有两种,因此共对 4 个路径分析模型进行了估计。为便于比较,模型中的估计系数均为标准化系数。从模型拟合统计量来看,各个的模型的 CFI 统计量均在 0.9 以上,RMSEA 统计量在 0.05 以下,表明模型拟合良好。模型 1、模型 2 和模型 3、模型 4 的主观福利指标分别为抑郁指数与生活满意度,相对收入指标包括相对贫困程度与自评生活水平,由于两种主观福利指标所得的路径分析结果一致,因此这里仅对前两个模型的结果进行具体解释。

模型 1 估计结果显示,所有间接效应加总所得到的"新农保"间接影响为 −0.013,可解释"新农保"对农村老年人抑郁指数总影响的 40.6%。其中:在绝对收入效应方面,"新农保"对农村老年人的个人总收入的影响显著为正,同时个人总收入对老年人抑郁指数有显著负向影响,这说明"新农保"可通过提高绝对收入降低老年人抑郁程度,标准化系数值分别为 0.117 和 −0.034,该条路径的间接效应为 −0.004[0.117×(−0.034)];在相对收入效应方面,"新农保"对相对贫困程度的影响显著为负,而相对贫困程度则对老年人抑郁指数有显著的正向影响,表明"新农保"可通过降低参保者的相对贫困程度来缓解老年人抑郁情绪,该条途径的间接效应为 −0.006(−0.128×0.051);在时间分配效应方面,"新农保"对老年人的社会活动参与有显著的正向影响,而社会活动参与情况对老年人抑郁则有显著的缓解作用,说明"新农保"也可通过增加闲暇活动时间来增进农村老年人主观福利,此路径的间接效应为 −0.002[0.062×(−0.027)]。比较各影响路径的贡献可知,绝对收入和相对收入的中介作用均大于时间分配作用,表明"新农保"的收入效应比时间效应更明显。同时,"新农保"通过相对收入效应缓解老年人抑郁的作用比绝对收入效应更大,即相对收入效应的贡献最为重要。以自评生活水平为相对收入指标的模型 2 也得到了类似结果,在此不再赘述。值得一提的是,"新农保"通过提高自评生活水平来缓解抑郁的间接效应为 −0.007[0.033×(−0.212)],比客观相对

表4-10 "新农保"对农村老年人主观福利的影响途径

主观福利:抑郁指数			主观福利:生活满意度		
影响路径	标准系数	Z值	影响路径	标准系数	Z值
模型1			模型3		
"新农保" →个人总收入	0.117***	13.27	"新农保" →个人总收入	0.117***	13.27
"新农保" →相对贫困程度	-0.128***	-9.28	"新农保" →相对贫困程度	-0.128***	-9.28
"新农保" →社会活动参与	0.062***	7.12	"新农保" →社会活动参与	0.062***	7.12
个人总收入 →抑郁指数	-0.034***	-3.55	个人总收入 →生活满意度	-0.002	-0.19
相对贫困程度 →抑郁指数	0.051***	3.36	相对贫困程度 →生活满意度	-0.028*	-1.82
社会活动参与 →抑郁指数	-0.027***	-3.00	社会活动参与 →生活满意度	0.023**	2.55
"新农保" →抑郁指数	-0.019	-1.25	"新农保" →生活满意度	0.022	1.45
模型2			模型4		
"新农保" →个人总收入	0.117***	13.29	"新农保" →个人总收入	0.117***	13.29
"新农保" →自评生活水平	0.033**	2.29	"新农保" →自评生活水平	0.033**	2.29
"新农保" →社会活动参与	0.062***	7.14	"新农保" →社会活动参与	0.062***	7.14
个人总收入 →抑郁指数	-0.033***	-3.67	个人总收入 →生活满意度	-0.005	-0.51
自评生活水平 →抑郁指数	-0.212***	-14.07	自评生活水平 →生活满意度	0.182***	11.91
社会活动参与 →抑郁指数	-0.018**	-2.11	社会活动参与 →生活满意度	0.015*	1.73
"新农保" →抑郁指数	-0.019	-1.31	"新农保" →生活满意度	0.021	1.43

注:***、**、*分别表示在10%、5%的统计水平上显著,括号内为标准误。各个模型中均加入了控制变量。

收入效应更大，再次表明"新农保"的主观福利效应更多地体现在精神保障作用上。

五、本章小结

本章运用滞后项估计和工具变量法实证分析"新农保"对农村老年人主观福利的影响，并使用断点回归法进行稳健性检验，采用路径分析方法探究其中的作用途径。研究结果表明，"新农保"对农村老年人的抑郁有显著的缓解作用，对生活满意度有明显的提升作用。总体上，参加"新农保"有利于农村老年人主观福利水平的提升，尤其对女性、低龄和留守老人的影响更为明显。同时，不同养老金水平的影响存在明显差异，当参保老年人仅领取基础养老金时，其主观福利水平与未参保老年人并无显著不同，而当领取的养老金超过基础养老金时，"新农保"对农村老年人主观福利的正面影响开始显现，且养老金的主观福利增进作用随参保时间的推移而减弱。在影响机制方面，"新农保"的主观福利效应主要来源于三条途径，分别是绝对收入效应、相对收入效应与时间分配效应。"新农保"可通过提高老年人的绝对收入水平，降低相对贫困（特别是主观相对贫困）程度以及促进社会活动参与来提高主观福利水平。在三条影响途径中，相对收入效应的贡献最为明显。这表明"新农保"增进农村老年人主观福利的主要原因并非物质层面的经济支持，而是精神层面的剥夺感的减弱，以及安全感与获得感的增强。后者塑造了参保者积极面对未来生活的信心与良好预期，从而增强了老年人的幸福感。

上述结论证实了本章的两个研究假说。由于"新农保"的主观福利增进效应更多来自短期的、精神层面的安全感，若要持续保持与提升老年人主观福利水平，有必要继续加大"新农保"政策的财政补贴力度和政策保障力度，提高基础养老金待遇。同时，"新农保"政策应向农村女性老年人和留守老人等弱势群体倾斜，对低收入群体进行兜底，将收入差距控制在合理区间，削弱农村老年人的相对剥夺感。此外，应继续提高社区养老服务供给水平与质量，尤其需要关注老年人精神需求。

第五章
"新农保"与农村留守老人主观福利：
基于 CLHLS 数据的实证分析

本章基于 2008—2014 年 CLHLS 的三期面板数据，主要运用基于倾向得分匹配的双重差分法，实证检验"新农保"对农村老年人，尤其是留守老人主观福利及其不平等的影响和原因。本章与第四章的不同点在于：首先，在研究对象上，本章除了考察农村老年人整个群体外，还对农村留守老人进行了包括影响机制在内的较细致的分析。其次，在研究数据上，本章的数据来自 CLHLS，研究结果对前述基于 CHARLS 数据分析的结果进行了补充。再次，在研究方法上，本章主要使用与第四章不同的双重差分法（DID）以及基于倾向得分匹配的双重差分法（PSMDD）实证检验"新农保"政策的主观福利效应。最后，在研究内容上，一方面，本章拓展了前述影响渠道，并将其具体为老年人生活方式（食物消费、劳动与闲暇以及健康行为）和生活水平（经济状况、代际转移支付、医疗与照料情况），进一步细致地探究"新农保"如何影响农村老年人的主观福利，并区分留守老人与总体的差异；另一方面，本章还对"新农保"与农村老年人主观福利差距进行了分析和讨论，为评估"新农保"政策是否促进农村养老均等化提供了经验证据。本章的内容主要包括以下五个部分：①引入本章主要研究内容；②介绍本章的研究数据与变量；③给出本章研究的实证策略；④对实证结果进行分析；⑤进行本章小结。

一、引　言

"新农保"能否真正提高农村老年人的生活质量？要解答这个问题，需要对老年人福利的多个维度进行评估(张烨等,2016)。近年来,不少学者从收入、贫困、消费、储蓄、劳动供给、养老模式(陈华帅和曾毅,2013;程令国等,2013;马光荣和周广肃,2014;张川川等,2015)等方面检验了"新农保"制度对老年人及其家庭福利的影响。但是,社会养老保险与农村老年人,尤其是留守老人的主观福利及差距不平等的关系却在一定程度上被以往研究所忽视,而后两者是人民福祉的重要内涵。本章旨在利用 CLHLS 数据,考察"新农保"对农村老年人主观福利的影响及其作用机制,并着重讨论了"新农保"与农村留守老人主观福利的关系。

目前国内关于"新农保"与农村老年人主观福利关系的研究仍存在以下几点不足。第一,关于该政策的主观福利效应,缺少对农村留守老人的影响及其机制的足够关注,而这对于针对性地提升不同类型农村老年人生活质量具有重要意义。第二,缺少对养老金中长期健康效应的考察。多数研究将研究期限定在政策实施后的两年以内,这对于计划长期实施的社会养老保险制度的借鉴意义仍较有限,因此需要采用更新的数据,考查更长一段时期内养老金的健康效应,更加全面地认识社会养老保险的政策效果。第三,缺少对养老金与老年人主观福利差距关系的研究。"新农保"制度的设立目标之一是促进居民养老质量均等化,健康与主观福利不平等是其中的一项重要指标,探究养老金与老年人主观福利差距的关系也有助于评估政策的实施成效。

有鉴于此,本章利用 2008—2014 CLHLS 的三期数据,将"新农保"与"城居保"制度纳入统一的分析框架,采用基于倾向得分匹配的双重差分法(PSMDD)作为主要分析工具,考察"新农保"这一非强制性养老保险对老年人主观福利的短期和中长期影响,并进一步检验其作用机制,讨论养老金对老年人主观福利的影响,从而为改进"新农保"制度提供借鉴与参考。

二、数据来源与变量说明

(一)数据来源

本章的数据来自北京大学老龄健康与家庭研究中心主持开展的

CLHLS。该调查采用多阶段分层聚类抽样方法,对中国的 23 个省(区、市)进行了追踪调查。本章选取 CLHLS 2008 年、2011 年和 2014 年数据,调查对象为 65 岁及以上的老年人。根据研究目标,为排除其他类别养老保险作用的干扰,本章剔除了领取其他类型养老金(包括"老农保"、城镇职工基本养老保险、商业养老保险等)的样本,同时剔除了关键变量缺失的样本,分别建立了 2008—2011 年和 2008—2014 年两个平衡面板数据,进行短期和中长期研究,其中 2008—2014 年平衡面板数据中参保组为 2011 年及 2014 年均参保的老年人以体现参保的持续性[①],最终获得的实证分析有效样本共 7590 个。

(二)变量选取与说明

1. 因变量:老年人主观福利

本章主要用三个指标来反映农村老年人的主观福利。首先,参考李婷和张闫龙(2014)的指标构建,本章将 7 个关于精神与心理状况的问题得分汇总得到精神健康指数[②],将其作为第一个主观福利指标,取值范围为 0～28,分值越高则表示主观福利水平越高。为确保结果稳健可靠,本章进一步选取与精神健康高度相关的睡眠质量和生活满意度两个指标来表征老年人的精神健康(Becker et al.,2016)。两个指标分别由"您现在睡眠质量如何"和"您觉得您现在的生活怎么样"两个题项衡量,并将选项"很不好"、"不好"、"一般"、"好"、"很好"分别赋值 1～5,分值越高代表睡眠质量越好,生活满意度越高,也在一定程度上表示老年人的精神健康状况越好。

2. 关键自变量和控制变量

本章的关键自变量为"新农保",由农村老年人是否领取"新农保"养老金表示,分别赋值为 1 和 0。为减少因遗漏变量产生偏误的可能性,本章在

---

① 虽然 2011 年和 2014 年均参保的老年人也有可能中途退保并再次参保,但考虑到制度提供养老金的普惠性以及政策推广覆盖的连续性,出现以上情况的可能性较小。

② 精神健康指标由 7 个子指标组成,包括 4 个正面子指标(乐观程度、责任心、自我掌控力、变老适应力)与 3 个负面子指标(精神敏感度、孤独感、能力丧失感知),每个子指标的赋值为 0～4,在汇总过程中,3 个负面子指标转换为正向得分,而后与其余 4 个正面子指标汇总,得到取值范围为 0～28 的精神健康指数。

实证分析中还加入了多项老年人个人与家庭的社会经济特征作为控制变量，包括性别（1＝男性）、年龄（岁）、受教育年限（年）、婚姻（1＝已婚）、子女数量（个）、是否与子女同住（1＝是）、家庭规模（人）、家庭年收入（对数）、医疗保险（1＝是）、60 岁之前的职业（1＝非农职业）等。此外，实证分析所得的标准误还经过地区（省级）层面聚类调整，进而控制可能存在的样本"聚类效应"（classification）对估计结果稳健性的影响。表 5-1 汇报了本章所用主要变量在各期调查的描述性统计结果。

表 5-1 变量描述性统计

变量类型	变量	2008 年		2011 年		2014 年	
		均值	标准差	均值	标准差	均值	标准差
因变量	精神健康指数（0～28）	18.331	3.864	18.733	4.096	18.558	4.128
	睡眠质量（1～5）	3.665	0.835	3.640	0.954	3.605	0.940
	生活满意度（1～5）	3.559	0.820	3.651	0.807	3.712	0.794
关键自变量	社会养老保险（1＝是）	——	——	0.204	0.403	0.188	0.391
控制变量	性别（1＝男性）	0.451	0.498	0.449	0.498	0.465	0.499
	年龄/岁	82.513	11.341	85.594	11.328	84.662	10.366
	受教育年限/年	1.788	2.943	1.789	2.942	2.000	2.961
	婚姻（1＝已婚）	0.432	0.495	0.383	0.486	0.417	0.493
	子女数量/个	0.524	0.604	0.597	0.645	0.482	0.639
	子女同住（1＝是）	0.480	0.500	0.530	0.499	0.430	0.495
	家庭规模/人	3.169	1.922	3.375	2.084	3.055	1.965
	家庭年收入（对数）	8.923	1.474	9.216	1.827	9.407	1.664
	医疗保险（是）	0.770	0.421	0.016	0.124	0.890	0.313
	60 岁前非农职业（1＝是）	0.132	0.338	0.145	0.352	0.159	0.366

（三）主要变量描述与比较

表 5-2 汇报了各调查时期农村老年人的各个主观福利指标情况，该表同时还对各时期参保组与未参保组的差异进行了 t 检验，并在不考虑其他因素的情况下，分别根据 2008—2011 年和 2008—2014 年面板数据简单地进行双重差分测算。从全样本的结果来看，在"新农保"制度实施前，老年

表5-2 "新农保"与老年人主观福利的描述与比较

样本类型	变量	2008年		2011年		2014年		DID(2008—2011年)	DID(2008—2014年)
		参保组	未参保组	参保组	未参保组	参保组	未参保组		
全样本	精神健康指数 (0~28)	18.858*** [3.581]	18.204 [3.919]	19.337*** [3.916]	18.585 [4.126]	18.795 [3.982]	18.459 [4.185]	0.098 (0.258)	−0.289 (0.286)
	睡眠质量 (1~5)	3.747*** [0.792]	3.644 [0.845]	3.795*** [0.931]	3.602 [0.956]	3.718*** [0.92]	3.558 [0.945]	0.090* (0.055)	0.109* (0.064)
	生活满意度 (1~5)	3.662*** [0.762]	3.534 [0.832]	3.775*** [0.778]	3.620 [0.811]	3.836 [0.785]	3.661 [0.793]	0.027 (0.053)	0.033 (0.059)
留守老人	精神健康指数 (0~28)	18.540** [3.642]	17.900 [3.896]	19.150*** [4.099]	18.270 [3.996]	18.502 [4.028]	18.100 [3.986]	0.230 (0.373)	0.257 (0.436)
	睡眠质量 (1~5)	3.737** [0.815]	3.608 [0.903]	3.845*** [0.916]	3.585 [0.938]	3.705 [0.924]	3.559 [0.946]	0.116 (0.080)	0.079 (0.085)
	生活满意度 (1~5)	3.628*** [0.789]	3.447 [0.872]	3.783*** [0.765]	3.539 [0.812]	3.812 [0.809]	3.632 [0.808]	0.070 (0.074)	−0.017 (0.079)

注:方括号内为标准差,圆括号内为标准误。通过 t 检验对各年度各主观福利变量的差异进行统计检验。其中:2008年的参保组与未参保组是 2011年和 2014年两期调查均参保的老年人群体;DID 为在组别差异的基础上进行年份差异的双重差分(无控制变量)结果。*、** 和 *** 分别表示在 10%、5%、1% 的统计水平上显著。

人的主观福利状况本身就有显著差异。可以看到,2008 年的样本中,参保组与非参保组关于主观福利的变量均有显著差异,且参保组老年人的主观福利水平明显高于未参保组。这表明,不同主观福利水平的农村老年人社会养老保险覆盖率是有差异的,很可能存在参保决策与主观福利状况的逆向因果关系,因此有必要采用相应方法避免内生性问题来获得可靠的估计结果。从简单的双重差分估计结果来看,在短期内(2008—2011 年),养老金对农村老年人的主观福利有正向作用,但总体结果并不显著,其中仅有睡眠质量通过 10% 的显著性检验。在中长期内(2008—2014 年),养老金的双重差分估计系数及显著性在总体上有不同程度的下降。本章将农村留守老人群体单独抽离出来进行分析,这里对留守老人的定义是:不与子女同住且子女居住地不与老年人处于同一城市的老年人。[①] 观察结果发现,第一,不论采用何种主观福利指标,农村留守老人在各个年份调查时的主观福利水平均低于全体老年人的平均水平。第二,农村留守老人参加"新农保"的情况也存在明显的逆向选择情况,即在政策实施前的 2008 年,主观福利水平越高的农村老年人之后参保的概率更大。第三,从双重差分结果来看,"新农保"养老金对农村留守老人主观福利的短期影响方向为正,虽然未通过显著性检验,但估计系数值比全样本估计结果更大,初步显示了"新农保"对留守老人主观福利的作用可能更大。相比而言,"新农保"对农村留守老人主观福利的中长期影响程度也有一定的下降,尤其是在生活满意度指标上。以上的结果初步表明,当前阶段的"新农保"政策对农村老年人,特别是留守老人有主观福利促进效应,但影响程度可能比较有限,同时这种效应还将在中长期不断递减。由于农村老年人的"新农保"参保决策很有可能存在逆向选择的情况,所以对这一结果不应过度解读,需要进一步采用相应计量分析解决以上问题,得到更为可靠和稳健的结果。

[①] 该定义是结合 CLHLS 数据及常用的"留守老人"定义设定的;CLHLS 数据并未涉及子女外出时间,但子女居住地与老年人不在同一城市通常意味着亲子之间见面的频率较低,这里可以看作是近似留守的含义。

三、实证策略

虽然相比于其他类别的收入,养老金是相对外生的收入来源(Case, 2004)。然而,使用普通 OLS 线性回归模型所得的结果可能会产生估计偏误。原因在于,一方面,老年人主观福利水平本身可能影响老年人的参保决策,主观福利状况较好的老年人的预期寿命更长,因而可能更愿意参保以获得长期的养老金,此时 OLS 模型结果反映的可能是逆向因果关系。另一方面,由于"新农保"是非强制性保险,老年人参保决策还可能受到其他个人与家庭等不可观测因素(比如风险偏好、性格特征等)的影响,使得估计结果产生偏差。为此,本章采用固定效应(FE)模型、双重差分法(DID)、基于倾向得分匹配的双重差分法(PSMDD)逐步分析"新农保"的主观福利增进效应,并进一步运用面板数据工具变量法(FE-IV)检验结果的稳健性,使用 PSMDD 基础上的分位数回归法(QR)来考察养老金与老年人主观福利不平等的关系。

(一)固定效应模型

固定效应(FE)模型通过对面板数据进行差分来消除不随时间变化的异质性所导致的内生性问题,可以在一定程度上减小遗漏变量问题导致的估计偏误。本章设定的固定效应模型如下:

$$h_{it} = \alpha_0 + \hat{sps}_{it}\alpha_1 + X_{it}\beta + \sigma + \lambda + \varepsilon_{it} \tag{5-1}$$

其中,h_{it} 表示 t 试点第 i 个老年人的主观福利状况,sps 表示老年人是否领取养老金(1=是),X 代表一系列与老年人主观福利相关的控制变量。σ 表示地区(省级)固定效应,λ 表示时间固定效应,ε 为随机干扰项。α_1 为本章关注的"新农保"养老金对农村老年人主观福利的影响系数。

(二)双重差分法

虽然固定效应模型能够减小不随时间变化的不可观测因素导致的估计偏误,但该法在消除组内差异的同时带来的是估计精度的下降,而双重差分法(DID)通过"前后有无"，即政策前后处理组(参保)与控制组(未参保)的组内和组间两次差分的计算过程使得估计结果更加准确。本章设定的双重差分法的表达式如下：

$$h_{it} = \alpha_0 + \text{treated}_i \gamma_1 + \text{after}_t \gamma_2 + (\text{treated}_i \times \text{after}_t) \gamma_3 + X_{it}\beta + \sigma + \lambda + \varepsilon_{it}$$

$$(5\text{-}2)$$

其中：treated_i 为处理变量，表示第 i 个老年人是否为处理组(1＝是)，即是否在政策实施后参加"新农保"并领取养老金；after 为时期变量，表示调查时期是否为政策实施后(1＝是)；处理变量与时期变量的交互项 treated× after 的估计系数 γ_3 捕捉的是本章关心的养老金对老年人主观福利影响的净效应。

(三)倾向得分匹配——双重差分法

双重差分法有效估计的重要假设是处理组和控制组拥有共同趋势(common trend)，为满足这一假设，本章采用基于倾向得分匹配的双重差分法(PSMDD)作为主要估计方法。该法按照处理组的多项特征，通过倾向得分匹配构建一个类似于"反事实"的控制组，而后进行双重差分估计，从而使得处理组与控制组的变化趋势近似趋同。若将 PSMDD 所得的养老金对老年人主观福利的平均处理效应设为 ATT_{it}^h，则其估计表达式为：

$$\text{ATT}_{it}^h = E_{p(X_i)} \{ E(\Delta h_{1i} | \text{sps}_i = 1) - E(\Delta h_{0i} | \text{sps}_i = 0) \} \quad (5\text{-}3)$$

其中，Δh_{1i}、Δh_{0i} 分别表示第 i 个处理组和控制组老年人的主观福利状况在政策前后的潜在差异。在具体操作过程中，采用常用的 1：1 最近邻匹配法(不放回)，并设定最大卡尺距离为 0.05，获得处理组和控制组的"共同支撑"(common support)区域，而后剔除该区域外的样本并进行平衡性检验以确保处理组与控制组样本的主要特征差异得到控制[①]，通过检验后，使用"共同支撑"区域内的样本进行双重差分回归获得养老金的主观福利效应

---

① 本章还采取了多种其他匹配方法，包括半径匹配与核匹配，发现结果类似。具体匹配变量包括性别、年龄、受教育年限、婚姻、子女数量、是否与子女同住、家庭规模、家庭年收入、医疗保险、60 岁之前的职业等。匹配后的平衡性检验显示处理组与控制组的倾向得分的分布趋同，各项特征均不存在显著差异，表明匹配结果良好，读者如有兴趣可向作者索取相关结果。

估计结果。

(四)面板数据工具变量法

关于稳健性检验，本章试图运用面板数据工具变量法(FE-IV)克服研究主题可能存在的内生性问题。该法通过使用与内生变量相关但与模型误差项不相关的工具变量进行两阶段最小二乘估计(2SLS)来矫正 OLS 和 FE 模型可能存在的估计偏误。在工具变量选取上，对于农村和城市样本，本章分别选用了县级层面老年人"新农保"参保率和城居保参保率作为工具变量。选取此类变量作为工具变量的合理性在于，一方面，老年人参保率的提高会产生较强的示范效应和带动效应，尤其是在熟人社会的农村(宁满秀,2015)，所以县级层面参保率应当与老年人参保决策具有正向相关性。另一方面，由于县级层面参保率代表的是整体情况，并不会直接影响个人的主观福利状况。因而选取县级层面参保率作为本章的工具变量符合相关性和外生性的要求。

(五)PSMDD 基础上的分位数回归法

上述回归分析所得结果为养老金对老年人主观福利的平均影响，并不能考察养老金对于不同主观福利水平老年人产生的作用差异。因此，本章采用 PSMDD 基础上的分位数回归法(QR)研究养老金对主观福利差距的影响。分位数回归可通过最小绝对离差法(LAD)，估计全样本中养老金对不同主观福利水平分位数的作用，结合 PSMDD 可以避免传统分位数回归可能存在的内生性问题。具体模型表达式如下：

$$Q_\theta(h_i) = \alpha_0^\theta + \text{treated}_i \gamma_1^\theta + \text{after}_t \gamma_2^\theta + (\text{treated}_i \times \text{after}_t) \gamma_3^\theta + X_{it} \beta^\theta + \sigma + \lambda + \nu_{it}$$

$$(5\text{-}4)$$

其中，$\theta(0 < \theta < 1)$ 为给定分位点，$Q_\theta(h_i)$ 表示在 θ 分位点上的条件分位数，γ_3^θ 表示 θ 分位点的养老金对老年人主观福利的影响。在本章的实证分析中，θ 的取值分别为 10、25、50、75 和 90 分位点，用于代表从低到高的主观福利水平。

四、实证结果与分析

(一)"新农保"对农村老年人主观福利的影响

表 5-3 报告了分别使用 2008—2011 年以及 2008—2014 年面板数据估计"新农保"对老年人主观福利的短期和中长期影响的模型结果。可以发现，FE 模型、DID、PSMDD 以及面板数据工具变量法[①]的估计结果总体一致，表明所得结论具有较强的稳健性。从短期效应估计的结果来看，"新农保"养老金对农村老年人的精神健康指数、睡眠质量和生活满意度 3 项主观福利指标的影响均为正，且都至少在 10% 的水平上统计显著。相比于未领取"新农保"养老金的农村老年人，领取"新农保"养老金的老年人精神健康指数、睡眠质量与生活满意度分别提高 0.626、0.18 和 0.144 个单位，表明"新农保"能够在短期显著改善农村老年人精神健康状况，增进主观福利。从中长期效应的估计结果来看，相比于短期主观福利增进效应，"新农保"养老金对农村老年人主观福利指标的中长期影响的边际效应及显著性都有一定程度的减弱。这表明，"新农保"养老金的主观福利增进效应在中长期将有所减弱。主要原因可能是，虽然"新农保"提供给农村参保老人一笔长期稳定的养老金，在短期给予老年人精神上的信心与保障，然而，较低的养老金水平在物质生活上的支持作用可能是有限的，加之随时间推移的通货膨胀因素，养老金的主观福利增进效应也将随之减弱。

(二)"新农保"对农村留守老年人主观福利的影响

"新农保"使哪类老年人群体受益更大？这是政府与学界关心的问题。接下来，本章将主要关注中国大规模人口迁移产生的农村留守老人现象，探究"新农保"对留守老人和非留守老人主观福利影响的差异。已有研究

---

① 本章的 FE-IV 估计第一阶段结果显示，DWH 检验 p 值小于 0.05，第一阶段回归 F 值远大于 10 且县级参保率与个人参保选择显著相关，说明简单运用 OLS 模型将存在内生性问题，并且 FE-IV 估计中的工具变量比较有效。

表 5-3 "新农保"与农村老年人主观福利

健康变量	短期（2008—2011 年）				中长期（2008—2014 年）			
	FE	DID	PSMDD	FE-IV	FE	DID	PSMDD	FE-IV
精神健康指数（0~28）	0.626***	0.360*	0.368*	0.537**	0.174**	0.121	0.062	0.145
	(0.165)	(0.209)	(0.213)	(0.252)	(0.062)	(0.159)	(0.238)	(0.197)
样本量	5414	5414	5349	5414	3312	3312	3279	3312
睡眠质量（1~5）	0.180***	0.117*	0.113**	0.346***	0.138**	0.106*	0.108*	0.162*
	(0.032)	(0.057)	(0.054)	(0.060)	(0.057)	(0.054)	(0.060)	(0.100)
样本量	5826	5826	5757	5826	3491	3491	3456	3491
生活满意度（1~5）	0.144***	0.146**	0.146**	0.178**	0.119**	0.069	0.071	0.110
	(0.049)	(0.059)	(0.058)	(0.076)	(0.052)	(0.072)	(0.072)	(0.094)
样本量	5438	5438	5373	5438	3327	3327	3294	3327

注：括号内为聚类调整后的稳健标准误。*、**和***分别表示在 10%、5%、1% 的统计水平上显著，各个模型中均加入了控制变量。

显示，子女外出务工对农村老年人的健康，尤其是精神健康有负面影响，那么养老金是否可以减轻这一负面作用呢？

为回答这一问题，本章分别基于农村和城市样本将老人进一步划分为留守老人和非留守老人。具体的划分标准是，如被访老年人没有与其同住的子女，且所有子女居住地不在本市，则认为是留守老人，否则认为是非留守老人。本章运用相对更具优势的 PSMDD 进行"新农保"的主观福利增进效应的分组估计，结果如表 5-4 所示。估计结果显示，从短期效应来看（2008—2011 年），"新农保"养老金对农村留守老人的主观福利有显著增进作用。可以看到，养老金对农村留守老人的精神健康指数与睡眠质量都有显著的正面作用。然而，"新农保"养老金对非留守老人的主观福利指标并没有明显影响，这不仅表现在统计显著性水平上，也体现于边际效应上。不难发现，"新农保"养老金对非留守老人的各个主观福利指标的边际作用都小于留守老人。同时，比较表 5-3 中 PSMDD 估计结果，"新农保"对农村留守老人各个主观福利指标的边际效应也大于全样本估计所得的边际效应。出现这一结果的原因在于，通常留守老人家庭经济收入水平相对较低，子女外出往往是为了家庭的生计。同时，子女外出也使得留守老人的日常照料和精神慰藉更加缺乏。养老金在一定程度上能够放松老年人的预算约束，保障老年人的基本生活，减小其生活压力，并能减少其劳动供给，使其有更多时间参与社会活动来改善身心健康。因此，农村留守老人受到养老金的影响可能更大一些。然而，从中长期（2008—2014 年）效应来看，尽管"新农保"养老金对农村留守老人的各个主观福利指标的边际效应更大一些，但对农村留守老人与非留守老人的主观福利效应都有所减小。这再一次表明，不论是留守老人还是非留守老人，"新农保"政策对农村老年人主观福利的影响将在中长期出现递减。

表 5-4　"新农保"对农村老年人主观福利的影响(PSMDD)

项目	短期(2008—2011年)		中长期(2008—2014年)	
	留守老人	非留守老人	留守老人	非留守老人
精神健康指数(0～28)	0.374**	0.180	0.214	0.112
	(0.165)	(0.204)	(0.495)	(0.425)
样本量	2181	4163	1674	2178
睡眠质量(1～5)	0.307**	0.093	0.104	0.055
	(0.144)	(0.075)	(0.107)	(0.063)
样本量	1862	3895	1517	1939
生活满意度(1～5)	0.263*	0.093	0.098	0.021
	(0.163)	(0.075)	(0.099)	(0.140)
样本量	1790	3583	1408	1886

注：括号内为聚类调整后的稳健标准误，*、**分别表示在10%、5%的统计水平上显著。

(三)"新农保"对农村老年人主观福利的影响机制

"新农保"提供的养老金缘何能够提高农村老年人的主观福利水平？回答这一问题需要对"新农保"产生主观福利增进效应的作用机制进行考察。本章基于2008—2011年面板数据，运用PSMDD检验社会养老保险对老年人生活方式以及生活水平的影响[1]，从而获得养老金影响老年人主观福利的主要渠道。同时，考虑到留守老人是农村老年人重要的组成部分，且具有鲜明的特征，本章还专门针对留守老人群体进行影响机制分析，以得出该群体与总体的区别。

本章选取的老年人生活方式指标包括三个方面，分别是食物消费、劳动与闲暇以及健康行为。首先，食物消费指标包括是否经常(每周一次以上)食用水果(1＝是)、蔬菜(1＝是)、肉类(1＝是)、鱼类(1＝是)、蛋类(1＝是)、奶类(1＝是)。进一步参考张烨等(2016)的研究，本章还建立了高

---

[1]　由于前文采用2008—2014年平衡面板数据并未发现社会养老保险对老年人主观福利有明显影响，因此这里主要采用短期(2008—2011年)数据探讨影响机制。

蛋白食物和饮食均衡两个虚拟变量。如果老年人经常食用肉鱼蛋奶至少一项,则赋值高蛋白食物变量为 1,否则赋值为 0;如果老年人经常食用蔬菜水果至少一种,并且经常食用肉鱼蛋奶至少一种,则赋值饮食均衡变量为 1,否则赋值为 0。其次,劳动与闲暇指标包括是否经常(每周一次以上)参与个人劳动(1=是)、家务活动(1=是)、室内闲暇活动(1=是)、户外闲暇活动(1=是),以及是否曾在近两年内外出旅游(1=是)。更进一步地,本章还建立了总体闲暇状态虚拟变量,假如老年人经常参加室内闲暇活动或户外闲暇活动,或者曾在近两年外出旅游,则赋值为 1,否则赋值为 0。最后,健康行为指标包括是否经常吸烟(1=是)、喝酒(1=是)和锻炼身体(1=是)。

表 5-5 报告了"新农保"对全体农村老年人以及留守老人生活方式影响的 PSMDD 估计结果。从全样本估计结果来看,"新农保"养老金显著提高了农村老年人食物消费水平,一定程度上提升了老年人闲暇程度,但对健康行为的影响总体并不明显。具体而言,首先,"新农保"养老金提高了农村老年人消费蔬菜、肉类、鱼类和奶类的概率,总体使农村老年人消费高蛋白食物的概率提高了 3.5%,同时使得老年人饮食均衡的概率提高了4.8%。其次,"新农保"养老金使农村老年人劳动供给的概率下降了6.6%,增强了室内与户外闲暇活动的倾向,并提升了农村老年人外出旅游的可能性。最后,"新农保"养老金并没有对农村老年人的健康行为产生明显影响,仅使得老年人经常喝酒的概率小幅下降。从留守老人样本估计结果来看,"新农保"养老金同样可以促进留守老人的食物消费,并且在肉鱼蛋奶等高蛋白食物消费上的边际效应更加明显。不难看出,领取"新农保"养老金可使农村留守老人经常食用肉类、鱼类、蛋类和奶类的概率分别提高 13.9%、18.4%、9.9% 和 11.7%。在食物消费综合指标上,"新农保"养老金可使农村留守老人经常食用高蛋白食物的概率平均提高 5.7%,饮食均衡的概率提高 7.4%。在劳动与闲暇以及健康行为指标方面,可以看到,"新农保"养老金显著提高了留守老人进行户外闲暇活动(8.1%)和经常锻炼身体(10.5%)的概率。

表 5-5 "新农保"与农村老年人生活方式（PSMDD）

变量类型	变量	全样本			留守老人		
		PSMDD	标准误	样本量	PSMDD	标准误	样本量
食物消费	水果	0.027	(0.030)	5768	0.010	(0.052)	2180
	蔬菜	0.049*	(0.027)	5769	0.042	(0.035)	2181
	肉类	0.089**	(0.035)	5766	0.139***	(0.038)	2179
	鱼类	0.122***	(0.037)	5766	0.184***	(0.055)	2180
	蛋类	0.037	(0.029)	5768	0.099**	(0.041)	2180
	奶类	0.068**	(0.027)	5764	0.117**	(0.044)	2178
	高蛋白食物	0.035*	(0.019)	5764	0.057*	(0.029)	2178
	饮食均衡	0.048**	(0.022)	5764	0.074**	(0.027)	2178
劳动与闲暇	个人劳动	−0.066**	(0.031)	5769	−0.070	(0.044)	2181
	家务活动	0.020	(0.040)	5769	−0.017	(0.040)	2181
	室内闲暇活动	0.016	(0.028)	5768	0.001	(0.026)	2180
	户外闲暇活动	0.021	(0.042)	5769	0.081*	(0.044)	2181
	外出旅游	0.041**	(0.019)	5755	0.052	(0.031)	2167
	总体闲暇状态	0.021	(0.031)	5755	−0.010	(0.037)	2167
健康行为	吸烟	0.026	(0.017)	5762	0.020	(0.027)	2174
	喝酒	−0.027*	(0.014)	5748	−0.017	(0.038)	2160
	锻炼身体	0.029	(0.041)	5759	0.105**	(0.038)	2171

注：括号内为聚类调整后的稳健标准误，*、** 分别表示在 10%、5% 的统计水平上显著。

因此，从老年人生活方式角度看，"新农保"提供的养老金能够在一定程度上改善农村老年人的生活方式，尤其在食物消费方面。同时，留守老人的食物消费对"新农保"养老金更加敏感，这可能与留守老人个人及其家庭的经济水平较低有较大关系。

本章考虑的老年人生活水平指标也包括三个方面，分别是经济状况、代际转移支付、医疗与照料情况。首先，经济状况指标主要来自老年人对其经济生活的主观评价，包括生活来源是否够用（1＝是）、自评经济水平（1＝一般及以上）、家庭开支能做主（1＝是）。其次，代际转移支付分为代际向上转移支付和代际向下转移支付两部分，前者包括近一年有否来自儿子、女儿、孙子女的经济支持,后者包括近一年有否提供儿子、女儿、孙子女经济支持,对于每一类经济支持,如有则赋值为 1。最后,医疗与照料指标也来自老年人的主观评价,包括生重病能否及时就医(1=是)、是否因金钱问题而不能及时就医(1=是)、有否子女照料(1=是)、有否身边的人说心事(1=是)以及遇到困难是否有人解决(1=是)。

表 5-6 报告了"新农保"对全体农村老年人以及农村留守老人生活水平影响的 PSMDD 估计结果。不难发现,从全样本估计结果来看,在经济状况方面,"新农保"养老金对农村老年人自评经济状况有显著的正面作用。参保组更加倾向于认为其生活来源够用、经济上不再贫困。在代际转移支付方面,农村老年人领取养老金在一定程度上挤出了来自子女和孙子女的经济支持,尤其是降低了女儿提供经济支持的概率。同时,养老金增强了老年人向子代和孙代的转移支付倾向,虽然在统计上并不显著。这些结果与陈华帅和曾毅(2013)、焦娜(2016)的研究结论一致。在医疗与照料方面,除了得到子女照料的正向作用边际显著外,养老金并不能明显改善农村老年人的医疗服务状况,同时也不能显著增加农村老年人获得的非正式照料。从留守老人样本估计结果来看,可以发现,在经济状况方面,"新农保"养老金使得农村留守老人认为"生活来源够用"的概率显著提高了 6.6%,其边际效应大于全样本估计结果,但留守老人的自评经济水平和家庭开支做主情况并不受"新农保"的显著影响。在代际转移支付方面,领取"新农保"养老金的留守老人子女及孙子女的代际向上转移支付水平都有下降的倾向,其中,留守老人收到来自女儿的转移支付概率显著下降 8%。与此同时,留守老人对子女尤其是孙子女的代际向下转移支付概率提高,尽管这些未通过显著性检验。在医疗与照料方面,虽然领取养老金的留守老人及时就医、有子女照料、有人说心事以及遇到困难有人解决的倾向有所增强,但在统计上并不显著。

表 5-6　"新农保"与农村老年人生活水平(PSMDD)

变量类型	变量	全样本			留守老人		
		PSMDD	标准误	样本量	PSMDD	标准误	样本量
经济状况	生活来源够用	0.049*	(0.028)	5765	0.066*	(0.040)	2177
	自评经济水平	0.036*	(0.021)	5742	0.028	(0.048)	2154
	家庭开支能做主	0.017	(0.047)	5564	−0.024	(0.059)	1976
代际转移支付	代际向上转移支付 来自儿子	−0.002	(0.028)	5259	−0.016	(0.039)	1671
	来自女儿	−0.057*	(0.030)	5112	−0.080*	(0.041)	1524
	来自孙子女	−0.022	(0.031)	5430	−0.061	(0.043)	1842
	代际向下转移支付 给予儿子	0.006	(0.031)	5243	0.014	(0.035)	1655
	给予女儿	0.011	(0.026)	5121	0.015	(0.024)	1533
	给予孙子女	0.008	(0.038)	5449	0.035	(0.056)	1861
医疗与照料	及时就医	0.028	(0.018)	5754	0.019	(0.032)	2166
	因金钱问题不就医	−0.015	(0.014)	5754	−0.022	(0.027)	2166
	有子女照料	0.076*	(0.041)	5760	0.120	(0.075)	2172
	有人说心事	0.026	(0.038)	5701	0.064	(0.042)	2113
	遇到困难有人解决	0.021	(0.019)	5684	0.033	(0.033)	2096

注:括号内为聚类调整后的稳健标准误,*、** 分别表示在 10%、5% 的统计水平上显著。

因此,"新农保"养老金能够在一定程度上改善农村老年人的经济状况,增加其生活收入来源,尤其对于留守老人。但并不能改善包括留守老人在内的农村老年人医疗与照料情况,同时还在一定程度上挤出了子女的代际支持,这可能将减小养老金的主观福利增进效应。对于留守老人而言,领取养老金对于其提高对孙子女的代际支持水平不可忽视。这是因为,大量农村留守儿童由留守老人照料,因而"新农保"养老金也将产生隔代的溢出效应。

(四)社会养老保险与老年人主观福利差距

社会养老保险是否促进了居民养老质量均等化?接下来基于主观福利不平等的视角进行解答,具体回答以下两个问题:其一,主观福利水平较低的老年人群体的社会养老保险覆盖率是否更高?其二,在参保群体中,主观福利水平较低的老年人群体的主观福利增进效应是否更大? 基于上述思路,本章将检验主观福利对参保的影响来回答社会养老保险覆盖面的问题。为避免可能的逆向因果问题,本章采用 2011 年的参保(1=是)变量对 2008 年的主观福利变量及控制变量进行二元 Probit 模型全样本回归。[①]同时,考虑到政策先试点后推广的过程,本章进一步对试点地区样本进行回归估计来避免政策实施因素导致的估计偏误,结果如表 5-7 所示。为便于解释,该表的估计系数均为转换后的边际效应。

全样本估计结果显示,所有主观福利指标均正向显著,表明主观福利水平更高的老年人参与"新农保"的概率更高,同时,家庭收入指标在各个模型中也都显著为正,家庭年收入每增加 1%,农村老年人参保概率将平均提高 1% 左右。将估计样本缩小至 2011 年已实施政策的试点县后,回归结果与全样本估计结果基本一致,这验证了以上结论的稳健性。因此,"新农保"政策的实施并未更广泛地覆盖那些主观福利水平和家庭收入较低的老年人,相反,处于主观福利与经济弱势的农村老年人有着更低的参保率,而这部分老年人通常是最需要生活保障的群体,比如留守老人群体。因此,由于"子女捆绑"条款、"多缴多得"规则以及逆向选择等原因,现行农村社会养老保险制度在一定程度上仍存在"保富不保贫"的现象,鉴于养老金在短期的主观福利增进效应,这种情况很可能扩大老年人的主观福利差距。

为比较养老金对不同主观福利水平的参保老人主观福利的影响差异,本研究基于 2008—2011 年面板数据[②],运用 PSMDD 基础上的分位数回归方法进行回归估计。由于分位数回归只适用于连续变量,因此本章仅采用精神健康指数作为主观福利的代理变量进行模型估计。同样地,本章也单独分离出了留守老人群体进行相应分析。

表 5-8 给出了"新农保"对全体农村老年人主观福利影响以及对留守老人主观福利影响的分位数 PSMDD 估计结果。其中,Q10 至 Q90 表示两个

---

① 本章也运用了 2008—2014 年面板数据进行相应分析,所得结论类似,读者如有兴趣可向作者索取相关结果。

② 本章也运用了 2008—2014 年面板数据进行中长期分析,发现养老金对不同健康水平老年人的作用均不再显著,读者如有兴趣可向作者索取相关结果。

表5-7 老年人主观福利对社会养老保险参与情况影响的 Probit 回归

项目	全样本		试点地区（县）	
	农村	城市	农村	城市
精神健康指数(0~28)	0.006*** (0.002)	0.002 (0.001)	0.005** (0.002)	0.009 (0.006)
家庭年收入	0.010* (0.005)	−0.002 (0.004)	0.008 (0.007)	−0.029 (0.020)
样本量	2999	1257	2280	297
睡眠质量(1~5)	0.021** (0.008)	0.015** (0.007)	0.024** (0.011)	0.054** (0.023)
家庭年收入	0.011** (0.005)	0.001 (0.004)	0.009 (0.007)	−0.006 (0.016)
样本量	3219	1348	2453	332
生活满意度(1~5)	0.027*** (0.009)	0.001 (0.007)	0.027** (0.011)	−0.004 (0.028)
家庭年收入	0.009* (0.005)	−0.002 (0.004)	0.007 (0.007)	−0.028 (0.021)
样本量	3016	1262	2293	300

注：括号内为聚类调整后的稳健标准误。*、**、***分别表示在10%、5%的统计水平上显著。

表 5-8 社会养老保险与老年人主观福利的分位数 PSMDD 结果

样本	项目	Q10		Q25		Q50		Q75		Q90	
		系数	标准误	系数	标准误	系数	标准误	系数	标准误	系数	标准误
全样本	精神健康指数(0~28)	0.619*	(0.344)	0.645	(0.416)	0.286	(0.414)	0.115	(0.379)	0.044	(0.365)
	样本量	5349		5349		5349		5349		5349	
留守老人	精神健康指数(0~28)	0.810**	(0.343)	0.560	(0.415)	0.480	(0.319)	0.306	(0.364)	0.236	(0.349)
	样本量	2181		2181		2181		2181		2181	

注:括号内为聚类调整后的稳健标准误, * 、** 分别表示在 10%、5% 的统计水平上显著。

主观福利指标的第 10 至第 90 分位数,分位数越大代表相应的主观福利状况越好。从全样本估计结果来看,"新农保"养老金对精神健康指数的影响仅在 Q10 分位数模型中正向显著,而在其他分位数模型中没有显著作用,这表明"新农保"养老金主要增进了精神健康状况较差的老年人的主观福利,在一定程度上能够缩小主观福利差距。仅用留守老人样本进行估计结果所得结论与全样本估计所得结论基本一致,不同的是,在多数分位数模型中,"新农保"养老金的主观福利增进作用对农村留守老人更加明显。例如,在 Q10 分位数模型中,"新农保"养老金能够提高全体老年人的精神健康指数 0.619 个单位,而对留守老人精神健康指数的边际效应则是 0.810 个单位。总体而言,"新农保"能够在一定程度上缩小领取养老金的农村老年人主观福利差距。

五、本章小结

本章运用 CLHLS 2008 年、2011 年和 2014 年的数据,实证分析了"新农保"对农村老年人主观福利及其不平等的影响,同时就农村留守老人这一重要群体进行单独讨论。研究结果表明,首先,"新农保"提供的养老金能够促进老年人的主观福利水平提高,且对农村留守老人的主观福利增进作用更大。同时,养老金的主观福利增进作用还存在时期差异:不论是全体农村老年人还是农村留守老人,养老金对老年人主观福利的正向影响将在中长期有所减弱。其次,进一步探究"新农保"对农村老年人及留守老人主观福利的影响机制发现,"新农保"养老金显著提高了农村老年人的食物消费水平,并减少了他们的劳动供给,从而构成了养老金产生主观福利效应所需的物质基础。但在医疗服务与非正式照料方面,养老金并没有明显作用,同时养老金还挤出了子代的经济支持,进一步减小了养老金的主观福利效应。对于农村留守老人,本章发现,"新农保"对其生活产生的影响主要还是体现在其基本生活来源上,特别是食物消费状况,养老金使得留守老人食用肉鱼蛋奶等高蛋白食物的概率显著提高,同时也促进了留守老人的饮食均衡,"新农保"养老金在这方面对于留守老人的作用比全样本估计结果更大。但同样值得注意的是,"新农保"养老金也并没有明显改善医疗服务与非正式照料状况,还在一定程度上降低了子女对其进行经济支持的概率,同时增强了其对孙辈经济支持的倾向。最后,"新农保"养老金虽能在一定程度上缩小留守老人以及全体农村老年人的主观福利差距,减少精神健康层面的不平等,但这仅是对于参保群体而言的。与此同时,"新农保"并未覆盖包括留守老人在内的更多处于主观福利与经济弱势的老年人,相反,农村的这部分老年人参保概率更低,这将成为居民养老质量均等化的"隐形"阻碍。

"新农保"的主观福利增进效应在中长期存在递减效应的结论,可以用于解释以往运用不同时期和时长数据的文献所得关于养老金的福利增进效应结论有分歧的情况。此外,本章也可以补充张晔等(2016)的研究结论,该研究基于"新农保"政策后两年观察期数据发现养老金对老年人养老质量的影响存在时滞效应,其作用在参保 12 个月以后才能完全发挥。结合该结论,本章认为,"新农保"养老金对老年人主观福利的影响随时间的推移呈现先在短期上升,后在中长期下降的倒 U 形曲线,如不能给予参保老人持续激励,其主观福利水平可能如同"踏水车"一般上升后回到原点。

因此,为确保"新农保"在长期仍能提高老年人的主观福利水平,需要进一步稳固该政策的物质基础,同时需要关注"新农保"政策在促进养老质量平等方面的作用。一方面,应当继续加大"新农保"的财政补贴力度,适当提高基础养老金水平,确保养老金的实际购买力保持在一定水平以上。虽然政府将城乡居民基本养老保险的基础养老金从制度设立之初的每人每月 55 元分别上调至 2014 年的 70 元和 2018 年的 88 元,然而养老金的增长率并没有跑赢城乡居民可支配收入的增长率,并且经过价格平减后,基础养老金水平的上升程度仍较有限。① 因此继续加大社会养老保险的财政

---

① 根据国家统计局公布的数字计算,全国居民、城镇和农村居民 2014—2017 年的可支配收入名义增长率为分别为 29% $\left[\left(\frac{25974}{20167}-1\right)\times100\%\right]$、26% $\left[\left(\frac{36396}{228844}-1\right)\times100\%\right]$ 和 28% $\left[\left(\frac{13432}{10498}-1\right)\times100\%\right]$,而 2014—2018 年城乡居民基本养老保险的养老金名义增长率为 26%。按照 2009 年不变价计算,2014 年与 2018 年实际基础养老金分别为 60 元和 73 元。

补贴力度对保障城乡老年人基本生活具有重要作用。另一方面，应当从制度层面使社会养老保险的覆盖面和支持程度向社会经济与主观福利弱势的老年人群体倾斜，尤其是留守老人，尽可能减少现行缴费激励机制中可能出现的"保富不保贫"现象，包括取消"子女捆绑"条款、优化"多缴多得"方案等，确保"新农保"发挥促进居民养老质量均等化作用。"新农保"制度增进老年人福利的作用并非孤立的，养老金在放松老年人预算约束与减少其劳动供给的同时，也将增加其对养老服务以及社会活动参与的需求。因此，应鼓励发展农村养老市场，积极建设社会文化活动的场所与设施，提高农村养老服务的供给水平与质量。

第六章
"新农保"的溢出效应:农村儿童健康

本章以儿童健康为例,考察"新农保"对农村老年人影响的儿童人力资本溢出效应。由于大量农村劳动力外出务工,中国农村的留守家庭数量庞大,其中,留守儿童的照料任务大多落在了留守老人身上。因此,考察"新农保"对农村儿童,尤其是留守儿童健康状况的影响,有助于更加全面地理解"新农保"政策的效果,同时也有助于为完善包括"新农保"在内的公共转移支付政策提供思路。具体而言,本章运用 2012 年和 2014 年的 CFPS 数据考察了"新农保"对农村儿童健康的影响、异质性以及作用机制。本章的内容主要包含以下几个部分:①引出本章研究的问题;②对数据和变量进行描述和说明;③汇报实证结果并进行相应分析;④运用多种实证策略对基准结果的稳健性进行检验;⑤对本章内容进行小结。

一、引 言

无论是发达国家还是发展中国家,人口老龄化都是设计公共政策时面临的主要挑战。中国是世界上人口最多的国家,也是面临老龄化问题的国家之一,而且人口老龄化现象在农村地区尤为严重(Zhong,2011)。为了提高农村老龄人口的生活质量,中国自 2009 年起实施了"新农保"政策试点,向符合条件的农村老龄人口提供"新农保"养老金。近年来,越来越多的研究关注"新农保"政策对农村老年人的贫困状况(张川川等,2015)、消费水平(Wang,2017)、储蓄情况(马光荣和周广肃,2014)、居住安排(Chen,

2017)、劳动供给(Chen et al.,2015;Ning et al.,2016)和健康状况(Cheng et al,2016;张晔等,2016)的影响。然而,社会养老保险的影响范围可能会超出直接受益者(即老年人)本身,并可能对其家庭成员产生影响,但是很少有研究对此进行考察。更具体来看,社会养老保险可能对老年人的孙辈产生潜在的隔代影响,这也应纳入政策设计和评价的考虑范围。由于儿童的健康人力资本将影响其终身的人力资本积累和劳动力市场表现(Case et al.,2002;Currie,2009),社会养老保险与儿童健康之间的关系可能对一个国家的经济发展和收入分配状况产生深远影响(Duflo,2003)。因此,深入探讨"新农保"政策对农村儿童健康的影响,对于相关公共政策的设计,例如旨在减少代际收入、健康不平等的现金转移支付项目和反贫困政策等,均具有一定的启示意义。

在过去20年中,越来越多的文献研究了家庭收入与儿童健康的关系。在美国,有研究表明,儿童健康状况与家庭收入水平呈正相关关系,且这种关系随着儿童年龄的增大愈加显著,家庭收入的增加对儿童产生一种累积保护作用(Case et al.,2002)。不少学者在其他几个发达国家也发现了类似的关系,例如加拿大(Currie and Stabile,2003)、英国(Propper et al.,2007)、德国(Reinhold and Jürges,2012)、法国(Apouey and Geoffard,2014)和澳大利亚(Khanam et al.,2009)。然而,家庭收入与儿童健康之间的正相关这一结论并未在学界达成一致,部分研究发现了不同的现象。例如,柯里针对美国的研究并没有发现家庭收入对儿童健康的实质性影响(Currie,2013)。尽管凯斯等认为研究结果之间的差异很大程度上是由样本不同造成的(Case et al.,2007),但是有学者利用相同的研究数据(Case et al.,2002)发现,家庭收入与儿童健康的正相关关系在儿童和青少年群体中并没有明显差异(Chen et al.,2006)。同时,也有研究使用英国的数据进行实证分析,也没有发现有力证据表明收入与儿童健康的关系随着儿童年龄增大而增强(Propper et al.,2007),针对澳大利亚数据的分析结果也是如此(Khanam et al.,2009)。

以上绝大多数文献都没有解决家庭收入与儿童健康水平之间的因果识别问题,这也许是研究结果不一的原因之一。如果家庭收入和儿童健康呈现正相关关系,那么该关系也可以解释为:健康水平低的儿童更需要父母照料,从而减少父母的劳动供给和家庭收入。此外,家庭收入和儿童健康的关系也可能受不可观测的因素影响,例如父母的健康水平等(Case et al.,2002)。因此,近期的相关研究开始通过量化外生的家庭收入增长(包括社会养老金等现金转移支付)对儿童健康状况的影响来研究两者之间的关系。例如,格特勒研究了一项反贫困现金转移支付项目(PROGRESA)对墨西哥儿童健康的影响,发现参与该项目的儿童身高平均增长超过 1 厘米,且在参与项目首年内患贫血症的概率降低了 25.3%(Gertler,2014)。虽然由于巴西和洪都拉斯的现金转移支付规模较小,并且实施过程存在一定问题等原因,针对该地区的研究没有发现家庭收入水平对儿童健康状况有显著影响,但是针对孟加拉国、哥伦比亚、厄瓜多尔、印度和尼加拉瓜的研究结果趋于一致:现金转移支付计划与儿童营养摄入、健康状况呈显著的正相关关系。目前关注社会养老保险项目对儿童健康的影响比较鲜见。在这些零星的文献中,一项针对南非数据的研究发现,扩大南非养老保险计划的范围提高了南非女孩的营养和健康水平。具体来看,女性获得养老金将使孙女的年龄别身高 Z 分值(height-for-age-z-score,HAZ)提高 1.16个标准差,这可以彻底弥合南非女孩与美国女孩的身高差距(Duflo,2003)。凯斯也研究了南非养老保险计划对家庭成员的影响,发现养老保险与儿童HAZ 分值提高一个标准差(5 厘米)有显著相关关系(Case,2004)。考虑到儿童人力资本发展在公共政策设计中的重要作用,应当开展更多针对家庭收入(尤其是社会养老保险项目)与儿童健康状况关系的研究。

本章的主要目标是评估中国的"新农保"政策对农村儿童健康状况的影响,并从以下几个方面为现有相关研究做出边际贡献。首先,本章基于当今世界最大的发展中国家——中国的全国性微观调查。考虑到中国高速增长的经济、大量的外出务工人口和中国农村地区数以千万计的留守儿童,本章对公共政策的设计有着重要意义。如果家庭收入水平较低是贫困代际传递和健康状况恶化的主要原因,那么"新农保"的现金转移支付将不仅能改善农村地区老年人自身的健康状况,还将减少其子代、孙辈甚至是往后几代家庭成员与同龄人之间的收入和健康不平等状况。其次,为避免自我或父母报告的健康状况可能存在的偏差，以及减少社会经济地位的影响（Johnston et al.，2009；Mu，2014），本章采用世界卫生组织提供的人体测量指数，包括年龄别身高 Z 分值（height-for-age-z-score，HAZ）和年龄别体重 Z 分值（weight-for-age-z-score，WAZ），用于评估儿童健康状况的短期和长期变化。再次，本章评估"新农保"与儿童健康之间关系的异质性和作用机制。具体而言，本章考察了"新农保"对儿童健康的影响关于儿童性别、年龄和留守状态的异质性，同时采用条件分位数回归研究该影响关于儿童健康水平的异质性。同时，本章还探究了"新农保"影响农村儿童健康状况的三种可能渠道，包括高蛋白食物摄入、照料者的儿童健康意识，以及家庭卫生条件等。此外，本章还探讨了"新农保"对儿童疾病患病率与健康冲击的影响。最后，本章利用家庭固定效应模型、两阶段最小二乘法（2SLS）、双重差分法（DID）和基于倾向得分匹配的双重差分法（PSMDD）来尽可能避免潜在的内生性问题，并验证研究结果的稳健性。

结果表明，"新农保"政策对中国农村儿童的健康状况产生了统计显著的改善，虽然该影响的经济显著性有限。具体而言，如果家中至少有一名成员领取了"新农保"养老金，那么该家庭中的儿童的 HAZ、WAZ 评分将分别提高 0.205 和 0.159 个标准差。有家庭成员领取"新农保"养老金的儿童身高平均高 1.171 厘米，体重平均重 0.892 千克。尽管本章并未发现"新农保"养老金与儿童健康状况的正相关关系随儿童年龄增大而增强，但是发现"新农保"对男孩、6—10 岁儿童、留守儿童，以及身体健康状况较差儿童的健康改善作用更加明显。在影响渠道方面，本章发现"新农保"对儿童健康状况的影响主要通过增加儿童营养摄入实现。

二、数据来源和变量说明

（一）数据来源

本章所用的数据来自 2012 年和 2014 年的 CFPS。CFPS 是由北京大学中国社会科学调查中心（ISSS）实施的全国性调查，调查覆盖了中国 31

省(区、市)中的 25 个,能够代表 95％的全国人口,具有广泛的代表性(Xie,2012)。CFPS 的基线调查于 2010 年进行,之后于 2012 年、2014 年和 2016 年进行了三轮追踪调查。利用多阶段规模成比例的概率抽样(PPS),2010 年 CFPS 有 14960 户家庭受访。调查通过个人面访获得关于个人、家庭、社区的三个模块数据。其中,成人问卷由 16 岁及以上的个人完成,15 岁及以下儿童的个人问卷由主要监护人进行代答,其中 10—15 岁的儿童还将完成附加的自答问卷。CFPS 数据提供的受访者人体测量数据、社会养老保险状况,以及其他家庭成员的社会经济状况信息,为本章提供了数据支撑。由于 2010 年 CFPS 基线调查问卷未包括"新农保"问题,而且本书研究过程中 2016 年及之后的调查数据未完全公布,所以本章使用了 2012 年和 2014 年两轮数据进行实证分析。

本章利用 CFPS 数据中的家庭关系指标,匹配了 0—15 岁儿童及其祖父母(外祖父母)。在匹配过程中,对样本进行了两方面约束以便后续分析。首先,本章只选取了家中至少有一个 0—15 岁儿童的家庭。其次,通过不同的儿童健康指标来获取分析样本。HAZ 可以被用于测量 0—18 岁儿童的健康状态,而 WAZ 只能被用于 0—10 岁的儿童。最后,本章采用了 WHO 推荐的年龄截断方法排除了一些潜在的异常值(Mei and Grummer,2007),从而避免测量误差带来的估计偏误。具体而言,本章排除了 HAZ 低于−6 或高于+6 的儿童,也排除了 WAZ 低于−6 或高于+5 的儿童,最终得到 6972 个 0—15 岁儿童用于研究"新农保"与儿童 HAZ 的关系,以及 5409 个 0—10 岁儿童用于探究"新农保"与儿童 WAZ 的关系。

(二)因变量:儿童健康

本章的因变量是儿童健康,由两个连续变量进行衡量,即 HAZ 和 WAZ。这两个指标是被广泛认可的儿童健康测量指标,被相关研究广泛采用(Mansuri,2006;Goode et al.,2014)。HAZ 和 WAZ 在不同的性别、年龄之间是可比的,其中 HAZ 是一个比较精确的短期和长期健康指标,WAZ 则对于短期健康冲击更为敏感。尽管 CFPS 数据中也有其他人体测量指标,比如身体质量指数(BMI),但这些指标并未被本章采用,因为这些指标只能被用于有限的年龄，而且在健康测量方面有更高的偏误（Lei et al. , 2017）。本章使用的儿童健康指标 HAZ 和 WAZ 的计算公式如下：

$$Z_i = \frac{y_{ij} - \bar{y}_j}{\sigma_j} \tag{6-1}$$

其中，y_{ij} 是第 i 个儿童的身高（单位为厘米）或体重（单位为千克），j 表示儿童所处的年龄和性别群体，年龄以月为单位计算，可以通过数据中儿童的出生日期计算得到。$\bar{y}_j$、σ_j 是身高（单位为厘米）或体重（单位为千克）的均值和标准差，以来自美国相同年龄和性别的儿童群体为参照组。

（三）自变量："新农保"及相关影响因素

本章的关键自变量是家庭成员"新农保"养老金领取情况。因为本章样本中的大部分农村老年人只领取基础养老金，因而本章运用两种指标来测量"新农保"养老金状况：一是儿童所在家庭成员有否领取"新农保"养老金（1＝是，0＝否）；二是领取"新农保"养老金的家庭成员数（马光荣和周广肃，2014）。理论上，领取"新农保"养老金的家庭成员越多，家庭收入提高越多。因此，第二个变量更多测量了家庭收入增长的"剂量"（dose）效应或边际效应。家庭收入的增加理论上会直接或间接地改善儿童的健康状况。一方面，收到养老金后，老年人有可能直接花更多的时间和资源在他们的孙辈上，特别是那些家中青壮年劳动力外出务工的留守家庭；另一方面，养老金也可能挤出成年子女对老年人的经济支持，从而使得儿童的父母有更多的资源、时间和精力提供儿童照料。

已有研究显示，有多种因素将影响儿童健康以及家庭关于"新农保"政策的参与决策。据此，本章在儿童、家庭和父母层面的特征分别选取了控制变量。儿童特征控制变量包括性别（1＝男，0＝女）和年龄。家庭特征变量包括兄弟姐妹的数量、老年人数量，以及家庭人均年收入的自然对数。父母特征变量包括父母的年龄、身高、体重、受教育年限，以及是否父母至少一方外出务工半年以上（1＝是，0＝否）。为了处理数据缺失的问题：对于那些父母都健在的儿童，本章使用了父母年龄、教育、身高和体重的均值；对于处于单亲家庭的儿童，仅用了单方父母的数据。由于很多儿童双方父母的身高、体重数据有缺失,因而本章生成了两个关于缺失值的虚拟变量,分别是"父母身高缺失(1=是)"和"父母体重缺失(1=是)",以此保留了最大的样本量,进而有助于得到更加无偏有效的估计结果。

(四)描述性统计

表 6-1 展示了本章全样本和不同年份的变量描述性统计结果。从儿童健康指标来看,中国农村儿童的身高总体比相同性别和年龄(以月计算)的美国参照组儿童低 1.06 个标准差(HAZ=−1.06),体重轻 0.28 个标准差(WAZ=−0.28)。从时间差异来看,2014 年儿童的 HAZ 和 WAZ 均值比 2012 年更高。从"新农保"指标来看,20%的儿童家庭中至少有一人领取"新农保"养老金,家庭平均参保人数是 0.26 人。与 2012 年相比,2014 年有更多的老人收到了养老金。样本儿童平均年龄为 7.79 岁,53%是男孩,每个儿童平均有 0.90 个兄弟姐妹和 0.52 个老年家庭成员。此外,样本儿童父母的平均年龄和受教育年限为 34.95 岁、6.63 年,41%的农村儿童是"留守儿童",即父母至少一方到外出务工超过 6 个月。

三、实证结果与分析

(一)"新农保"与农村儿童健康

本章采用线性回归模型检验"新农保"和儿童健康之间的关系,基准线性回归的儿童健康生产函数设定如下:

$$H_i = \alpha + \beta \text{NRPS}_i + \gamma X_i + \varepsilon_i \tag{6-2}$$

其中:H 是指因变量(儿童健康);NRPS 是指关键自变量(有否领取"新农保"养老金的家庭成员和领取"新农保"养老金的家庭成员数);β 表示的是"新农保"与儿童健康之间的关系;X_i 表示一系列控制变量,包括儿童及其父母、家庭的一些特征;ε_i 是一个不可观测的扰动项。

表 6-2 报告了"新农保"和不同儿童健康指标之间的关系,所有模型中

表 6-2 "新农保"与农村儿童健康基准回归结果

项目	因变量:HAZ、WAZ				因变量:身高、体重			
	(1) HAZ	(2) WAZ	(3) HAZ	(4) WAZ	(5) 身高	(6) 体重	(7) 身高	(8) 体重
"新农保"(1=是)	0.205*** (0.076)	0.159** (0.065)			1.171*** (0.422)	0.892** (0.398)		
养老金领取人数			0.116** (0.054)	0.121*** (0.047)			0.676** (0.305)	0.712** (0.283)
性别(1=男)	0.054 (0.048)	0.124*** (0.040)	0.055 (0.048)	0.125*** (0.040)	1.423*** (0.258)	1.804*** (0.233)	1.427*** (0.258)	1.808*** (0.233)
年龄	0.046*** (0.007)	-0.051*** (0.009)	0.046*** (0.007)	-0.051*** (0.009)	6.164*** (0.039)	4.312*** (0.053)	6.163*** (0.039)	4.312*** (0.053)
兄弟姐妹数	-0.183*** (0.029)	-0.077*** (0.024)	-0.182*** (0.029)	-0.077*** (0.024)	-0.702*** (0.154)	-0.381*** (0.133)	-0.696*** (0.154)	-0.381*** (0.132)
老年人数	-0.095** (0.040)	-0.091*** (0.034)	-0.086** (0.041)	-0.096*** (0.036)	-0.331 (0.222)	-0.536*** (0.204)	-0.285 (0.230)	-0.586*** (0.209)
家庭人均收入(对数)	0.012 (0.021)	-0.003 (0.019)	0.012 (0.021)	-0.003 (0.019)	0.144 (0.114)	-0.047 (0.117)	0.143 (0.114)	-0.046 (0.117)
父母平均年龄	0.003 (0.005)	-0.001 (0.004)	0.003 (0.005)	-0.001 (0.004)	0.072*** (0.027)	0.036 (0.025)	0.072*** (0.027)	0.036 (0.025)

续表

项目	因变量：HAZ,WAZ				因变量：身高,体重			
	(1) HAZ	(2) WAZ	(3) HAZ	(4) WAZ	(5) 身高	(6) 体重	(7) 身高	(8) 体重
父母平均受教育年限	0.059***	0.016**	0.059***	0.016**	0.262***	0.031	0.261***	0.030
	(0.008)	(0.007)	(0.008)	(0.007)	(0.045)	(0.041)	(0.045)	(0.041)
父母平均身高	0.029***	0.010**	0.029***	0.010**	0.197***	0.024	0.198***	0.024
	(0.005)	(0.005)	(0.005)	(0.005)	(0.031)	(0.029)	(0.031)	(0.029)
父母平均体重	0.010***	0.025***	0.010***	0.025***	0.079***	0.160***	0.079***	0.161***
	(0.004)	(0.003)	(0.004)	(0.003)	(0.020)	(0.019)	(0.020)	(0.019)
父母外出 (1=是)	-0.008	-0.141***	-0.008	-0.143***	-0.595**	-0.819***	-0.596**	-0.828***
	(0.049)	(0.044)	(0.049)	(0.044)	(0.273)	(0.253)	(0.273)	(0.253)
父母身高缺失 (1=是)	3.753***	2.182***	3.755***	2.167***	24.653***	7.226	24.677***	7.146
	(1.028)	(0.786)	(1.031)	(0.786)	(5.928)	(4.722)	(5.945)	(4.722)
父母体重缺失 (1=是)	1.296**	0.699**	1.309**	0.711**	11.283***	5.187***	11.352***	5.249***
	(0.605)	(0.295)	(0.610)	(0.295)	(3.586)	(1.615)	(3.609)	(1.617)
省份哑变量	是	是	是	是	是	是	是	是
年份哑变量	是	是	是	是	是	是	是	是
样本量	6972	5409	6972	5409	6972	5409	6972	5409
R^2	0.106	0.135	0.106	0.135	0.869	0.690	0.869	0.690

注：* 表示 $p<0.1$，** 表示 $p<0.05$，*** 表示 $p<0.01$；括号内为 Huber-White 稳健标准误。

都加入了省份和年份虚拟变量，括号中报告的是 Huber-White 稳健标准误。其中，第(1)列到第(4)列的估计结果均显示"新农保"和儿童健康之间存在显著的正向相关性。具体而言，家庭中若有领取"新农保"养老金的成员，则家中儿童的身高平均提高 0.205 个标准差，体重增加 0.159 个标准差。家中领取"新农保"养老金的成员越多，则儿童的健康状况越好，不过领取"新农保"养老金成员的数量增加对儿童健康的边际效果是递减的。根据已有文献，中国"新农保"对儿童健康产生的边际效果与哥伦比亚、厄瓜多尔和南非的现金转移支付项目的边际效果很相似。就控制变量而言："新农保"对女孩健康的影响比对男孩更大一些；家庭中有更多的兄弟姐妹和老年人与儿童健康负相关；父母的受教育年限、身高、体重与儿童的 HAZ 和 WAZ 正相关，而父母外出务工对儿童健康会产生负面影响。在第(5)列到第(8)列中，本章采用儿童的身高（单位为厘米）和体重（单位为千克）作为因变量以更好地理解"新农保"对农村儿童健康的影响。估计结果表明，相比于未领取"新农保"养老金家庭的儿童，有家庭成员领取"新农保"养老金的儿童身高平均要高 1.171 厘米，体重平均要重 0.892 千克。类似地，随着家庭中领取养老金的人数增加，"新农保"对儿童健康的影响边际递减。

（二）"新农保"与农村儿童健康关系的异质性

对"新农保"与儿童健康之间关系的群体异质性研究有助于更加深入地理解"新农保"政策的效果。本章根据儿童性别（男孩和女孩）、父母是否外出务工（父亲或母亲是否已到城市务工超过半年）和儿童年龄（0—5 岁、6—10 岁和 11—15 岁）进行分组回归。为简明起见，本章在以下子样本分析中仅使用二元变量（家中有否成员领取"新农保"养老金）测量"新农保"政策。分组回归估计结果如表 6-3 所示。结果表明，"新农保"对男孩健康指标的影响大于女孩。一个可能的原因是中国传统文化中有男孩偏好，特别是农村地区的老年人深受这种文化的影响。在此情况下，养老金领取者可能更愿意在孙子而非孙女身上投入更多的时间和金钱。在父母外出务工方面，"新农保"对留守儿童的影响更大，且更具统计意义，这表明留守儿童比非留守儿童更能从老年人的社会养老金收入中获益。这可能是因为

表 6-3 "新农保"与农村儿童健康的群组差异

因变量	项目	性别		留守状态		年龄		
		男童	女童	留守	非留守	0—5 岁	6—10 岁	11—15 岁
HAZ	"新农保"(1=是)	0.268**	0.146	0.493***	−0.009	0.215	0.324***	0.073
		(0.108)	(0.109)	(0.109)	(0.107)	(0.164)	(0.125)	(0.106)
	控制变量	是	是	是	是	是	是	是
	省份哑变量	是	是	是	是	是	是	是
	年份哑变量	是	是	是	是	是	是	是
	样本量	3686	3286	2840	4132	2436	2289	2247
	R^2	0.107	0.118	0.106	0.114	0.060	0.145	0.205
WAZ	"新农保"(1=是)	0.229**	0.052	0.175**	0.173*	0.123	0.190**	
		(0.093)	(0.089)	(0.085)	(0.099)	(0.088)	(0.095)	
	控制变量	是	是	是	是	是	是	
	省份哑变量	是	是	是	是	是	是	
	年份哑变量	是	是	是	是	是	是	
	样本量	2866	2543	2085	3324	3240	2168	
	R^2	0.141	0.149	0.168	0.134	0.103	0.187	

注：* 表示 $p<0.1$，** 表示 $p<0.05$，*** 表示 $p<0.01$；括号内为 Huber-White 稳健标准误。

留守儿童所在家庭社会经济水平较低，儿童的生活照料和健康状况较差，因而留守儿童健康状况对家庭收入的变化更为敏感。就儿童年龄差异而言，与其他年龄组相比，"新农保"对 6—10 岁儿童健康状况的影响相对更大，表明"新农保"政策对于改善小学阶段儿童的健康状况效果相对更加明显。

鉴于 HAZ 和 WAZ 是连续变量，本章进一步采用了无条件分位数回归来探究"新农保"对不同健康水平的儿童健康的影响。表 6-4 显示了以 HAZ 和 WAZ 为因变量的 OLS 回归以及从第 10 分位数到第 90 分位数的分位数回归结果。结果表明，"新农保"变量系数和统计显著性随着 HAZ 分位数增大而逐渐降低，说明"新农保"更能改善健康水平较低的儿童健康状况。此外，对 WAZ 水平最低的农村儿童，"新农保"的影响效应最大。但同时也可以发现，高分位数 WAZ（例如第 75 分位点）的儿童对"新农保"的敏感性高于中等水平 WAZ 的儿童，这表明短期内"新农保"可能增加体重较重儿童超重的风险。

表 6-4　分位数回归估计结果

因变量	项目	OLS	Q10	Q25	Q50	Q75	Q90
HAZ	"新农保"(1=是)	0.205***	0.382**	0.242**	0.132	0.157*	0.098
		(0.076)	(0.150)	(0.111)	(0.084)	(0.086)	(0.127)
	控制变量	是	是	是	是	是	是
	省份哑变量	是	是	是	是	是	是
	年份哑变量	是	是	是	是	是	是
	样本量	6972	6972	6972	6972	6972	6972
	R^2/Pseudo R^2	0.107	0.106	0.106	0.080	0.061	0.069
WAZ	"新农保"(1=是)	0.159**	0.276*	0.117	0.034	0.198**	0.156
		(0.065)	(0.167)	(0.092)	(0.077)	(0.085)	(0.176)
	控制变量	是	是	是	是	是	是
	省份哑变量	是	是	是	是	是	是
	年份哑变量	是	是	是	是	是	是
	样本量	5409	5409	5409	5409	5409	5409
	R^2/Pseudo R^2	0.135	0.070	0.093	0.075	0.065	0.063

注：* 表示 $p<0.1$，** 表示 $p<0.05$，*** 表示 $p<0.01$；括号内为 Huber-White 稳健标准误。

(三)"新农保"影响农村儿童健康的可能渠道

前述研究表明，"新农保"养老金与儿童健康有显著的正相关关系。但这种关系是如何产生的呢？部分将逐步识别其中的影响机制：第一步，实证检验"新农保"对潜在的中介因素进行回归，理论上这些中介因素可能受到"新农保"影响，且能够进一步影响儿童健康；第二步，选取第一步中受"新农保"显著影响的中介因素和"新农保"同时作为自变量进行回归。如果第二步中的中介因素与儿童健康结果显著相关，并且"新农保"变量的估计系数有所减小，则认为这些因素对"新农保"与儿童健康关系有中介效应。

已有研究表明，现金转移支付项目可以通过以下渠道使儿童健康受益。第一，随着家庭收入增加，家庭食物安全水平和膳食质量将会提高，这有利于儿童的营养摄入。例如，来自南非的证据显示，在养老金领取者对开放式问题"如果有养老金，你的生活会以什么方式变得更好"的回答中，食物支出占家庭支出的比重显著最大(Case,2004)。发现哥伦比亚参加现金转移支付项目的儿童比对照组儿童的动物源食物消费频率更高(Attanasio and Mesnard,2010)。在墨西哥的农村地区，现金转移支付项目使受益儿童摄入更多的铁、锌、维生素 A 等。第二，现金转移支付通过改善家庭经济状况，减轻贫困带给照料者的压力，从而提升照料者对儿童的养育质量。具体而言，照料者可能具有更好的儿童健康意识和更强的经济能力，从而为儿童提供医疗健康服务(Leroy et al.,2009)。例如，来自富裕家庭的中国儿童获得医疗保险和预防性保健服务的可能性更大(Goode et al.,2014)。第三，现金转移支付通过改善家庭卫生条件影响儿童健康。家庭收入的增加可用于升级家庭卫生设施(如饮用水、冲水厕所等)，进而可能对儿童健康产生积极影响。例如，在南非，有领取养老金老人的家庭饮用水与使用抽水厕所的比例相对较高(Case,2004)。

基于此，本章探究"新农保"影响农村儿童健康的三条可能途径包括：儿童的高蛋白食物消费、照料者关于儿童的健康意识和家庭卫生条件。第一，从 CFPS 问卷中获取了六个关于高蛋白食物消费的二元变量，即在采访前的最近一周，孩子是否吃了肉、鱼、蛋、乳制品和豆制品以及任何其他高蛋白食物。由于 CFPS 数据集中仅 10—15 岁的儿童报告了自己的食物消费情况,为获得 0—10 岁儿童的食物消费状况,本章使用其主要照料者的食物消费来作为这部分儿童食物消费的代理变量。这种做法的合理性在于,大多数情况下,儿童与同一家庭的照料者消费相同的食物。第二,使用三个虚拟变量测量照料者关于儿童的健康意识:"孩子是否会在生病时直接送往医院(寻求医疗行为)"、"孩子是否有社会医疗保险",以及"孩子是否有商业医疗保险"。第三,家庭卫生条件也由三个虚拟变量表示:"家庭是否使用自来水烹饪"、"家庭是否使用清洁燃料做饭(天然气或电)",以及"家中是否使用抽水马桶"。根据以上指标的变量类型,采用二元 Probit 模型进行探究,并将估计系数转换为边际效应进行结果解释。

表 6-5 中呈现了"新农保"与儿童高蛋白食物消费、照料者的儿童健康意识和家庭卫生条件之间关系的结果。可以看到,"新农保"与肉类、蛋类、乳制品和豆制品的消费以及儿童的总体高蛋白食物消费概率显著正向相关,这说明"新农保"对儿童营养摄入有积极作用。平均而言,有养老金领取者家庭中的儿童在一周内消费高蛋白食物的可能性比没有养老金领取者家庭中的儿童大 6.3%。在照料者的儿童健康意识和家庭卫生条件方面,本章仅发现"新农保"与儿童社会医疗保险之间的显著正相关关系。由于家庭卫生设施的改善可能需要相对较多支出,而规模有限的"新农保"养老金可能无法在这方面发挥显著效果,因此"新农保"对儿童家庭卫生条件的影响并不显著。

表 6-5 "新农保"对农村儿童健康的影响渠道

项目	儿童高蛋白食物摄入					
	肉类	鱼类	蛋类	奶类	豆类	高蛋白食物
"新农保"(1=是)	0.040***	0.006	0.027*	0.041**	0.058***	0.063***
	(0.013)	(0.016)	(0.016)	(0.018)	(0.018)	(0.017)
控制变量	是	是	是	是	是	是
省份哑变量	是	是	是	是	是	是
年份哑变量	是	是	是	是	是	是
样本量	6969	6971	6969	6969	6971	6969
Pseudo R^2	0.169	0.246	0.062	0.074	0.076	0.138

续表

项目	照料者对儿童的健康意识与家庭卫生条件					
	医疗行为	社会医疗保险	商业医疗保险	做饭用水	做饭燃料	室内冲水厕所
"新农保"(1=是)	−0.026	0.047***	0.011	0.007	0.026	0.006
	(0.017)	(0.018)	(0.012)	(0.018)	(0.017)	(0.011)
控制变量	是	是	是	是	是	是
省份哑变量	是	是	是	是	是	是
年份哑变量	是	是	是	是	是	是
样本量	6971	6893	6884	6895	6928	6863
Pseudo R^2	0.068	0.077	0.057	0.082	0.162	0.446

注:* 表示 $p<0.1$,** 表示 $p<0.05$,*** 表示 $p<0.01$;括号内为 Huber-White 稳健标准误。

在确定"新农保"对儿童营养摄入和社会医疗保险的正向显著影响后,本章进一步扩展基准回归模型,在第一步回归中纳入显著的中介因素(见表 6-6)。估计结果显示,虽然"新农保"变量系数与儿童 HAZ 和 WAZ 始终显著正相关,但"新农保"变量的系数随着高蛋白食物消费变量的加入而减小。与此同时,高蛋白食物对农村儿童健康指标有显著的正向影响,这表明高蛋白食物消费是"新农保"影响儿童健康的渠道之一。另外,儿童社会医疗保险与儿童健康指标无显著关系,这表明社会医疗保险的健康效应相对较小。总体而言,本章的分析表明,高蛋白食物消费是"新农保"影响中国农村儿童健康的主要渠道。

(四)"新农保"对农村儿童疾病患病率和健康冲击的影响

既往研究表明,家庭收入较低的儿童更容易遭受健康冲击,并且在生病后更容易遭受创伤(Currie and Stabile,2003;Suris et al.,2004),而现金转移支付项目可能有助于降低儿童疾病的患病率,并减小健康冲击对儿童健康的不利影响。参考已有研究(Apouey and Geoffard,2013;Goode et al.,2014),本章通过 Probit 回归和 OLS 线性回归检验"新农保"对农村儿童疾病患病概率("过去一个月孩子有否生病"、"过去一个月孩子有否因病住院")和健康冲击的影响。表 6-7 给出了"新农保"对儿童疾病患病率和健

表6-6 扩展后的"新农保"与农村儿童健康回归结果

项目	HAZ				WAZ			
	(1)	(2)	(3)	(4)	(5)	(6)	(7)	(8)
"新农保"(1=是)	0.205***	0.188**	0.210***	0.192**	0.159**	0.146**	0.157**	0.143**
	(0.076)	(0.077)	(0.077)	(0.077)	(0.065)	(0.064)	(0.065)	(0.065)
高蛋白食物		0.264***		0.271***		0.214***		0.221***
		(0.053)		(0.053)		(0.046)		(0.046)
社会医疗保险			−0.055	−0.067			0.001	−0.007
			(0.050)	(0.050)			(0.043)	(0.043)
控制变量	是	是	是	是	是	是	是	是
省份哑变量	是	是	是	是	是	是	是	是
年份哑变量	是	是	是	是	是	是	是	是
样本量	6972	6896	6972	6896	5409	5358	5409	5358
Pseudo R^2	0.106	0.109	0.106	0.109	0.135	0.139	0.136	0.140

注:** 表示 $p<0.05$,*** 表示 $p<0.01$;括号内为 Huber-White 稳健标准误。

康冲击影响的估计结果。结果显示，第（1）列和第（2）列的"新农保"变量系数不显著，这意味着"新农保"并不能降低儿童的患病率。第（3）列和第（4）列中"新农保"与儿童生病的交互项并不显著，尽管这些系数值是正的。关于儿童住院与"新农保"的交互项，第（5）列和第（6）列的结果相似，表明"新农保"也不能减小疾病或健康冲击对儿童健康的负面影响。产生以上结果的主要原因可能是"新农保"养老金的金额仍然处于较低水平。

表 6-7 "新农保"对农村儿童疾病发生率及健康冲击的缓解作用

项目	疾病发生率			健康冲击		
	（1）	（2）	（3）	（4）	（5）	（6）
	生病	住院	HAZ	WAZ	HAZ	WAZ
"新农保"（1＝是）	0.004	−0.009	0.194**	0.139*	0.168**	0.142*
	(0.017)	(0.016)	(0.085)	(0.076)	(0.082)	(0.073)
生病（1＝是）			0.075	−0.092*		
			(0.061)	(0.047)		
生病×"新农保"			0.045	0.053		
			(0.132)	(0.109)		
住院（1＝是）					0.094	−0.068
					(0.065)	(0.049)
住院×"新农保"					0.170	0.063
					(0.143)	(0.115)
控制变量	是	是	是	是	是	是
省份哑变量	是	是	是	是	是	是
年份哑变量	是	是	是	是	是	是
样本量	6960	6959	6961	5400	6961	5400
Pseudo R^2	0.058	0.060	0.107	0.136	0.136	0.107

注：* 表示 $p < 0.1$，** 表示 $p < 0.05$；括号内为 Huber-White 稳健标准误。

四、稳健性检验

尽管本章在回归模型中尽可能控制了可能与儿童健康相关的变量，但仍需要考虑潜在的内生性问题。第一，家庭结构和家庭资源可能同时影响"新农保"与儿童健康。一是有老人的家庭获得"新农保"养老金的可能性较大，但老人对照料儿童的知识储备较少；二是资源丰富的家庭也更有可能有成员参与"新农保"并培养更健康的孩子。第二，虽然"新农保"政策在成为全国性养老保险政策之前尚未明确实施的试点地区选择标准,但经济和社会条件较好的地区可能会提前启动该政策。与此同时,生活在经济条件较好的地区的儿童更有可能获得更健康的生活环境。此外,2012—2014年在中国农村实施的其他一些公共政策项目可能与"新农保"政策相关并影响儿童的健康状况。

为了解决这些问题,本章使用了多种方法来检验研究结果的稳健性:将样本限制在有老人的家庭来处理家庭结构异质性问题,同时采用家庭固定效应模型控制家庭和县级层面不随时间年变化的不可观测因素。此外,为更好地避免不可观测的异质性问题,本章生成了 2012 年和 2014 年的平衡面板数据,并运用家庭和年份双向固定效应模型进行估计。上述稳健性检验的估计结果见表 6-8。可以发现,受限样本模型和固定效应模型中"新农保"的系数均为正且统计显著,表明"新农保"与儿童健康指标显著正向相关,这与基准回归结果一致。

表 6-8 稳健性检验的估计结果

项目	老年人家庭		固定效应(全样本)		固定效应(平衡面板)	
	HAZ	WAZ	HAZ	WAZ	HAZ	WAZ
"新农保"(1=是)	0.234***	0.112†	0.210*	0.205*	0.243*	0.235**
	(0.083)	(0.073)	(0.123)	(0.105)	(0.139)	(0.109)
控制变量	是	是	是	是	是	是
省份哑变量	是	是	是	是	是	是
年份哑变量	是	是	是	是	是	是
样本量	2499	1868	6972	5409	3964	3072
R^2	0.104	0.164	0.027	0.007	0.035	0.008

注:† 表示 $p<0.15$,* 表示 $p<0.1$,** 表示 $p<0.05$,*** 表示 $p<0.01$;括号内为 Huber-White 稳健标准误。

不过,家庭固定效应模型可能仍然无法消除家庭和县层面的瞬时冲击,如父母失业和离异、县级其他公共项目的实施等。因此,本章进一步采用双重差分法(DID)、基于倾向得分匹配的双重差分法(PSMDD)和含工具变量(IV)的两阶段最小二乘法(2SLS)来解决潜在的内生性问题。

具体而言，本章中 DID 通过比较处理组和控制组的结果变量随时间的平均变化，来估计"新农保"对农村儿童健康的影响，这有助于消除两组群体在一段时期内具有共同趋势时未被观测到的异质性。为了满足 DID 的前提条件，本章进一步采用了 PSMDD，运用倾向得分匹配法（PSM）在基线调查中生成相似的处理组和控制组，而后通过 DID 回归更准确地捕捉"新农保"政策的效果。DID 的估计公式如下：

$$Z = \gamma_0 + \gamma_1 t + \gamma_2 T_i + \gamma_3 (t \times T_i) + X_i \gamma + \lambda + \varepsilon_i \tag{6-3}$$

其中，t 代表领取"新农保"养老金之前和之后的时期。由于"新农保"政策于 2009 年实施，因此本章剔除了 2012 年家中已有老年人领取养老金的儿童样本并建立了 2012—2014 年的平衡面板数据。因而 $t=0$ 表示 2012 年，而 $t=1$ 表示 2014 年。T_i 代表家庭中有否老年人在 2014 年领取"新农保"养老金，分别赋值为 1 和 0。X_i 表示一系列控制变量，λ 表示儿童层面的固定效应。系数 γ_3 捕捉的是在 DID 下"新农保"对儿童健康的影响。在 PSMDD 策略中，本章将 2012 年的处理组和控制组运用最近邻匹配法（无放回）进行匹配，剔除了不在共同支撑区域内的样本后，再次建立平衡面板数据进行 DID 分析。

此外，本章还运用了工具变量法来处理可能的内生性问题。本章所用的工具变量是同一社区其他家庭（有"新农保"养老金领取者）所占比例与这个家庭中是否有符合年龄条件的成员（有资格的家庭）的交乘项。本章生成并使用这个工具变量的主要原因在于：领取"新农保"养老金至少需要满足两个条件。第一，儿童所在社区需要已经实施"新农保"政策。第二，领取养老金的人员的年龄必须在 60 岁及以上。一方面，社区领取"新农保"养老金的家庭占比越高，说明这个政策在这个社区实施的时间越长，因而可能与老年人的参保率有正向关联。同时，其他家庭中领取养老金的人员数量越多，可能会产生示范效应，引致更多的老年人成为"新农保"政策的参与者。另一方面，家庭中存在符合年龄条件的家庭成员与这个家中有养老金领取者的概率也相关，而"新农保"的参保资格不太可能直接与儿童健康相关。

表 6-9 给出了 DID、PSMDD 和 2SLS 的估计结果。结果显示，在 DID

的估计结果中,交乘项的系数正向显著。图 6-1 显示,在倾向得分匹配之后,处理组和控制组的核密度实现了较好的均衡,同时 PSMDD 的结果也支持"新农保"养老金对于儿童健康的正向影响。2SLS 回归估计结果也显示,"新农保"可显著促进儿童健康。以上结果仍然与本章基准回归中的 OLS 估计结果一致,再次表明了"新农保"养老金对中国农村儿童健康的积极影响。

表 6-9 DID、PSMDD 和 2SLS 估计结果

项目	DID		PSMDD		2SLS	
	HAZ	WAZ	HAZ	WAZ	HAZ	WAZ
$t \times T$	0.233†	0.231**	0.237†	0.254*		
	(0.157)	(0.111)	(0.162)	(0.142)		
"新农保"(1＝是)					0.171†	0.180*
					(0.122)	(0.107)
控制变量	是	是	是	是	是	是
省份哑变量	是	是	是	是	是	是
年份哑变量	是	是	是	是	是	是
样本量	3374	2646	3300	2568	6972	5409
R^2	0.052	0.016	0.044	0.013	0.106	0.135

注:† 表示 $p<0.15$,* 表示 $p<0.1$,** 表示 $p<0.05$;括号内为 Huber-White 稳健标准误。进行倾向得分匹配时采用了最近邻匹配,匹配变量为影响老年人参保的因素,包括家庭老年人数量、老年人平均年龄、老年人平均受教育年限、家庭人均收入对数、家庭儿童数量、老年人是否与子女同住等。

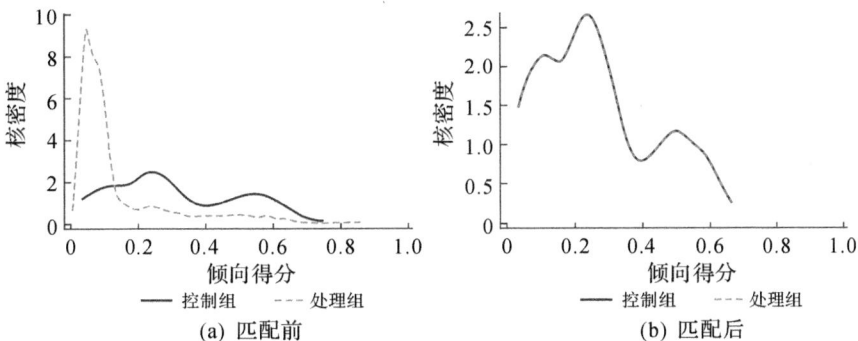

图 6-1 匹配前后处理组与控制组的核密度分布

五、本章小结

本章利用 CFPS 数据,研究了"新农保"政策对农村儿童健康的影响:不仅考察了"新农保"与农村儿童 HAZ 和 WAZ 之间的关系,还分析了影响的异质性和可能的影响途径,并讨论和检验了可能的内生性问题。研究结果表明,"新农保"养老金有助于改善农村儿童健康状况。与此同时,"新农保"对儿童健康的影响存在异质性,相比于女性、非留守和其他年龄段的儿童,"新农保"对男性、留守和 6—10 岁的儿童健康影响更大。分位数回归结果显示,"新农保"养老金对健康状况不佳的农村儿童的正面作用更大。关于"新农保"对农村儿童健康的影响机制,本章检验了包括高蛋白食物消费、照料者的儿童健康意识和家庭卫生条件等可能渠道,并发现高蛋白食物摄入的增加起着最大的作用。这表明,农村家庭中的老年人领取"新农保"养老金影响儿童健康主要通过增加儿童营养摄入来实现。本章还检验了"新农保"对儿童患病率和严重程度的影响,但并未发现显著关系,这可能是因为"新农保"养老金的金额有限。考虑到可能的内生性问题,本章还采用固定效应模型和工具变量估计法、DID 以及 PSMDD 来检查结果的稳健性,发现估计结果与 OLS 回归一致。

本章所得结论对"新农保"政策、农村儿童健康以及农村老年人福利的增进有一定的启示意义。首先,在评估"新农保"政策的效果时,大多数已有研究仅关注了该政策对农村老年人福利的影响,但没有关注"新农保"对其他家庭成员福利的溢出效应。因此,既有研究对"新农保"政策影响的评估并不全面,在一定程度上可能低估了该政策的效果。同时,在相关公共政策的影响评估中也需要考虑家庭和代际的溢出效应。近期已有一些研究从代际的角度发现了"新农保"政策的溢出效应。例如,陈华帅和曾毅(2013)发现老年人领取"新农保"养老金可能对其成年子女的代际经济支持产生挤出效应。本章表明,"新农保"还将影响老年人孙辈的健康状况,这有助于更好地理解"新农保"政策的效果。其次,通过"新农保"对农村儿童,特别是农村留守儿童健康的促进作用可以认识到,在中国的中西部农村,仍有很多家庭的经济状况并不乐观,有必要增加养老金以及相关转移支付提升这些家庭及个体的生活水平。最后,"新农保"政策影响存在溢出效应也意味着,农村老年人的福利增进的作用途径可能还包括孙子女健康状况改进的间接效应。因此,在进行公共转移支付时,应综合考虑家庭中各成员的损益情况,如此更能促进家庭资源优化配置,改善家庭整体福利状况。

第七章
"新农保"的溢出效应:农村儿童教育

　　教育水平和教育表现是儿童人力资本的重要组成部分,因此在考察"新农保"的代际溢出效应时也应对儿童教育予以重视。本章运用CFPS数据,实证检验了"新农保"对农村儿童教育的影响,并进一步考察了该影响关于儿童性别、年龄、留守状态、家庭经济状况等方面的异质性,以及探讨了"新农保"养老金影响儿童教育的可能渠道。本章研究结果可为政策设计者完善农村公共转移支付项目以及实施目标性的儿童照料政策提供启示,以此更好地促进农村儿童人力资本积累。本章的内容主要包含以下四个部分:①引出本章研究的问题;②进行相关文献回顾;③进行数据和变量的介绍说明与描述统计;④进行实证结果分析;⑤对本章结论与政策启示进行小结。

一、引　言

　　近年来,越来越多研究关注到了家庭收入对儿童教育影响的重要性(Duncan et al.,2011;Dahl and Lochner,2012)。既往文献显示,儿童期是技能塑造的关键期和敏感时期,这会影响个体后续的发展状况,包括经济福祉、身心健康和社会流动性等(Heckman et al.,2013)。如果家庭收入会对儿童的学业成就(如认知能力和学业成绩等)产生积极影响,那么收入不平等的加剧可能使得个体教育和技能水平的差距加大,从而导致贫困和不平等的代际传递(DiPrete and Eirich,2006;Duncan and Murnane,2014)。

因此,直观上,针对贫困家庭的公共转移支付项目是能够增加弱势儿童发展机会,减少贫困和社会不平等的一种可行的政策工具(Fiszbein et al.,2009;Millán et al.,2019)。作为世界上最大的发展中国家,中国经济在近30年来取得了前所未有的发展,收入贫困率显著下降。但是,快速的经济增长并没有使全体人口都受益,特别是在贫困的农村地区(Qi and Wu,2015)。欠发达地区农村贫困家庭的儿童仍然面临着教育机会缺乏和养育水平较低等挑战。中国农村超过一半的小学学龄儿童的教育表现还没有为下一阶段的教育做好准备(Zhou et al.,2015)。最近的一项基于河南和安徽的调查研究显示,农村儿童认知能力发育迟缓率很高,与父母一起生活的儿童发育迟缓率为 35.1%,留守儿童发育迟缓率为 38.5%(Zhao et al.,2019)。因此,研究作为家庭收入来源之一的转移支付与农村儿童教育的关系,对更好地提高儿童人力资本质量,促进国家长期经济发展,以及理解政策干预对增进儿童福利的重要性具有重要意义。

本章为现金转移项目与中国农村儿童教育之间的关系提供了新的证据。具体而言,本章考察了旨在为农村老年人提供养老金的"新农保"政策对农村儿童入学状况和学业成绩的影响。本章选择"新农保"作为家庭收入增加来源主要有两个原因。第一,"新农保"是农村居民,特别是农村老年人的重要现金转移支付。根据中国人力资源和社会保障部提供的数据,目前"新农保"是中国乃至世界上最大的养老金计划,符合条件的 60 岁及以上的农村居民每月将获得无条件的基础养老金,2018 年"新农保"养老金约占 10%的农村人均可支配收入,有助于提高农村老年人的生活质量。第二,虽然"新农保"政策的目标对象是农村老年人,但是该养老金的影响可能会通过家庭内部的资源再分配对其他家庭成员产生溢出效应。研究"新农保"与农村儿童教育的关系,可以进一步加深对"新农保"政策影响的理解,并得到促进儿童人力资本积累的政策启示。

利用 CFPS 数据,本章发现,"新农保"对农村儿童的入学率和字词测试分数有显著影响。同时,该影响对于男性、年龄相对较小、留守、生活在贫困家庭的儿童更大。机制分析表明:祖父母和父母对儿童的照料增加,以及由此带来的儿童健康状况和学习行为的改善,是"新农保"影响农村儿教育成就的可能渠道。本章的边际贡献主要体现在以下两个方面。第一，据笔者所知，本章是国内首项利用全国代表性数据系统探讨"新农保"对农村儿童教育影响的研究，这不仅为"新农保"政策的影响评估提供了补充证据，同时也对我国农村儿童人力资本发展和公共转移支付制度的完善具有政策启示。第二，本章进一步考察了"新农保"对儿童教育的影响关于儿童性别、年龄、父母外出（儿童留守）状态和家庭收入的异质性，并探索了"新农保"养老金与儿童教育成就之间可能的影响机制，以更好地理解"新农保"政策的教育效果，据此得到针对性政策建议来增进弱势儿童的福祉。

二、相关文献回顾

随着转移支付项目在世界范围内的推广，作为家庭收入来源之一的现金转移支付的教育效应越来越受到经济学研究者的关注。目前国际上通常有两种现金转移支付项目，包括以目标群体达到指定要求为前提条件（如预先设定对儿童教育和健康的投资）的有条件现金转移支付（CCT），以及不与受益人的任何行为挂钩的无条件现金转移支付（如社会养老金）。大量证据表明，现金转移支付项目有利于促进儿童的教育表现（Duflo，2003；Dahl and Lochner，2012；Millán et al.，2019）。一项涵盖 35 项相关研究的荟萃分析（meta-analysis）发现，有条件与无条件现金转移支付对儿童的入学和出勤率都有积极影响，其中有条件现金转移支付的影响效应相对更大（Baird et al.，2014）。在影响机制方面，有条件和无条件的现金转移支付都有助于通过提高家庭收入（收入效应）来增加对孩子教育成就的需求，有条件现金转移支付能够进一步通过设定获得转移支付的相关条件，降低儿童上学的机会成本，从而产生相对更明显的教育效应（Fiszbein and Schady，2009）。

以往研究显示，现金转移支付对儿童教育表现的影响主要有三种机制。第一，教育机会和学习环境。现金转移支付的增加有助于放松家庭的预算约束，收入较高的家庭往往更有能力承担孩子在学前教育、正规教育和课后辅导方面的支出（Kilburn et al.，2018）。同时，与贫困家庭的孩子相比,家庭经济条件相对优越的儿童更有可能拥有更好的教育环境,比如更优质的学校和更好的学习同伴(Heckman and Mosso,2014)。第二,家庭成员提供的教育方面的照料行为。既往研究表明,贫困家庭中负责照顾儿童成员(例如父母和祖父母)的身心健康水平一般较低,这可能对该群体高质量养育儿童的意愿和能力产生负面影响。因此,来自弱势家庭的儿童更有可能受到虐待或忽视,从而导致其语言技能和学习注意力下降,心理层面利己和厌学情绪比较突出,而负面的儿童人格特质和行为将对其的教育表现产生负面影响(Akee et al.,2018)。此时,现金转移支付可以减少家庭增收的压力,从而促使儿童照料者将更多的精力投入在孩子的教育和健康发展方面。对于社会养老保险而言,养老金可以改善老年人的经济和健康状况,放松其预算约束从而减少其劳动力供给,这有助于增加老年人对儿童的照料。此外,养老金还可能挤出成年子女对老年人的经济支持和生活照料,进而促使成年父母增加对孩子的生活照料。第三,儿童健康状况与学习行为。有证据表明,贫困与儿童照料不足和儿童身心健康有关,这可能显著影响儿童的教育表现(Currie,2009)。例如,有学者基于中国西部贫困农村地区 25 所小学四年级学生的数据,发现贫血与学生标准化数学成绩呈显著负相关关系。根据研究,家庭环境将通过环境刺激、父母养育行为和早期生活压力影响儿童大脑结构,进而对其学校技能和学业成绩产生影响(Hair et al.,2018)。此外,在控制其他家庭社会经济地位因素的情况下,小学生的学业成绩与心理健康有显著的正相关关系(Spernak et al.,2006)。

但是,由于收入增幅有限或存在替代效应,现金转移支付也可能并不显著影响儿童教育表现。一方面,如果现金转移支付项目所增加的家庭收入并不能显著提高儿童学习的能力、努力程度和环境,儿童的教育表现可能并不会得到较好的改善。另一方面,在一定程度上,公共转移支付可能引致贫困家庭的福利依赖,从而挤出家庭成员的劳动收入(Maluccio et al.,2010)。在这种情况下,现金转移支付也不会显著影响儿童的教育成就。因此,以往相关研究未能就现金转移支付与儿童教育成就之间的关系达成一致结论。部分研究认为,家庭收入对儿童人力资本发展有显著的积极影响,现金转移支付在减少儿童贫困方面发挥着关键作用;另一部分研究表明,几乎没有证据显示无条件现金转移支付项目可以显著改善儿童的教育表现(Duncan et al.,1998;Heckman and Mosso,2014;Caucutt and Lochner,2020)。除了上述收入效应与替代效应的差异外,因果效应识别问题也在一定程度上能够解释相关研究结果的不一致现象。具体而言,家庭收入的内生性问题是研究者试图估计家庭收入与儿童教育成就之间因果关系的主要挑战。主要原因是,现金转移支付或家庭收入与一系列不可观测的家庭环境因素相关,例如父母的技能和偏好,这些因素也可能影响儿童的发展。在这种情况下,家庭收入与子女教育成就的关系可能由一些不可观测的父母和家庭特征造成,而经典的线性回归方法可能无法准确识别真实的影响效应。

考虑到以上实证挑战,近年来许多研究采用实验设计或准实验方法来研究现金转移支付或家庭收入对儿童教育成就的影响。例如,有学者利用美国16项福利和反贫困实验的数据发现,家庭年收入每增加1000美元,学龄前儿童的学业成绩就会平均提高5%～6%(Duncan et al.,2011)。还有研究者利用美国青少年追踪调查(NLSY)数据,并应用工具变量法(IV)估计家庭收入对儿童教育表现的影响(Dahl and Lochner,2012)。具体而言,该研究采用一项减贫政策——劳动所得税抵免(EITC)计划的政策变化作为家庭收入的工具变量,并采用两阶段最小二乘法(2SLS)进行实证分析。结果表明,家庭收入每增加1000美元,短期的儿童阅读和数学的综合测试得分将增加6%的标准差。此外,来自贫困家庭的孩子从该现金转移支付项目中获得了更明显的学业成绩提高。但是,有学者利用挪威的石油发现(外生导致地区的工资增长)作为工具变量考察家庭收入对儿童教育成就的影响,工具变量估计表明,家庭收入和儿童教育成就之间不存在显著的因果关系。就发展中国家而言,基尔伯恩等基于马拉维社会现金转移支付计划(SCTP)的集群随机干预研究数据,检验了该无条件现金转移计划对儿童教育的短期影响,利用双重差分(DID)估计表明,马拉维的 SCTP 项目显著提高了儿童的入学率,降低了儿童辍学率。此外,教育支出的增加是该现金转移支付项目影响儿童教育的主要途径(Kilburn et al.,2017)。尽管有部分研究关注到了中国的家庭经济状况与儿童教育成就的关系,且发现了两者有显著的正相关关系(Fang and Feng,2008;He et al.,2021),不过目前很少有研究系统考察中国的社会养老保险对农村儿童教育成就的溢出效应。基于此,本章旨在探讨"新农保"制度与农村儿童入学率和学业成绩的关系,并进一步分析影响的异质性及潜在机制。

三、研究设计

(一)数据来源

本章使用的数据来自 CFPS。CFPS 是由北京大学社会调查研究中心(ISSS)实施的一项具有全国代表性的追踪调查,调查样本可代表全国 95% 的人口。CFPS 的基线调查于 2010 年启动,随后每两年进行一轮追踪调查。该调查采用多阶段分层规模成比例法(PPS)进行抽样。具体而言,县(第一阶段抽样单位,PSU)、社区或村(第二阶段抽样单位)和户(最终抽样单位)三个层次构成了抽样的三个阶段。CFPS 数据通过三个模块收集,包括个人、家庭和社区模块。在个人模块中,16 岁及以上的受访者独立完成成人调查问卷,16 岁以下儿童的相关信息由其父母或其他监护者报告。此外,10—15 岁的儿童还将完成一份自答问卷。部分年份 CFPS 数据提供了家庭成员"新农保"养老金领取情况和儿童发展相关指标信息,这使本章实证分析"新农保"与儿童教育成就的关系成为可能。具体来看,2010 年基线调查没有包括"新农保"信息,2012 年的调查未涉及儿童认知能力测试信息。与此同时,2016 年和 2018 年 CFPS 数据没有将"新农保"养老金与其他养老金进行区分。因此,本章主要利用 2014 年的 CFPS 数据进行实证分析。为确保主要研究发现的稳健性,本章在稳健性检验部分进一步纳入了 2012 年儿童教育成就(除了认知测试)的相关信息。

为了便于分析,本章进行了两类样本筛选。首先,根据 CFPS 数据中的家庭 ID 和关系标识符对儿童与其他家庭成员进行匹配,并仅保留农村家庭样本。其次,由于 CFPS 调查关于儿童教育的相关变量针对的是 3 岁及以上儿童，因此进一步剔除了3岁以下儿童样本。最后，获得2014年调查3—15岁农村儿童的共3892个样本。

（二）变量测量

1. 因变量：儿童教育

本章使用两类指标来衡量儿童的教育状况，分别是入学情况和学业成绩。一方面，3—15岁的儿童入学情况由其父母评价，该指标以虚拟变量表示，若儿童正在上学或上幼儿园，则赋值为1，否则赋值为0。另一方面，儿童成绩指标来自该调查关于儿童认知技能的标准化测试。具体来说，2014年CFPS采用了字词测试和数学测试来测量10—15岁儿童的认知能力与学习成绩。其中，字词测试有8组难度等级相近的题目，每组34个字，按由易到难的顺序排列。测试系统随机选择一组字词，访员根据被访者的教育程度从不同的起点对他们进行提问，最终将被访者能够正确回答的最多字词数作为其字词测试分数，取值范围为0～34。数学测试的问题被分为4组，每组有24个问题，难度几乎相同。调查采用与字词能力测试相同的程序，测量儿童数学测试分数，取值范围为0～24。为了方便实证结果的解释，本章将字词测试和数学测试分数转化为标准化分数，即均值为0且标准差为1。因此，当以标准化分数为因变量时，线性回归模型的边际效应可以解释为自变量变化导致相应测试分数标准差的变化程度。此外，本章还进一步将父母评价的儿童（6—15岁）上学期学业成绩虚拟变量作为孩子教育表现的替代指标，包括语文成绩（好＝1）和数学成绩（好＝1），以此检验主要研究结果的稳健性。

2. 关键自变量："新农保"

已有研究显示，当前大多数农村老年人领取的是无需缴费获得的基础养老金（Zheng et al.，2020），因此本章使用获得"新农保"养老金作为"新农保"变量的测量标准。具体来说，本章建立了一个虚拟变量来衡量儿童所在的家庭中有否成员领取"新农保"养老金，若至少有一个家庭成员领取了"新农保"养老金，则赋值为1，否则赋值为0。社会养老金可能通过增加老年人的经济资源和闲暇时间直接影响儿童的教育表现，也可能间接通过挤出成年子女的代际向上的经济支持和生活照料,使得儿童父母有更多资源和精力照料儿童。考虑到"新农保"变量可能存在内生性问题,本章借鉴既有研究(Duflo,2003;Cheng et al.,2018),建立两个变量作为运用两阶段最小二乘法(2SLS)的工具变量,包括县级层面的"新农保"参保率(除被访者家庭外)以及被访者家庭成员有否领取"新农保"养老金的资格(是=1),以此在稳健性检验中尽可能地避免潜在的内生性问题。工具变量选取的缘由和相应回归结果将在稳健性检验结果部分报告与讨论。

3.控制变量

本章参照以往有关家庭收入与儿童教育成就关系的文献,在回归模型中加入了儿童、家庭和父母层面的相关因素作为控制变量。具体而言,本章汇总的控制变量包括:儿童性别(男孩=1)、年龄(岁),家庭规模、家庭收入(除"新农保"养老金外的家庭人均年收入,取自然对数),父亲和母亲的年龄(岁)、受教育年限(年),以及迁移状况(是=1)。其中,父亲和母亲的迁移状态根据父母在调查前一年有否外出务工6个月及以上确定。此外,实证分析中还进一步控制了省份虚拟变量来控制地区固定效应。

(三)实证策略

本章的实证分析包括5个部分,分别为描述统计比较、基准回归分析、异质性分析、机制讨论和稳健性检验。本章报告了主要变量的描述性统计,并对于家庭成员是否领取"新农保"养老金进行了均值 t 检验(双尾检验),以此初步分析"新农保"养老金与儿童教育变量之间的关系。与此同时,本章通过回归分析探究"新农保"与儿童教育的关系,及其关于儿童性别、年龄,父母迁移(儿童留守)状态和家庭收入方面的异质性。具体回归模型设定如下:

$$
\begin{aligned}
E_{ij} = {} & \beta_{0j} + \beta_{1j}\text{NRPS}_{ij} + \beta_{2j}\text{gen}_{ij} + \beta_{3j}\text{age}_{ij} + \beta_{4j}\text{fam\_size}_{ij} + \beta_{5j}\text{fam\_inc}_{ij} \\
& + \beta_{6j}\text{fa\_edu}_{ij} + \beta_{7j}\text{mo\_edu}_{ij} + \beta_{8j}\text{fa\_age}_{ij} + \beta_{9j}\text{mo\_age}_{ij} \\
& + \beta_{10j}\text{fa\_mig}_{ij} + \beta_{11j}\text{mo\_mig}_{ij} + \lambda_j\text{prov}_j + \varepsilon_{ij}
\end{aligned} \tag{1}
$$

其中: E_{ij} 表示第 i 个儿童的第 j 个教育指标;NRPS_{ij} 是"新农保"变量,表示儿童所在家庭是否至少有一个成员领取了"新农保"养老金。其他变量是前述提到的模型中的控制变量，包括儿童、家庭和父母层面的特征变量。β_{1j} 捕捉了"新农保"与第 j 个儿童教育指标之间的关系。ε_{ij} 是模型的随机扰动项。鉴于不同类型的因变量，本章根据教育指标的变量类型运用不同的回归模型。具体来说，若因变量为虚拟变量，包括入学状态（是＝1）、父母评价的儿童语文成绩（好＝1）和数学成绩（好＝1），本章使用 Probit 模型进行实证分析。对于儿童字词测试和数学测试分数等连续型因变量，本章采用普通最小二乘法（OLS）考察"新农保"与儿童学业成绩之间的关系。为探索"新农保"与儿童教育之间的潜在影响机制，本章考察了"新农保"与可能影响渠道代理变量的关系，包括儿童教育支出、父母和祖父母的照料，以及儿童健康状况和学习行为等。

此外，本章还进行了一系列稳健性检验，以证实遗漏变量问题、自选择问题、控制变量和样本选取等并不会显著影响主要研究结果。考虑到基准回归中可能存在遗漏重要变量和自选择问题导致的潜在估计偏误，本章采用工具变量（IV）估计方法和倾向评分匹配法（PSM）试图对上述问题进行一定纠正，并检验主要研究发现的稳健性。第一，借鉴既有研究（Duflo，2003；Cheng et al.，2018），以县级层面的"新农保"参保率（除被访者家庭外）以及被访者家庭成员有否领取"新农保"养老金的资格为工具变量，并运用两阶段最小二乘法（2SLS）进行回归估计。"新农保"政策参与和领取的资格是选取这两个指标作为工具变量的主要原因。如果有家庭成员领取"新农保"养老金，则需满足两个条件，一是该政策已在被访者家庭所处县级层面实施，二是家中有年龄在 60 岁以上并满足参保条件的老年人。具体而言，由于同群效应以及农村居民对政策了解的加深，县级层面其他家庭的"新农保"参保率将影响被访者家庭的参保行为。与此同时，家庭若有符合年龄及政策相关条件的家庭成员，则该家庭有成员领取"新农保"养老金的概率更大。因此，以上两个工具变量在理论上满足与内生变量相关的要求。此外，领取"新农保"养老金的资格在理论上也通常不太可能与儿童教育变量直接相关（Duflo，2003）。以上两个工具变量是否满足相关性和外生性条件将在实证研究中得到相应检验。

第二，本章采用倾向得分匹配法（PSM）来识别匹配与处理组（"新农保"＝1)特征类似的控制组("新农保"＝0)儿童,并计算两组儿童的教育变量均值差异以得到平均处理效应。本章的 PSM 分析分为三个步骤:第一步,使用 Logit 模型来估计家中有"新农保"养老金领取者的倾向得分;第二步,通过不同的匹配方法将倾向得分接近的、在共同支持区域(common support)内的处理组和控制组儿童进行匹配,并进行样本特征的平衡性检验,以确保两组特征接近;第三步,将均衡特征匹配后的两组儿童入学情况和学业成绩的均值差异作为"新农保"养老金对农村儿童教育的处理效应。

为了检验主要研究结果对控制变量和样本的敏感性,本章首先纳入了可能与"新农保"政策参与和儿童教育成就相关的社区特征,以此在一定程度上减小由不可观测因素造成的估计偏误。其次,删除家中需要缴费的养老金领取者样本,从而更好地捕捉"新农保"对儿童教育的影响。最后,将样本从 2014 年 CFPS 截面数据扩展到包括 2012 年和 2014 年两轮调查的面板数据。基于这两轮面板数据,本章采用家庭固定效应模型来剔除家庭层面不可观测的异质性(如居住安排和儿童养育偏好等),从而减小在基准回归估计中存在的偏误。由于 2012 年 CFPS 并没有对儿童进行与 2014 年类似的认知技能评估测试,因此在关于样本调整的稳健性检验中,主要使用儿童入学状况以及父母评价的儿童学习表现作为因变量。

四、实证结果分析

(一)"新农保"与农村儿童教育

1. 描述性统计与群组差异分析

表 7-1 展示了本章使用主要变量的描述性统计,包括儿童教育变量、"新农保"以及控制变量。除了对全样本进行描述统计外,还进一步根据家庭成员"新农保"养老金领取状态进行分组比较,并对组间差异进行均值 t 检验。结果显示,在儿童教育指标方面,农村儿童样本的总体入学率为 86.2%,包括幼儿园(57.8%)、小学(96.8%)、初中(96.0%)和高中(88.5%)。标准化字词测试和数学测试成绩的均值分别为 0.010 和 0.008,

表 7-1 变量描述性统计

	变量	样本量	全样本 均值	全样本 标准差	"新农保"=0 （均值）	"新农保"=1 （均值）	"新农保"均值差异 （t 检验）
儿童教育	儿童入学（是=1）	3892	0.862	0.345	0.854	0.889	−0.035***
	字词测试	1447	0.010	0.998	−0.006	0.050	−0.055
	数学测试	1447	0.008	0.999	0.006	0.012	−0.007
	语文成绩（好=1）	2397	0.282	0.450	0.274	0.305	−0.031
	数学成绩（好=1）	2400	0.283	0.450	0.278	0.295	−0.017
"新农保"（是=1）		3892	0.250	0.433	—	—	—
控制	性别（男=1）	3892	0.530	0.499	0.524	0.548	−0.024
	年龄	3892	8.649	3.728	8.568	8.892	−0.324**
	家庭规模	3892	5.520	1.933	5.273	6.261	−0.988***
	家庭人均收入（取对数）	3892	8.038	2.405	8.007	8.131	−0.125
	父亲受教育年限	3892	0.116	0.321	0.109	0.138	−0.029**
	母亲受教育年限	3892	0.069	0.253	0.072	0.058	0.015
	父亲年龄	3892	36.825	6.534	36.738	37.088	−0.350
	母亲年龄	3892	34.821	6.371	34.757	35.012	−0.256
	父亲外出务工（是=1）	3892	0.399	0.490	0.389	0.432	−0.043**
	母亲外出务工（是=1）	3892	0.273	0.445	0.253	0.333	−0.080***

注：* 表示 $p < 0.01$，** 表示 $p < 0.05$，*** 表示 $p < 0.01$。

分别有 28.2％和 28.3％的家长认为自己孩子语文成绩、数学成绩好。在"新农保"变量方面,有 25.0％的儿童所在家庭至少有一位成员领取了"新农保"养老金。

均值 t 检验结果表明,与家庭中没有"新农保"养老金领取者的儿童相比,家庭有"新农保"养老金的儿童上学的概率显著更大,父母评价的语文和数学成绩显著更好,同时字词测试和数学测试能力相对更强(但在统计上并不显著)。从控制变量来看,家中有"新农保"养老金领取者的孩子年龄更大,家庭规模较大,父亲受教育程度较高。与此同时,有家庭成员领取"新农保"养老金的儿童是留守儿童(父母外出务工)的概率更大。在其他特征上,家庭有无"新农保"养老金领取者的儿童并没有显著差异。由于单样本 t 检验并未考虑可能导致估计偏误的相关因素,因此本章接下来将采用多元回归、IV 估计、PSM 和其他稳健性检验进一步验证"新农保"养老金与儿童教育变量之间的关系。

2.基准回归结果

表 7-2 报告了"新农保"与儿童教育之间关系的基准回归结果,其中使用 Probit 模型进行估计的因变量为虚拟变量,且估计系数已转换为边际效应;进行经典线性回归(OLS)估计的因变量为连续变量。各个回归模型中都纳入了所有的控制变量和省份虚拟变量。估计结果显示,"新农保"与儿童入学概率显著正向相关,有"新农保"养老金的家庭中儿童入学率平均高3.0％。在父母评价的儿童语文和数学成绩方面,家庭获得"新农保"养老金的儿童语文成绩好的概率显著大 4.7％,而"新农保"和儿童数学成绩之间的关系并不统计显著。类似地,家中有"新农保"养老金领取者的儿童字词测试成绩显著高 0.114 个标准差,但"新农保"与儿童数学测试成绩并没有统计显著的关系,尽管"新农保"变量的估计系数也为正,这表明,"新农保"主要提升了儿童字词能力。总体来看,虽然相比于针对性的教育干预的效果更小,但"新农保"提供的养老金收入有助于提高农村儿童的入学率及其字词能力(或语文成绩)。在控制变量方面:女生的字词能力测试成绩和语文成绩均优于男生;年龄的增大与儿童入学和认知测试分数正向相关,而与家长评价的学业成绩负向相关。此外,家庭经济状况,父母受教育

年限、年龄和迁移状态也与子女的教育成就存在显著相关性。

表 7-2　"新农保"与农村儿童教育关系的基准回归结果

变量	Probit			OLS	
	儿童入学 （3—15 岁）	语文成绩 （6—15 岁）	数学成绩 （6—15 岁）	字词测试 （10—15 岁）	数学测试 （10—15 岁）
"新农保"（是＝1）	0.030**	0.047**	0.037	0.114**	0.032
	（−0.012）	（−0.021）	（−0.023）	（−0.057）	（−0.066）
性别（男＝1）	−0.000	−0.102***	0.007	−0.099**	−0.034
	（−0.010）	（−0.018）	（−0.018）	（−0.048）	（−0.052）
年龄	0.036***	−0.021***	−0.022***	0.224***	0.230***
	（−0.002）	（−0.004）	（−0.004）	（−0.015）	（−0.017）
家庭规模	−0.005*	−0.001	−0.008	−0.054***	−0.024
	（−0.003）	（−0.006）	（−0.007）	（−0.016）	（−0.027）
家庭人均收入（取对数）	0.004*	0.001	−0.005	0.012	0.021*
	（−0.002）	（−0.004）	（−0.004）	（−0.011）	（−0.01）
父亲受教育年限	0.011	0.122***	0.068**	0.214**	0.256***
	（−0.018）	（−0.027）	（−0.031）	（−0.084）	（−0.081）
母亲受教育年限	0.026	0.04	0.04	0.161	0.138
	（−0.020）	（−0.040）	（−0.041）	（−0.117）	（−0.153）
父亲年龄	0	−0.006*	−0.006**	−0.013*	−0.028***
	（−0.002）	（−0.003）	（−0.003）	（−0.008）	（−0.008）
母亲年龄	−0.002	0.006*	0.007**	0.007	0.019*
	（−0.002）	（−0.003）	（−0.003）	（−0.008）	（−0.009）
父亲外出务工（是＝1）	−0.010	0.020	0.014	0.131**	0.082
	（−0.012）	（−0.024）	（−0.021）	（−0.062）	（−0.073）
母亲外出务工（是＝1）	0.02	−0.027	−0.044*	0.006	0.072
	（−0.015）	（−0.025）	（−0.025）	（−0.067）	（−0.066）
省份虚拟变量	√	√	√	√	√
N	3892	2397	2400	1447	1447
R^2/Pseudo R^2	0.231	0.064	0.049	0.229	0.219

注：括号内为县级聚类的稳健标准误差。Probit 回归估计系数已转换为边际效应。* 表示 $p < 0.1$，** 表示 $p < 0.05$，*** 表示 $p < 0.01$。

（二）异质性分析

为进一步考察"新农保"与农村儿童教育关系的群体异质性，本章变量包括儿童性别、年龄（学龄前 3—5 岁、小学 6—11 岁、初中 12—15 岁）、父母的迁移状况或者说儿童的留守状况（父亲或母亲外出务工是否超过 6 个月）、家庭收入（按家庭人均年收入分为两组，小于中位数组和大于或等于中位数组)。需要指出的是,字词测试和数学测试针对的儿童群体是10—15岁儿童,父母评价的儿童学业成绩针对6—15岁儿童。因此,在3—5岁年龄组中,除儿童入学变量外,其他儿童教育指标的年龄异质性分析并不适用。表7-3展示了不同子样本的回归估计结果。可以看到,在儿童性别分组结果方面,"新农保"与男孩入学概率、字词测试分数和语文成绩显著正向相关,但是"新农保"与女孩的这些指标并没有显著的关系,这表明男孩可能比女孩更能从"新农保"养老金中受益。在儿童年龄分组结果方面,3—5岁学龄前儿童的入学率与"新农保"显著正向相关,但"新农保"与年龄相对较大儿童的入学率并没有显著关联。类似地,"新农保"与儿童字词测试分数和语文成绩的关系在年龄相对较小(11岁及以下的小学儿童)的群体中更加明显。

在父母迁移(儿童留守)状态分组结果方面,不论是父亲外出还是母亲外出,"新农保"与留守儿童入学及学业表现的关系显著强于非留守儿童。在家庭收入分组结果方面,对于家庭相对贫困(家庭收入低于中位数)的儿童,"新农保"更能提高其入学率、字词测试分数和语文成绩。但对于生活在经济条件相对优越家庭(家庭收入大于等于中位数)的儿童而言,"新农保"与儿童教育之间的关系并不显著。总体而言,本章的异质性分析表明,对于男孩、年龄较小、留守和生活在贫困家庭的农村儿童,"新农保"的教育促进效应更加明显。

(三)影响机制分析

接下来在基准回归结果基础上,进一步探讨"新农保"养老金对儿童教育产生影响的可能机制。如前所述,"新农保"政策对儿童教育产生积极影响的可能途径包括:儿童教育支出的增加、祖父母或父母的养育和照料行为改善,以及儿童健康和学习行为的优化。基于此,本章使用CFPS数据中的相应指标作为因变量来检验潜在的影响渠道。

表7-4显示了"新农保"对儿童教育支出及父母在儿童教育上的关心程度影响的回归估计结果。其中,儿童教育支出变量主要有三个,分别为教育总支出、学杂费和学校赞助费。为了便于估计系数解释,本章将各项教育

表 7-3　"新农保"与农村儿童教育关系的群体异质性

项目	儿童性别		儿童年龄			父母外出状态(儿童留守状态)				家庭收入	
						父亲外出		母亲外出			
	男	女	3—5 岁	6—11 岁	12—15 岁	是	否	是	否	小于 50%	大于等于 50%
儿童入学(3—15 岁)	0.031* (0.018)	0.030 (0.019)	0.071** (0.033)	0.012 (0.011)	0.007 (0.019)	0.039* (0.022)	0.026 (0.017)	0.037* (0.022)	0.032* (0.015)	0.037** (0.019)	0.024 (0.019)
N	2029	1828	1019	1488	955	1530	2338	903	2830	1933	1933
Pseudo R^2	0.234	0.246	0.315	0.187	0.134	0.195	0.268	0.285	0.246	0.226	0.255
字词测试(10—15 岁)	0.237*** (0.076)	0.006 (0.084)	—	0.208** (0.090)	0.064 (0.073)	0.191** (0.080)	0.046 (0.079)	0.308*** (0.092)	0.000 (0.072)	0.163** (0.080)	0.061 (0.081)
N	780	667		492	955	586	861	442	1005	725	722
R^2	0.242	0.269		0.224	0.133	0.302	0.217	0.301	0.226	0.260	0.242
数学测试(10—15 岁)	0.079 (0.080)	0.012 (0.092)	—	0.028 (0.094)	0.036 (0.079)	0.073 (0.090)	0.004 (0.087)	0.197* (0.101)	−0.054 (0.084)	0.127 (0.090)	−0.034 (0.088)
N	780	667		492	955	586	861	442	1005	725	722
R^2	0.243	0.233		0.176	0.123	0.256	0.207	0.299	0.195	0.245	0.230
语文成绩(6—15 岁)	0.047* (0.027)	0.045 (0.032)	—	0.052* (0.031)	0.029 (0.030)	0.056* (0.030)	0.043 (0.029)	0.066** (0.033)	0.032 (0.031)	0.062** (0.027)	0.038 (0.032)
N	1268	1120		1382	984	958	1436	702	1693	1188	1205
Pseudo R^2	0.069	0.059		0.070	0.084	0.083	0.073	0.094	0.066	0.067	0.081
数学成绩(6—15 岁)	0.044 (0.030)	0.030 (0.028)	—	0.039 (0.031)	0.015 (0.034)	0.072** (0.032)	−0.006 (0.029)	0.066** (0.035)	−0.014 (0.027)	0.058** (0.029)	0.033 (0.033)
N	1274	1122		1389	1001	959	1437	697	1696	1191	1205
Pseudo R^2	0.050	0.076		0.051	0.057	0.062	0.057	0.094	0.050	0.045	0.082

注:括号内为县级聚类的稳健标准误差。因变量儿童入学(是=1)、语文成绩(好=1)、数学成绩(好=1)为虚拟变量,因此采用 Probit 模型并将"新农保"变量的估计系数转换为边际效应。各个回归模型中都加入了控制变量和省份虚拟变量。部分 Probit 模型估计结果缺失了一些样本,主要为进行模型识别和估计时 Stata 软件自动筛选所得。* 表示 $p<0.1$,** 表示 $p<0.05$,*** 表示 $p<0.01$。

支出取自然对数。在父母对儿童教育的行为方面，通过三个指标进行测量，包括父母不打扰孩子学习（例如放弃看电视等）的频率（经常＝1）、与孩子谈论学校日常（经常＝1）、要求孩子及时完成作业（经常＝1）。实证结果表明，虽然各个模型中"新农保"变量的系数均为正，但在统计上并不显著，即"新农保"养老金对儿童教育支出和父母关于儿童教育的相关行为指标并没有显著影响。这说明"新农保"政策在改善儿童教育环境和父母对儿童的教育质量方面似乎没有明显效果。

表 7-4 "新农保"对农村儿童教育的可能影响渠道：
教育支出与父母关于儿童教育的相关行为

变量	儿童教育支出（OLS）			父母关于儿童教育的相关行为（Probit）		
	教育总支出	学杂费	赞助费	不打扰孩子学习	谈论学校日常	要求及时完成作业
"新农保"（是＝1）	0.036	0.016	0.006	0.030	0.039	0.019
	(0.100)	(0.122)	(0.031)	(0.058)	(0.058)	(0.044)
控制变量	√	√	√	√	√	√
省份虚拟变量	√	√	√	√	√	√
N	3623	3723	3759	2397	2408	2408
R^2	0.207	0.148	0.022	0.067	0.053	0.061

注：括号内为县级聚类的稳健标准误。在 Probit 回归模型结果中，"新农保"变量的估计系数均转换成了边际效应。所有回归中都加入了控制变量和省份虚拟变量。

表 7-5 报告了"新农保"与儿童照料关系的估计结果。CFPS 虽然并没有提供关于详细的儿童照料时间和质量等相关信息，不过提供了关于儿童白天和晚上的主要照料者的问题，从而使本章间接分析"新农保"对儿童照料的影响成为可能。具体而言，由于"新农保"养老金的接收者是具有领取资格的老年人，因此表 7-5 的 Panel A 给出了"新农保"与祖父母提供儿童照料关系的回归结果。根据 CFPS 的数据，运用祖父母是否是儿童在白天/晚上的主要照料人测量老年人的儿童照料。类似地，在 Panel B 和 Panel C 中，分别以白天、晚上主要照料者是否为父母和其他人（如自己照顾自己）作为儿童照料的因变量。除了对总样本进行估计外，本章还将样本分为两个年龄组，分别为3—5岁的学龄前儿童和6—15岁的学龄儿童，以此捕捉

"新农保"对农村儿童照料的影响关于儿童年龄的差异。Panel A 的估计结果显示,"新农保"对祖父母在白天和晚上成为儿童主要照料者的概率有显著正向影响。与 6—15 岁儿童相比,"新农保"对 3—5 岁学龄前儿童的祖父母照料的边际效应更大。在 Panel B 中,可以看到"新农保"与父母在白天和晚上成为儿童主要照顾者的可能性并无显著关系。然而,子样本估计结果显示,"新农保"对父母成为学龄前儿童的主要照料者存在显著正向影响。在 Panel C 中,估计结果显示"新农保"与其他人作为在白天和晚上儿童主要照顾者的概率显著负相关,尤其是学龄前儿童。基于此可以看出,"新农保"有助于直接增加祖父母对儿童的照料,同时也间接使父母对儿童(特别是相对年幼的儿童)照料增加。

表 7-5 "新农保"对农村儿童教育的可能影响渠道:儿童照料

变量	Panel A 儿童照料者:祖父母					
	祖父母是儿童的主要照料者(白天)			祖父母是儿童的主要照料者(晚上)		
	儿童年龄:3—15 岁	儿童年龄:3—5 岁	儿童年龄:6—15 岁	儿童年龄:3—15 岁	儿童年龄:3—5 岁	儿童年龄:6—15 岁
"新农保"(是=1)	0.081***	0.091***	0.061***	0.064***	0.068***	0.052***
	(0.014)	(0.021)	(0.017)	(0.013)	(0.019)	(0.016)
控制变量	√	√	√	√	√	√
省份虚拟变量	√	√	√	√	√	√
N	3888	1014	2874	3888	1014	2874
Pseudo R^2	0.223	0.294	0.133	0.245	0.306	0.295
变量	Panel B 儿童照料者:父母					
	父母是儿童的主要照料者(白天)			父母是儿童的主要照料者(晚上)		
	儿童年龄:3—15 岁	儿童年龄:3—5 岁	儿童年龄:6—15 岁	儿童年龄:3—15 岁	儿童年龄:3—5 岁	儿童年龄:6—15 岁
"新农保"(是=1)	0.010	0.035*	−0.008	0.019	0.062**	−0.019
	(0.012)	(0.019)	(0.013)	(0.014)	(0.025)	(0.016)
控制变量	√	√	√	√	√	√
省份虚拟变量	√	√	√	√	√	√
N	3888	1014	2874	3888	1014	2874
Pseudo R^2	0.093	0.096	0.085	0.103	0.112	0.101

变量	Panel C 儿童照料者:其他(例如自我照料)					
	其他人是儿童的主要照料者(白天)			其他人是儿童的主要照料者(晚上)		
	儿童年龄:3—15岁	儿童年龄:3—5岁	儿童年龄:6—15岁	儿童年龄:3—15岁	儿童年龄:3—5岁	儿童年龄:6—15岁
"新农保"(是=1)	−0.029*	−0.026*	−0.019	−0.026**	−0.027**	−0.015
	(0.017)	(0.015)	(0.018)	(0.012)	(0.013)	(0.016)
控制变量	√	√	√	√	√	√
省份虚拟变量	√	√	√	√	√	√
N	3888	1014	2874	3888	1014	2874
Pseudo R^2	0.106	0.068	0.219	0.384	0.107	0.311

注:括号内为县级聚类的稳健标准误。表中所有回归均以虚拟变量为因变量的 Probit 模型进行估计。估计系数已转换为边际效应,各个回归中都加入了控制变量和省份虚拟变量。* 表示 $p < 0.1$,** 表示 $p < 0.05$,*** 表示 $p < 0.01$。

　　表 7-6 给出了"新农保"对儿童健康和学习行为影响的估计结果。在儿童健康方面,采用三个指标来进行测量。首先,儿童的身体健康通过标准化的年龄别身高 Z 分数(HAZ)和儿童生病情况来测量。HAZ 在不同性别和年龄之间具有较强的可比性,且在以往研究中被广泛用作准确测量儿童短期和长期健康的指标(Goode et al.,2014);儿童生病情况根据过去一年看病的频率来测量。其次,运用儿童抑郁水平来表征儿童的心理健康,儿童抑郁状况由凯斯勒心理压力筛查量表(K6 量表)进行测量(Kessler et al.,2002)。K6 量表包含 6 个问题,分别是关于过去一个月的情绪:悲伤、紧张、不安、烦躁、绝望、一切努力都毫无价值。每个问题的回答取值范围为 0~4(从不—经常),该量表的 6 个问题总得分范围为 0~24。得分越高,表示受访者的抑郁程度越高,心理健康水平越低。最后,进一步使用儿童是否有医疗保险(是=1)作为儿童保健的代理变量。在儿童学习行为方面,采用了两个父母报告的指标,分别为儿童平时的学习注意力(专注=1)和勤奋程度(努力学习=1)。表 7-6 的回归结果显示,"新农保"与较高水平的儿童 HAZ、较少的看病次数、较低的抑郁水平和较高医疗保险拥有率显著相关。同时,"新农保"对儿童的积极学习行为,包括学习注意力和勤奋程度,也有显著的正向影响。

表7-6　"新农保"对农村儿童教育的可能影响渠道：儿童健康与学习行为

变量	儿童健康和医疗保险（OLS/Probit）				儿童学习行为（Probit）	
	HAZ	生病	抑郁水平	医疗保险	注意力	勤奋
"新农保"（是＝1）	0.226**	−0.090***	−0.634***	0.037**	0.052***	0.042**
	(0.110)	(0.034)	(0.222)	(0.018)	(0.039)	(0.040)
控制变量	√	√	√	√	√	√
省份虚拟变量	√	√	√	√	√	√
N	3659	3880	1444	3767	3629	3346
R^2/Pseudo R^2	0.141	0.028	0.092	0.044	0.022	0.047

注：括号内为县级聚类的稳健标准误。对于二元因变量采用 Probit 模型估计，否则使用 OLS 模型估计。以医疗保险（是＝1）、注意力（专注＝1）和勤奋（努力学习＝1）的 Probit 模型进行估计，"新农保"变量的估计系数均转换为边际效应。每个回归中都加入了控制变量和省份虚拟变量。** 表示 $p<0.05$，*** 表示 $p<0.01$。

综上所述，本章的机制分析发现，"新农保"养老金并不足以显著增加儿童的教育支出和改善与儿童教育相关的养育行为。但是，家庭有"新农保"养老金收入后，老年人将花更多的时间照料孙辈，特别是年幼的儿童。与此同时，由于成年子女对老人的经济支持和生活照料减少，成年父母也更有可能提供更多的儿童照料。此外，与家庭没有"新农保"养老金领取者的儿童相比，家中有"新农保"养老金领取者的儿童在身心健康方面都明显更好，且更有可能获得更好的医疗保险，儿童的学习注意力水平和勤奋程度也更高。因此，祖父母和父母提供的儿童照料增加，以及相伴的儿童健康和学习行为改善是"新农保"正向影响儿童教育的重要原因。

（四）稳健性检验

如前所述，本章主要结果有效性的一个挑战是，遗漏变量问题和自选择偏误可能导致"新农保"养老金变量存在内生性问题。为了尽可能解决这一问题，本章尝试使用工具变量法（IV）和倾向得分匹配法（PSM）来验证实证结果的稳健性。如表 7-7 所示，其中，工具变量法的两阶段最小二乘（2SLS）估计结果表明，在第一阶段回归中，两个工具变量（即县级层面的"新农保"参保率以及被访者家庭领取"新农保"养老金资格）均与"新农保"

养老金有显著的正相关关系。同时,Cragg-Donald Wald F 统计量远大于 20,这意味着本章的 2SLS 估计没有明显弱工具变量问题。此外,Sargan 检验的 p 值大于 0.05,不能拒绝工具变量有效(即与误差项不相关)的零假设。另一种检验工具变量外生性的方法是检验"新农保"作工具变量影响儿童教育结果的唯一渠道。借鉴阿西莫格鲁等学者的研究(Acemoglu et al.,2003)进行两步估计(见附表 7-A1),结果显示,在未控制"新农保"变量时,两个工具变量(特别是家庭领取"新农保"养老金资格)与儿童教育指标显著正向相关,而当进一步控制"新农保"变量时,两个工具变量不再显著。因此,没有证据表明本章采用的工具变量是无效的。在"新农保"变量的内生性方面,多数 Durbin-Wu-Hausman 检验的 p 值均大于 0.1,说明"新农保"变量可能并没有明显的内生性。

在表 7-7 的第二阶段回归中,"新农保"变量对儿童入学、字词测试分数和语文成绩的影响系数依然为正且统计显著,而对儿童数学测试分数和数学成绩的影响并不显著。虽然"新农保"变量在 2SLS 估计结果汇总的系数略大于基准回归结果,但总体上工具变量法所得结论与前述主要发现一致。

运用三种方法进行 PSM 估计所得结果类似,包括最近邻匹配(一对一匹配,不替换)、半径匹配($r=0.05$)以及三角核匹配。PSM 估计结果表明,"新农保"对儿童的数学测试分数和父母评价的数学成绩有显著的正向影响,这也与本章的主要发现一致。同时,从附图 7-A1 和附表 7-A2 可以看出,处理组("新农保"=1)和控制组("新农保"=0)的倾向值分布比较接近,匹配后两组的协变量差异不明显,这表明本章的 PSM 估计具有较高的效度和信度。

表 7-7 稳健性检验：工具变量法和倾向得分匹配

研究方法	项目	儿童入学 （3—15 岁）	字词测试 （10—15 岁）	数学测试 （10—15 岁）	语文成绩 （6—15 岁）	数学成绩 （6—15 岁）
工具变量法 （2SLS）	"新农保"（是＝ 1）	0.044** (0.019)	0.287*** (0.090)	0.062 (0.091)	0.071* (0.037)	0.066 (0.040)
	第一阶段回归 IV1 的估计结果	0.594*** (0.044)	0.529*** (0.073)	0.529*** (0.073)	0.553*** (0.057)	0.554*** (0.057)
	第一阶段回归 IV2 的估计结果	0.542*** (0.011)	0.583*** (0.020)	0.583*** (0.020)	0.543*** (0.015)	0.544*** (0.015)
	控制变量	√	√	√	√	√
	省份虚拟变量	√	√	√	√	√
	N	3872	1443	1443	2389	2392
	R^2/Pseudo R^2	0.176	0.223	0.218	0.075	0.059
	Cragg-Donald Wald F 值	1265.464	448.124	448.124	707.784	710.611
	Sargan 检验 p 值	0.508	0.856	0.148	0.169	0.098
	Durbin-Wu- Hausman 检验 p 值	0.284	0.013	0.660	0.453	0.147
PSM	最近邻匹配 （$k＝1$）	0.036** (0.018)	0.153* (0.087)	0.027 (0.092)	0.066** (0.031)	0.045 (0.030)
	半径配 （$r＝0.05$）	0.029** (0.013)	0.102 (0.064)	0.020 (0.067)	0.052** (0.023)	0.036 (0.023)
	核匹配	0.029** (0.013)	0.102 (0.065)	0.021 (0.067)	0.053** (0.024)	0.036 (0.023)

注：括号内为县级聚类的稳健标准误。每个 2SLS 回归中都加入了控制变量和省份虚拟变量。IV1 和 IV2 变量是本章选取的两个工具变量，分别为县级层面的"新农保"参保率以及被访者家庭领取"新农保"养老金资格。* 表示 $p<0.1$，** 表示 $p<0.05$，*** 表示 $p<0.01$。

为进一步减轻社区和家庭层面不可观测因素影响本章的基准回归结果和工具变量估计结果的担忧，本章还额外进行了三方面稳健性检验，这部分分析也可以用来检验本章主要研究结果对控制变量和样本的敏感性。首先，在回归模型中进一步加入一些社区特征作为控制变量，包括社区是否有商店（是＝1）、幼儿园（是＝1）、小学（是＝1）、初中（是＝1）、医院（是＝

1)以及社区是否为少数民族地区(是＝1)，以此控制社区层面影响儿童教育的相关因素，附表 7-A2 给出的加入社区层面因素的 OLS(Probit)回归和2SLS 估计结果与本章的主要发现仍然一致。其次，为减小"新农保"政策效果的估计偏误，剔除家庭领取缴费型"新农保"养老金的样本，以此分析普惠型养老金的农村儿童教育效应。附表 7-A3 中的 OLS(Probit)和 2SLS回归估计表明，"新农保"与儿童入学、字词测试和语文成绩依然显著正相关。最后，考虑到家庭层面不可观测的异质性，例如居住安排偏好和儿童照料偏好等，本章进一步将样本扩展到包括 2012 年和 2014 年两轮调查的面板数据，并采用家庭固定效应模型来检验"新农保"政策的儿童教育效果。由于 2012 年 CFPS 没有对儿童进行类似的认知能力测试，因此使用除字词测试和数学测试分数外的其他儿童教育指标作为因变量。附表 7-A4的估计结果显示，在控制了家庭固定效应和年份固定效应后，"新农保"仍然对儿童入学和父母评价的语文成绩有显著的正向影响，这再次支持了本章的主要发现。因此，总体来看，以上稳健性检验结果表明，"新农保"养老金的农村儿童教育效应并不受估计方法、模型、控制变量和样本的明显影响。

五、本章小结

本章旨在考察"新农保"支付与农村儿童教育的关系，并探讨影响异质性及可能的内在机制。利用 CFPS 数据，本章采用 Probit 模型和 OLS 估计方法，初步考察"新农保"与儿童教育结果之间的关系。考虑到潜在的遗漏变量问题和自选择偏误，进一步运用 IV 和 PSM，以及其他稳健性检验来检验主要结果的敏感性。研究结果表明，"新农保"能够显著提高 3—15 岁儿童的入学率、10—15 岁儿童的字词能力测试分数和 6—15 岁儿童的语文成绩。同时，本章并没有发现"新农保"与儿童数学成绩之间存在显著的关系。从儿童性别、年龄、留守状况(父母的迁移情况)和家庭收入的群体差异来看，男性、年龄较小、留守以及贫困的农村儿童教育改善受到更加明显的正向影响。进一步探索影响机制发现，"新农保"并不能显著增加儿童教育支出和改善父母关于儿童教育的养育行为。但是,"新农保"显著增加了祖父母和父母对儿童的照料,减少了非直系亲属照料和儿童自我照料。与此同时,儿童健康状况和学习行为也得到改善。因此,家庭成员对儿童照料的增加,以及相伴的儿童健康与学习行为的改善,是"新农保"影响农村儿童教育的主要渠道。

既有研究显示,"新农保"可以显著增加儿童的营养摄入,以及增加祖父母养育儿童的时间,并提高其质量。因此,儿童健康状况和学习行为得以改善(Zheng et al.,2020;Yu et al.,2019)。同时,"新农保"还有助于提高老年人的经济独立性,减少成年子女对老年人代际支持的需求。"新农保"对代际向上支持的挤出效应可能会使得成年父母更多地参与儿童照料,因为他们有更多的经济和时间资源来更好地照顾孩子。此外,本章的机制分析也可以更好地帮助理解异质性分析结果。第一,由于中国文化中重男轻女的传统(特别是老年人和农村地区),农村老年人可能更倾向于将时间和金钱投入在孙子而非孙女身上,这使得农村男孩受到的"新农保"教育效应比女孩大。第二,与年轻人相比,老年人的精力相对有限,他们可以更好地为年龄相对较小的儿童提供照料,进而促进其教育表现。同时,"新农保"可以提高儿童的字词能力但对数学成绩没有明显影响,一个可能的原因是老年人的数学知识相对有限,同时有研究显示,当家庭收入提高时,祖父母和父母将投入更多时间与孩子一起阅读,更有助于提高儿童的读写能力(He et al.,2021)。第三,与非留守儿童相比,留守儿童的生活照料提供者主要是祖父母等家庭成员(Zhao et al.,2014)。"新农保"养老金有助于减少老年人的农业劳动力供给,从而将更多精力投入留守儿童的健康和教育,进而更有助于改善儿童表现。

尽管在本章中,"新农保"对多数儿童教育指标有统计显著的正向影响,但值得注意的是,该影响与一些直接的教育干预项目相比,经济显著性仍然较小(He et al.,2021)。主要可能有以下几个原因:首先,"新农保"的积极作用可能存在时滞效应。关于"新农保"与老年人福利的研究显示,"新农保"政策实施一年多之后,老年人的经济和健康状况才受到比较明显的影响(Zhang et al.,2016)。类似地,现金转移支付要对儿童教育表现产生较大影响可能也需要一段时间,因为儿童学习成绩和认知能力的变化过程可能是比较缓慢的。其次,"新农保"养老金规模相对有限。根据《2018年度人力资源和社会保障事业发展统计公报》数据,"新农保"养老金领取者的人均养老金为125元,这可以在一定程度上保障农村老年人及其家庭的基本生活。但是,本章实证结果显示,"新农保"对儿童教育支出并无显著影响,这很可能是因为"新农保"养老金的规模仍然比较有限,也可能是因为"新农保"对贫困家庭儿童的教育指标有更大影响。最后,"新农保"提供的是社会养老金,目标群体是老年人而非儿童。农村老年人通常并不充分了解儿童人力资本投资回报率(Banerjee and Duflo,2009),因而"新农保"养老金可能并没有主要用于儿童的教育和健康上。因此,"新农保"对农村儿童教育的正向影响仅是其溢出效应,而非该政策的主效应。若要明显促进农村儿童人力资本积累,需要进一步采取针对性的措施干预。

本章的主要发现对未来相关研究和政策改进具有一定的启示意义。在对未来相关研究的启示方面,虽然本章得出"新农保"有助于改善儿童的教育参与和教育表现,但需要注意的是本章结果只适用于"新农保"政策。由于不同的转移支付项目的规模和目标群体不同,其他现金转移支付项目是否能够有效促进儿童人力资本发展仍存在不确定性。因此,未来相关研究可以进一步考察其他现金转移支付项目与儿童教育成果之间的关系。此外,尽管本章对"新农保"的溢出效应有了新的认识,但是仍然欢迎未来相关研究进一步考察"新农保"政策对中国农村发展其他方面的影响(例如城乡差距等),以更好地完善该政策。此外,以儿童发展为目标的现金转移支付(CCT)项目有丰富的国际经验,例如许多发展中国家采用的有条件现金转移支付项目是一种可借鉴的政策工具(Fiszbein and Schady,2009;Millán et al.,2019)。有条件现金转移支付通过预先设定父母在儿童教育和健康方面的行为条件,来降低儿童人力资本投资的机会成本,在促进儿童人力资本积累方面比无条件现金转移支付更具可持续性和有效性。因此,讨论中国能否合理有效实施相关CCT项目也值得进一步研究。事实上,近年来,部分研究者已经开始在中国西部农村开展小规模的有条件现金转移支付项目试点,并发现有条件现金转移支付对儿童教育和健康有显著正向影响(Mo et al.,2013;Liu et al.,2016;Zhou et al.,2020)。不过依然需要在中国背景下对有条件现金转移支付项目的影响评估、政策设计和监测管理进行更多研究,这将有助于有条件现金转移支付项目在全国范围内推广。

在政策启示方面,需要指出,现金转移支付对儿童发展的影响通常取决于三个方面:转移支付的规模、项目的目标群体和潜在替代效应。因此,如果政府的公共转移支付项目的目标是有效地促进儿童人力资本积累和减少长期贫困,那么建议提高"新农保"养老金的基础养老金水平,并参考国际上流行的有条件现金转移支付,实施针对儿童的转移支付项目,可以预先设定领取家庭补贴的儿童人力资本投资和家庭劳动供给的条件。在中国,目前还没有大范围正式实施的针对农村低收入家庭儿童的转移支付项目。亚洲开发银行及部分学者(Liu et al.,2016)均建议,在中国贫困治理转型的背景下,设计并实施有条件现金转移支付项目有助于实现农村长期可持续减贫,这需要政策设计者予以重视。与此同时,如何结合国际扶贫经验和中国当前的反贫困政策工具,获得实现减少长期和相对贫困的最优设计,也是决策者需要考虑的重要问题。此外,政策设计者还应密切关注的另一个问题是,家庭领取"新农保"养老金的儿童将得到更多来自祖父母和父母的生活照料,从而实现教育成就的提升。本章所用数据显示,超过40%的农村儿童的父母一方至少在一年中外出务工6个月,约13%的儿童自己照顾自己。因此,设计和实施相关的儿童照料政策,以更好地养育农村弱势儿童是非常必要的。一方面,针对儿童祖父母和父母的儿童养育项目是改善其养育行为和促进儿童人力资本发展机会的重要工具。例如,2015年在云南省和河北省的43个村开展的综合育儿项目显著提高了儿童主要照料者的育儿水平,并显著提高了6—18个月儿童的认知技能(Luo et al.,2019)。成本收益分析表明,该项目有较高的回报率。另一方面,要积极改革中国现行的户籍制度,促使农民工父母把孩子带到城市,从而更好地照顾孩子,同时为农村儿童提供更好的发展环境和机会。

由于数据等的限制,本章存在一定的局限性。第一,CFPS数据的儿童认知能力测试仅适用于10—15岁的农村儿童,这意味着本章关于儿童教育表现的结果仅适用于相对大龄的小学生和中学生,而不适用于儿童早期。赫克曼曲线(Heckman curve)显示,人力资本投资的最高回报率的阶段在儿童期(Heckman et al. 2013)。因此,如果有相关数据能够进一步考察"新农保"制度对年龄较小儿童的认知能力和学业成绩,可能会得到不同结果。第二,尽管本章在机制分析上做了一些尝试,但仍可能未完全探讨公共转移支付影响儿童教育成果的可能渠道。例如,虽然本章发现"新农保"与祖父母对儿童的照料行为存在正相关关系,但仍缺乏祖父母照料时间和质量等行为信息来探讨"新农保"究竟如何影响儿童照料。第三,本章的分析主要基于 2014 年 CFPS 数据的原因是后期数据缺少"新农保"养老金的相关信息,随着政府规定的"新农保"基础养老金不断提高,"新农保"与农村儿童教育的关系可能也会产生变化。因此,相关研究者对本章的主要发现也应谨慎看待。

综上所述,本章从儿童教育方面为"新农保"政策的溢出效应提供了新的视角,这有利于对"新农保"政策的影响进行综合评估。此外,本章也为包括中国在内的发展中国家设计有效促进儿童人力资本发展的政策工具提供了启示和借鉴,例如建立瞄准儿童的现金转移支付项目,实施针对农村贫困儿童的养育计划等。期待未来更多相关研究增进对现金转移支付项目与儿童发展之间关系的理解,并通过完善优化相关政策来增进儿童福利和促进社会经济发展。

本章附录

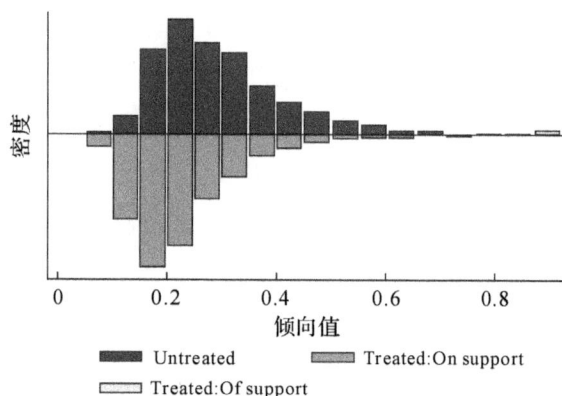

附图 7-A1　匹配前后处理组("新农保"＝1)和
控制组("新农保"＝0)倾向得分的密度分布

附表 7-A1　工具变量的外生性检验

项目	变量	Probit			OLS	
		儿童入学 (3—15 岁)	语文成绩 (6—15 岁)	数学成绩 (6—15 岁)	字词测试 (10—15 岁)	数学测试 (10—15 岁)
工具变量 与儿童教 育的关系 (不加入 "新农保" 变量)	IV1	0.079*	−0.063	−0.145	0.153	−0.246
		(0.045)	(0.075)	(0.094)	(0.200)	(0.201)
	IV2	0.019*	0.041**	0.050**	0.116**	0.057
		(0.011)	(0.020)	(0.021)	(0.055)	(0.055)
	控制变量	√	√	√	√	√
	省份虚拟变量	√	√	√	√	√
	N	3872	2389	2392	1443	1443
	R^2/Pseudo R^2	0.231	0.063	0.052	0.229	0.219

续表

项目	变量	Probit			OLS	
		儿童入学 (3—15 岁)	语文成绩 (6—15 岁)	数学成绩 (6—15 岁)	字词测试 (10—15 岁)	数学测试 (10—15 岁)
工具变量与儿童教育的关系(加入"新农保"变量)	"新农保"(是=1)	0.021 (0.016)	0.040 (0.027)	0.020 (0.027)	0.046 (0.075)	0.011 (0.073)
	IV1	0.067 (0.046)	−0.086 (0.077)	−0.155 (0.096)	0.138 (0.202)	−0.251 (0.204)
	IV2	0.008 (0.014)	0.019 (0.025)	0.039 (0.026)	0.088 (0.072)	0.051 (0.070)
	控制变量	√	√	√	√	√
	省份虚拟变量	√	√	√	√	√
	N	3872	2389	2392	1443	1443
	R^2/Pseudo R^2	0.232	0.064	0.052	0.229	0.219

注:括号内为县级聚类的稳健标准误。每个 2SLS 回归中都加入了控制变量和省份虚拟变量。IV1 和 IV2 变量是本章选取的两个工具变量,分别为县级层面的"新农保"参保率以及被访者家庭领取"新农保"养老金资格。Probit 模型估计系数已转换为边际效应。* 表示 $p<0.1$,** 表示 $p<0.05$。

附表 7-A2 稳健性检验:增加县级层面控制变量

项目	变量	Probit			OLS	
		儿童入学 (3—15 岁)	语文成绩 (6—15 岁)	数学成绩 (6—15 岁)	字词测试 (10—15 岁)	数学测试 (10—15 岁)
Probit / OLS 回归	"新农保"(是=1)	0.029** (0.013)	0.049** (0.021)	0.039* (0.024)	0.098* (0.058)	0.024 (0.067)
	控制变量	√	√	√	√	√
	社区特征变量	√	√	√	√	√
	省份虚拟变量	√	√	√	√	√
	N	3637	2247	2250	1369	1369
	R^2/Pseudo R^2	0.231	0.062	0.047	0.238	0.226

续表

项目	变量	Probit			OLS	
		儿童入学 (3—15 岁)	语文成绩 (6—15 岁)	数学成绩 (6—15 岁)	字词测试 (10—15 岁)	数学测试 (10—15 岁)
工具变量 法估计 (2SLS)	"新农保"(是=1)	0.049** (0.020)	0.078** (0.036)	0.067 (0.042)	0.255*** (0.092)	0.034 (0.092)
	控制变量	√	√	√	√	√
	社区特征变量	√	√	√	√	√
	省份虚拟变量	√	√	√	√	√
	N	3637	2247	2250	1369	1369
	R^2/Pseudo R^2	0.176	0.073	0.055	0.234	0.226

注:括号内为县级聚类的稳健标准误。每个回归模型中都加入了控制变量、社区特征变量和省份虚拟变量。儿童入学、语文成绩和数学成绩的 Probit 模型估计系数已转换为边际效应。* 表示 $p<0.1$,** 表示 $p<0.05$,*** 表示 $p<0.01$。

附表 7-A3　稳健性检验:剔除领取缴费型养老金样本

项目	变量	Probit			OLS	
		儿童入学 (3—15 岁)	语文成绩 (6—15 岁)	数学成绩 (6—15 岁)	字词测试 (10—15 岁)	数学测试 (10—15 岁)
Probit / OLS 回归	"新农保"(是=1)	0.043*** (0.015)	0.050** (0.021)	0.038 (0.028)	0.122* (0.063)	0.041 (0.078)
	控制变量	√	√	√	√	√
	省份虚拟变量	√	√	√	√	√
	N	3525	2137	2140	1286	1286
	R^2/Pseudo R^2	0.239	0.062	0.044	0.237	0.210
工具变量 法估计 (2SLS)	"新农保"(是=1)	0.051** (0.021)	0.061* (0.035)	0.059 (0.041)	0.285*** (0.090)	0.066 (0.090)
	控制变量	√	√	√	√	√
	省份虚拟变量	√	√	√	√	√
	N	3525	2137	2140	1286	1286
	R^2/Pseudo R^2	0.182	0.076	0.045	0.226	0.209

注:括号内为县级聚类的稳健标准误。每个回归模型中都加入了控制变量和省份虚拟变量。儿童入学、语文成绩和数学成绩的 Probit 模型估计系数已转换为边际效应。* 表示 $p<0.1$,** 表示 $p<0.05$,*** 表示 $p<0.01$。

附表 7-A4　稳健性检验:基于 2012 年和 2014 年 CFPS 数据的
家庭固定效应模型

变量	儿童入学 (3—15 岁)	语文成绩 (6—15 岁)	数学成绩 (6—15 岁)
"新农保"(是＝1)	0.023**	0.026*	0.021
	(0.010)	(0.016)	(0.016)
控制变量	√	√	√
年份虚拟变量	√	√	√
N	7977	4944	4948
R^2	0.139	0.065	0.056

注:括号内为县级聚类的稳健标准误。每个回归中都包含了控制变量和年份虚拟变量。* 表示 $p<0.1$,** 表示 $p<0.05$。

第八章
提升农村儿童人力资本的经验与实践：有条件现金转移支付

前述研究内容发现"新农保"能够显著提高农村老年人的主观福利水平，同时还产生了正向的代际溢出效应，有助于促进农村儿童人力资本积累（包括提升健康和教育水平）。与此同时，前述研究也发现，"新农保"对农村儿童人力资本影响的经济显著性比较有限。因此，如何在包括"新农保"在内的现行农村公共转移支付制度基础上，设计并实施能够在长期精准有效促进农村儿童人力资本积累的政策方案，不仅对改善农村儿童成年后的劳动力市场表现具有重要意义，同时也对实现我国长期可持续减贫、缩小城乡差距、促进国民经济持续发展具有重要价值。本章重点介绍分析了国际上流行的长期多维减贫方法：有条件现金转移支付。本章主要包含以下几个部分：①引出本章的研究内容；②介绍有条件现金转移支付的理论基础和发展历程；③归纳有条件转移支付项目的实施效果；④讨论有条件转移支付项目的实施依据和方案设计；⑤分析现阶段中国农村公共转移支付政策的减贫成效与存在问题，对目前正在中国进行的有条件现金转移支付试点项目的实践成果和不足进行讨论，并对未来研究方向进行展望；⑥进行本章小结。

一、引　言

打赢脱贫攻坚战是中国全面建成小康社会的基本任务，也是实现"两个一百年"奋斗目标的重要基础。经验表明，公共转移支付对减少农村贫困具有重要作用（解垩，2017）。改革开放以来，中国农村的公共转移支付政策体系不断扩充。① 农村最低生活保障（简称"农村低保"）、新型农村社会养老保险（简称"新农保"）以及其他现金补贴已经成为农村居民基本生活兜底的生存保护网。与此同时，根据国家统计局发布的数据，按照 2010年不变价格的农村贫困标准（每人每年 2300 元）测算，中国农村的贫困发生率已从 1978 年的 97.5％下降至 2018 年的 1.7％，减贫成效斐然。但是，实现可持续减贫并非一劳永逸，需要长期实施精准有效的扶贫措施，形成目标群体长效脱贫的内生发展能力，从而防范脱贫人口的返贫风险，预防新贫困人口的产生。基于此，在 2020 年后的新时期，有必要进一步优化创新农村公共转移支付制度，考虑试点推广有条件现金转移支付等激励相容的转移支付政策，进而实现可持续减贫的远期目标（甘犁，2019）。

　　党的十九届四中全会提出"坚决打赢脱贫攻坚战，建立解决相对贫困的长效机制"。在后 2020 时代，中国反贫困战略的重点将从单维、短期、绝对贫困转向多维、长期、相对贫困（何秀荣，2018；陈志钢等，2019）。长期来看，人力资本的积累是预防因病致贫和返贫、阻断贫困代际传递、缓解相对贫困的内生动力，同时也是一个国家或地区实现长期经济增长的重要源泉（蔡昉，2020）。证据表明，人力资本的形成具有关键期和敏感期，儿童期是人力资本投资回报率最高的阶段，对儿童人力资本进行持续精准投资是支持国家长期发展的重要举措（Heckman and Corbin，2016）。近年来，中国在儿童发展方面取得了显著成就，但仍需看到，目前中国儿童人力资本的发展还是不平衡不充分的。欠发达地区的农村仍然面临着儿童养育水平低、心理问题突出、教育机会缺乏等挑战，如何较好地应对这些挑战是后脱贫时代需要充分重视的问题。作为当前国际上广泛运用的长期多维减贫方案，有条件现金转移支付项目通过结合现金转移支付和儿童人力资本积累来实现长期减贫与包容性均衡发展，是中国在贫困治理转型过程中可资借鉴的政策选择。

---

　　① 从广义的角度来看，公共转移支付既包括现金转移支付（如低保收入和养老金），也包括实物转移支付（如教育和卫生公共服务）。所指的公共转移支付是狭义上的概念，即现金转移支付。

从目前的研究资料来看,已有部分国内文献对一些发展中国家的有条件现金转移支付项目进行了介绍和思考,为中国反贫困政策的新思路提供了有益探索(房连泉,2016;汪三贵和曾小溪,2016)。与此同时,部分国内研究团队已开始进行面向西部农村地区的有条件现金转移支付项目试点和政策影响评估(Mo et al.,2013;Zhou et al.,2020)。但是,借鉴与有效实施一个政策需要系统全面地理解该政策的实施原理和效果,以及掌握如何设计科学合理的实施方案。就现有文献资料来看,至少有以下三个方面值得进一步深入分析和讨论,分别是有条件现金转移支付项目的理论基础、短期和长期实施效果,以及实施该项目的判定依据、方案设计和潜在局限等。基于此,本章将对有条件现金转移支付项目的国际经验进行系统阐述,以补充既往研究的不足。此外,本章还将讨论当前中国农村公共转移支付政策的减贫成效和正在试点的有条件现金转移支付项目的效果,并进一步对未来实施有条件现金转移支付项目进行评价和展望,以期为优化反贫困政策体系提供参考依据。

二、有条件现金转移支付的理论基础及发展历程

(一)有条件现金转移支付的概念和经济学基础

有条件现金转移支付是指以目标群体达到指定要求为前提条件的现金转移支付项目。当前全球比较流行的有条件现金转移支付项目是政府(或非政府公益组织)向贫困群体提供现金补贴,前提是受益家庭接受预先设定的儿童人力资本投资要求。通常情况下,有条件现金转移支付项目的现金补贴接收者为家中的女性抚养人,关于儿童人力资本投资的条件包括教育和健康两个方面。例如,保证儿童的上学出勤率或学业表现达到一定目标、孕妇和儿童定期接受预防保健服务、定期为孕妇和儿童提供营养补充剂等。有条件现金转移支付项目的核心是通过现金转移支付来减少当期贫困,并通过儿童人力资本积累来阻断贫困的代际传递,改善收入分配格局。实施有条件现金转移支付项目主要基于以下三方面的经济学理论

或事实：一是生命早期的人力资本投资回报率总是高于晚期，二是贫困家庭的有限理性将导致儿童人力资本投资不足，三是精准有效的公共转移支付有助于纠正市场失灵、实现兼具公平和效率特征的长期减贫目标。

1. 人力资本投资的生命周期理论

人力资本的形成与发展是一个贯穿于个体生命周期的动态过程。卡内罗和赫克曼将公共投入的成本收益纳入人力资本政策的分析框架，描绘了从学前教育、学校教育到继续教育阶段人力资本投资收益边际递减的赫克曼曲线，即在其他条件不变的情况下，早期的人力资本投资回报率总是高于晚期（Carneiro and Heckman，2003）。对赫克曼曲线的解释包括三个方面：其一，心理学和脑科学研究证实，早期人力资本投资的回报时间相对更长，并且早期能力（特别是认知能力）的可塑性更强。其二，技能的形成具有自创性特征，即在生命早期习得的技能将持续到后期，并有助于促进后期其他技能的获得。例如，早期形成较好的自控力和情绪稳定性将有利于强化求知欲与积极学习的能力，进而能够促使认知能力的提升。其三，技能的形成具有互补性特征，即在早期习得的技能有助于提升后期人力资本投资的回报率，不同生命阶段的人力资本投资的作用协同互补。同时，早期投入效果的充分发挥需要进行持续投资以展现。自创性和互补性两大特征使得个体技能的形成与发展存在乘数效应，进而产生技能获得的集聚过程。赫克曼在发表于《科学》（*Science*）等期刊上的多项研究中强调，技能的形成与发展存在关键期和敏感期，两者关系着个体可否获得某类技能以及习得技能的数量。儿童期人力资本投资具有高回报率，而在青年时期采取补救措施则较难实现个体的技能习得，并且成本高昂。因此，对儿童的人力资本投入不存在公平和效率的权衡问题，应当积极进行有质量的干预促进儿童人力资本积累（Heckman，2006；Heckman and Corbin，2016）。

2. 贫困家庭的有限理性与儿童人力资本投资

根据家庭经济学理论，孩子是家庭的"耐用消费品"，其人力资本积累将有助于家庭效用的提高（Becker，1991）。通过建立家庭效用函数和预算约束（包括金钱与时间等），并进行效用最大化目标的最优条件求解，可以得到儿童人力资本投资的均衡条件。理论模型结果显示，家庭对孩子的人力资本投资决策主要由两个因素决定：一是家庭资源水平。当家庭资源增加时，父母将增加对孩子的人力资本投资，同时增加对其他商品的消费。二是孩子人力资本投资的影子价格（机会成本）。在家庭资源不变的情况下，当其他商品价格大于孩子人力资本积累的影子价格（例如，童工对家庭的劳动回报）时，家庭将减少对其他商品的需求，并增加对孩子的人力资本投资。根据以上理论解释，贫困家庭对儿童的人力资本投资通常是不足的，其原因主要有三。第一，相较于资源富裕的家庭，贫困家庭的经济和社会资源较少，因而在多数情况下对孩子的人力资本投资并不能达到儿童充分发展的所需水平。第二，受到资源约束，贫困家庭获得信息的渠道有限、难以掌握关键信息将导致家庭有限理性的决策行为（Banerjee and Duflo，2011）。例如，尽管促进儿童人力资本积累将给家庭带来长期福利，但在缺乏充分信息的情况下，父母可能误判儿童人力资本投资的回报率，进而引致有限的家庭资源产生错配。同时，行为经济学研究表明，由于存在自制力和拖延等问题，人们的日常行为有时和设定的长期目标并不一致（Thaler，2015）。因此，即便贫困家庭能够意识到儿童人力资本投资的长期价值，也可能因为信念不坚定、过于关注短期成效或家庭成员的利益冲突而未能实现长期的效用最大化。第三，人力资本存在正外部性，对于家庭而言的最优人力资本投资决策可能并不是社会福利最大化的选择。作为人力资本的主要构成，教育和健康都将产生正外部性（Glaeser and Lu，2018）。一方面，教育水平的提高有助于个体技能的获得，这不仅对其劳动生产率有正面作用，还将通过社会网络对其同伴的技能水平产生溢出效应。同时，教育的获得也有助于提升公民的整体素质，从而降低诸如犯罪和家庭暴力等社会问题的发生率。另一方面，接受医疗保健服务（如疫苗接种）不仅有助于降低个体的疾病发生率，同时也有助于减少疾病的传播风险，减轻整体居民的健康经济负担。因此，当家庭缺少充分信息，且未能将外部性纳入决策考虑时，其决策行为就将产生"市场失灵"现象，此时的儿童人力资本投资将是不足的。

3.有条件现金转移支付：旨在兼顾公平与效率

经验表明，尽管基础设施投资等开发式扶贫能够通过涓滴效应惠及贫困群体，不过其可持续性是有限的。通过合理设定贫困的识别标准，公共转移支付更能使赤贫人口受益。与此同时，通过直接增加贫困家庭的经济资源，公共转移支付有助于平滑家庭消费，减轻突发事件的冲击，并在一定程度上改善社会收入分配状况（陈国强等，2018）。但是，无条件现金转移支付在促进公平的同时，可能难以保证转移支付资金的使用效率。由于贫困家庭的有限理性，接受无条件现金补贴的贫困家庭可能将更多的经济资源用于商品消费，而非儿童人力资本投资，进而难以达到长期减贫的最佳效果。相比之下，有条件现金转移支付不仅存在短期减贫的收入效应，还将产生促进儿童人力资本积累的替代效应，从而兼顾公共转移支付减贫的公平和效率。具体而言，有条件现金转移支付项目不仅有利于增加贫困家庭收入，同时以附加教育和健康服务等条件的形式降低儿童人力资本投资的机会成本，促使家庭的儿童人力资本投资向社会福利最大化的决策水平靠近，进而提高转移支付资金的长期投入回报率。此外，既往研究显示，女性抚养人通常更加偏好利用家庭资源改善孩子的教育和健康状况。正因如此，孩子的母亲通常是有条件现金转移支付项目现金补贴的接收者，并且有女童的家庭将收到相对更多的津贴，这将进一步帮助提高儿童的人力资本积累水平，并在一定程度上促进教育和健康服务机会的性别平等（Parker and Todd，2017）。因此，理论上有条件现金转移支付项目不仅能够通过转移支付在短期减少家庭贫困，还将通过促进儿童的人力资本积累在长期阻断贫困的代际传递，减少相对贫困状况以及贫困的女性化。

（二）有条件现金转移支付项目的起源与发展

有条件现金转移支付项目诞生于 20 世纪末的拉丁美洲。1997 年，为应对国内严峻的贫困和收入差距，墨西哥政府实施了世界上第一个有条件现金转移支付项目——"进步"计划——来帮助赤贫人口打破贫困的恶性循环。[①] 该项目是目前世界上最具代表性的有条件现金转移支付项目之一,主要有如下特点:第一,通过多维视角精准识别贫困人口。"进步"计划根据地理位置以及基础设施水平等特征判断家庭所处地区的边缘程度,而后考虑到运用家庭收入作为贫困标准可能带来的瞄准偏误,设定了一套积分制度用于综合测量家庭社会经济状况,主要包括家庭人口结构和实物资产等易于测量且难以人为操纵的特征。当家庭所得积分达到指定标准后,则有资格接受有条件现金转移支付,受益家庭的资格将每三年接受一次审查。第二,综合确定现金补贴条件。参与"进步"计划的家庭获得的现金补贴水平(经过物价平减)主要根据给定教育和健康服务条件的完成度与家庭结构(包括孩子的数量、性别和年龄等)综合确定。在教育方面,如果家中所有孩子每月的上学出勤率不低于 85%,则受益家庭将在每年收到 10个月的现金补贴,并且补贴额度将随儿童所在年级的升高而提高。同时,在中学阶段,女孩上学满足出勤率要求将接收到相对更多(约 15%)的现金补助以促进教育机会的性别平等。在孩子高中毕业后,受益家庭还将额外收到一次性的现金转移支付作为奖励。在健康方面,受益家庭只有经常到卫生诊所接受预防保健服务和参加健康知识培训才能获得相应的现金补贴,具体的参与频率根据家庭人口结构综合确定。其中,预防保健服务包括孕妇的产前护理、儿童的疫苗接种和健康检查等。在接受医疗保健服务的同时,处于孕期和哺乳期的女性以及婴幼儿将获得相应的营养补充剂。据统计,"进步"计划现金补贴分别占墨西哥农村和城市贫困家庭平均收入的 25%、15%(Levy,2006;Parker and Vogl,2018),且以两个月一次的频率支付给受益家庭。第三,合理设定现金转移支付的方式和接收人。墨西哥政府将"进步"计划的现金补贴直接发放到贫困家庭账户,以此避免多个环节产生的行政开支和扶贫资金的挪用。同时,该项目要求补贴的接收者是家中孩子的母亲或者儿童的主要照料者,进一步使现金转移支付主要用于

---

① 墨西哥政府于 1997 年实施面向赤贫人口的有条件现金转移支付项目,并将该项目命名为 Progresa("进步"计划),随后在 2002 年改名为 Oportunidades("机会"计划),在 2015 年再次更名为 Prospera("繁荣"计划)。经过历次更名,项目总体设计保持不变,但覆盖群体和预算支出有所增加。

儿童的人力资本投资。第四，建立项目监测和影响评估系统。在"进步"计划正式实施前，项目设计团队进行了全国家庭的基线调查和局部试点，为项目的短期和长期效果评估做好了前期准备。其中，全国基线调查于 1995 年进行，该调查数据不仅被用于之后的政策效果评价，也被用于通过多维标准识别贫困家庭。1996 年，项目团队进行了面向 3.1 万个家庭的随机干预实验，发现项目的短期成效良好，而后将项目向全国推广，并邀请第三方机构（国际食物政策研究所）进行全国性的政策影响评估。与此同时，该项目还聘用专业人员对受益家庭接受干预的情况进行监测，进一步确保项目的实施效果。

　　由于"进步"计划在减少家庭贫困和收入差距方面的良好成效，该项目从 2002 年开始逐步覆盖墨西哥 500 万户家庭，约占全国家庭数的 1/5（亚洲开发银行，2012）。与此同时，有条件现金转移支付项目也逐渐传播至拉丁美洲、亚洲、非洲和欧洲等地区的其他国家，以及美国纽约和华盛顿特区等城市。根据世界银行发布的报告[1]，2016 年全球实施大中型有条件现金转移支付项目的国家共有 63 个，并主要集中在中等收入国家（见表 8-1）。其中，覆盖人口广泛的有条件现金转移支付项目主要包括巴西的家庭补助金计划（4181 万人）、印度尼西亚的 Kelurga Harapan 项目（2340 万人）、菲律宾的 4Ps 项目（2024 万人）以及哥伦比亚的 Mas Familias en Accion 项目（1367 万人）等。

表 8-1　全球有条件现金转移支付项目的地区分布

统计项目	拉丁美洲	亚洲	非洲	欧洲	大洋洲	合计
国家数量/个	20	16	21	5	1	63
覆盖人口/百万	99.530	62.781	19.087	1.555	0.004	182.957

　　数据来源：作者根据世界银行报告"The State of Social Safety Nets 2018"数据整理所得。

---

　　[1]　"The State of Social Safety Nets 2018"（https://openknowledge.worldbank.org/handle/10986/29115）.

三、有条件现金转移支付项目的实施效果

(一)有条件现金转移支付项目的短期效果

根据有条件现金转移支付项目的特点，其短期效果主要体现在两个方面：一是家庭消费和贫困水平，二是儿童教育和健康的服务使用情况与具体表现。结合既有研究(Fiszbein et al.，2009；Paes-Sousa et al.，2011；Glewwe and Kassouf，2012)，本章对有条件现金转移支付项目发展过程中首个 10 年的减贫成效进行总结，结果如表 8-2 所示。

在家庭消费和贫困方面，多数有条件现金转移支付项目能够显著促进家庭总消费水平，特别是提供较多现金补贴的项目。[①] 相应地，显著促进家庭消费的项目也对家庭贫困状况有不同程度的减轻作用，包括降低贫困发生率和贫困深度。[②] 据统计，墨西哥和巴西的有条件现金转移支付项目都以不到 0.5％的 GDP 实现全国总体贫困水平下降超过 4％，贫困家庭收入与贫困线的差距缩小 21％以上(亚洲开发银行，2012)。进一步从消费结构来看，多数有条件现金转移支付项目使得家庭食物消费水平和占比明显提升，这有助于促进家中儿童的肉类蛋白等营养摄入以及提高女性在家庭中的议价能力(Parker and Todd，2017)。与此同时，现金补贴较少的项目则未能显著促进家庭消费，比如柬埔寨和厄瓜多尔的项目。不同补贴金额的设定通常取决于不同国家实施有条件现金转移支付项目的目标，如果需要着重缩小当期的贫困和富有差距，则项目的转移支付金额通常较高。

在儿童教育和健康方面，大部分有条件现金转移支付项目能够显著提高儿童的入学率，同时能在一定程度上提高儿童医疗服务利用率。总体上，有条件现金转移支付项目对儿童教育和健康服务利用率的影响大小主

---

① 例如，尼加拉瓜的有条件现金转移支付项目使受益家庭的消费水平显著提高了超过 20％。

② 例如，哥伦比亚的有条件现金转移支付项目使当地家庭的贫困发生率下降 3％，贫困家庭消费水平与贫困线的差距缩小 7％。

表 8-2　有条件现金转移支付项目的短期效果

项目	变量	巴西	柬埔寨	哥伦比亚	厄瓜多尔	洪都拉斯	墨西哥	尼加拉瓜
家庭消费	补贴比重/%	8	2~3	13~17	7~10	9~11	19~20	18~30
	家庭总消费/%	7.0**	NS	10.0*	NS	7.0*	8.3**	20.6**
	食物消费/%	12.0**	NA	6.0**	NS	NS	NA	31.0**
	食物消费占比/%	0.02**	NA	0.04**	0.04**	NS	NA	0.04**
家庭贫困	贫困发生率	NA	NS	-0.03*	NS	NS	0.00	-0.05**
	贫困深度	NA	NS	-0.07**	NS	-0.02*	-0.02**	-0.09**
	贫困深度平方	NA	NS	-0.02**	NS	-0.02*	-0.03**	-0.09**
儿童入学	小学入学率/%	0.50***	NA	2.1*	10.3*	3.3***	NS	6.6***
	中学入学率/%	0.30***	21.4***	5.6**	10.3**	NA	8.7***	6.6***
儿童健康	0~1岁就诊率/%	NA	NA	22.8***	NS	20.2***	NS	6.3***
	2~4岁就诊率/%	NA	NA	33.2***	NS	20.2***	NS	6.3***
	5~6岁就诊率/%	NA	NA	1.5*	NS	NA	NS	6.3***
	疫苗接种率/%	NA	NA	8.9	6.9**	NA	NS	18.0***
	年龄别身高	1.3***	NA	0.16*	NS	NS	0.96***	NS
	评估时间/年	2002	2007	2002~2006	2003~2005	2000~2002	1998~1999	2000~2002

注:"NS"代表无显著影响;"NA"代表结果缺失。*、**和***分别表示在10%、5%、1%的统计水平上显著。

资料来源:根据世界银行报告"Conditional Cash Transfers: Reducing Present and Future Poverty"进行整理和补充所得。

要取决于两类特征,分别是受益家庭特征和项目特征。一方面,在其他条件不变的情况下,当地区内儿童教育和健康服务使用率较低,儿童年龄处于中学(7年级)入学阶段,家庭经济水平较低时,有条件现金转移支付项目的效果越好。当转移支付金额较高,发放间隔较短且长期持续时,项目的成效越明显。尽管有条件现金转移支付项目能够在一定程度上提高儿童的入学率和健康服务利用率,但部分研究显示其对儿童的教育(如标准测试成绩)和健康(包括年龄别身高和贫血状况)表现在短期并没有显著影响。出现该现象的一个可能原因是人力资本积累需要一定的转化时间,另一个重要原因可能是,有条件现金转移支付项目效果充分发挥的同时需要儿童学习行为的改善和父母养育质量的提升等。此外,不同地区的社会经济状况和目标群体差异也可能导致项目的成效产生一定偏差。①

(二)有条件现金转移支付项目的长期效果

随着有条件现金转移支付项目的持续实施,近期的相关研究开始考察该项目的长期影响,主要关注儿童两个生命周期阶段的转变:一是从儿童出生前或生命早期(6岁及以下)至学龄阶段,主要考察儿童的教育表现和健康状况变化;二是从学龄阶段至成年就业阶段(18岁及以上),用于分析儿童成年进入劳动力市场后的就业和工资收入等福利水平变化。

米兰等对拉丁美洲和南亚地区共9个有条件现金转移支付项目的长期成效研究进行了归纳总结(见表8-3)(Millán et al.,2019)。结果表明,长期实施有条件现金转移支付项目总体有助于增加儿童的受教育年限,部分研究显示有条件现金转移支付能够提升儿童的认知和非认知能力,提升学习成绩和营养健康水平,并且有助于提高儿童成年后的就业参与率和收入(Araujo et al.,2018)。例如,有条件现金转移支付项目能够使哥伦比亚0—3岁的城乡儿童年龄别身高在5年内(2002—2007年)分别平均增长

① 当然,评估方法是否正确合理使用也将影响最终研究结果,不过这在数据处理过程未知的情况下比较难以判断,因而本章假定已有研究的结论可靠,对方法论的问题不再详细讨论。

表 8-3　有条件现金转移支付项目的长期效果

变量	墨西哥	哥伦比亚	尼加拉瓜	洪都拉斯	厄瓜多尔	柬埔寨	巴基斯坦	马拉维	萨尔瓦多
儿童早期干预对学龄阶段的影响　身体发育	0/0	NA	NA/0	NA	NA	NA	NA	NA	NA
认知能力	0/0	+/+	NA/+	NA	0/0	NA	NA	NA	NA
社会情感	+/+	NA	NA	NA	0/0	NA	NA	NA	NA
入学	0/0	NA	NA	+/+	NA	NA	NA	NA	+/+
学习成绩	NA	NA	NA	NA	0/0	NA	NA	NA	NA
升学	+/+	+/+	0/+	+/+	+/+	+/+	+/NA	+/NA	NA
学龄阶段干预对青年时期的影响　学习成绩	0/0	?/?	0/+	NA	NA	0/0	NA	0/NA	NA
劳动参与	0/?	NA	+/+	?/0	0/0	0/0	−/NA	0/NA	NA
收入	NA	NA	+/+	0/0	NA	0/0	NA	0/NA	NA

注：表中结果均以"女性样本/男性样本"的形式呈现；"+"和"−"分别代表（显著）影响的符号正负，"0"代表影响不显著，"?"代表有多种不同结果，"NA"代表结果缺失。

资料来源：Millán T M, Barham T, Macours K, et al., Long-term impacts of conditional cash transfers: Review of the evidence[J]. World Bank Research Observer, 2019(1): 119-159.

0.16 和 0.21 个标准差。帕克和福格尔利用墨西哥 2010 年 10％的全国人口抽样调查数据，根据有条件现金转移支付项目的试点推广和干预儿童的年龄界限特征，运用双重差分法评估"进步"计划实施 13 年（1997—2010 年）对儿童发展的长期影响。[①] 结果发现：该项目使儿童的受教育年限平均增加 1.4 年，主要表现为中学毕业率明显提升；儿童成年进入劳动力市场后，女性劳动参与率和工资水平分别提高 11％、50％，男性在正式部门就业的概率提高了 9 个百分点（Parker and Vogl，2018）。巴勒姆等运用随机干预实验数据评估了尼加拉瓜有条件现金转移支付项目的成效（2000—2010 年），结果显示，接受干预的男孩学业成绩和积极情绪水平均提高了 0.2 个标准差，认知能力提高了 0.15 个标准差，在进入劳动力市场后的非农收入提高了 10％～30％（Barham et al.，2017）。

但是，也有研究显示，有条件现金转移支付对儿童长期发展的影响并不明显，特别是进入劳动力市场后的福利情况。这既有可能是由于项目方案设计与执行存在不足，导致这部分项目确实在当地难以起到长远的作用，也有可能是因为项目研究设计和评估方法存在一定缺陷，或者评估时长仍然难以全面展现儿童的发展轨迹。一方面，由于绝大部分有条件现金转移支付项目经过一段时间的试点后便在全国推广，所以严格意义上，许多此类项目的长期效果评估实际是儿童在不同时期开始接受持续干预所产生的相对结果差异，这可能在一定程度上低估项目的效果。另一方面，10 年左右的时间对于评估有条件现金转移支付项目对儿童长期发展表现的影响仍可能是不足的。例如，从学龄阶段到成年早期这一时间段并不代表所有个体都将进入劳动力市场，部分群体可能仍然处于受教育阶段（如大学及以上教育），所以项目在增加儿童受教育年限的同时，也将推迟其进入劳动力市场的时间，从而在一定程度上降低成年早期的劳动参与率。

（三）有条件现金转移支付项目的溢出效应

除了对家庭贫困和儿童人力资本发展相关指标的直接影响外，既往研

---

① 该研究将有条件现金转移支付项目开始执行时在同一城市的年龄为 7—11 岁（受到干预）和 15—19 岁（由于年龄限制未受到干预）的儿童用于判定是否受到项目影响。

究还发现有条件现金转移支付项目可能存在一些正面或负面的溢出效应,这为全面认识有条件现金转移支付的影响提供了新的视角。第一,在参与有条件现金转移支付项目的过程中,父母对孩子的养育行为有所改善,包括为孩子读故事、唱歌以及增加书籍和文具。这既有可能是由于项目本身带有的教育和健康知识培训,也可能是因为孩子的母亲作为现金补贴的接收人,其在家中的议价能力提高了①,从而促使家庭更加关注儿童的养育方式和质量。第二,有条件现金转移支付项目在增加儿童人力资本投资、降低童工率的同时,也可能减少父母的劳动参与。尽管多数研究认为赤贫人口对闲暇的收入弹性并不大,并且未发现此类项目存在明显的福利依赖现象,但是,来自尼加拉瓜的经验证据显示,当地的有条件现金转移支付项目使家庭成人工作时间平均每周减少了 6 个小时(Maluccio and Flores,2010)。可能的原因在于:一方面,贫困家庭通过减少劳动收入来维持获取现金转移支付的资格,即公共转移支付可能存在"养懒汉"效应;另一方面,为达到项目所要求的条件,父母需要花更多时间照料子女,如接送孩子上下学以及陪孩子去诊所接受健康服务等。第三,有条件现金转移支付项目可能在一定程度上挤出私人转移支付。如果进行私人转移支付的决策者(例如,向家汇款的外出务工劳动者)利他主义行为的目标是家庭效用最大化,则家庭资源的最优配置的均衡条件是单位资源对家庭成员的边际效用相同,因此当家庭收到公共转移支付时,决策者将减少私人转移支付以最大化整个家庭的福利,这也将降低公共转移支付目标群体的受益水平(Angelucci et al.,2012)。第四,有条件现金转移支付可能对生育率和男孩偏好产生影响。目前,关于有条件现金转移支付和生育的关系存在两种相反的结果与解释。一方面,洪都拉斯的贫困家庭为了领取更多有条件现金转移支付项目的现金补贴,平均生育率提高了 2~4 个百分点。另一方面,以尼加拉瓜的有条件现金转移支付项目为例,该项目通过减少家庭贫困和促进儿童人力资本投资,减少了家庭对孩子的需求,延长了女性的生育间

---

　　① 一项间接证据表明,参加有条件现金转移支付项目后,墨西哥家庭的女性向警察局报案遭受家庭暴力的概率提高了 30.2%,主要原因在于经济权利的性别平等化使得女性有能力选择结束破裂的婚姻(Balmori,2018)。

隔(Todd et al.,2012)。进一步评估巴西的有条件现金转移支付项目对儿童成年后生育率的长期影响发现,该项目引致的人力资本积累使得青年生育率下降了 3 个百分点。此外,由于贫困的减少和项目对女孩的偏向性支持,有条件现金转移支付也在一定程度上削弱了家庭的男孩偏好(Parker and Todd,2017)。第五,有条件现金转移支付项目通过提倡政策的监测和评估,有助于健全完善现行制度。自墨西哥的"进步"计划开始,有条件现金转移支付项目通常都有一套比较完整的监测和评估体系,强调基于证据的政策设计,这形成了社会政策的"结果文化",同时也使得影响评估方法(特别是随机干预实验)广泛应用于政策设计与推广,包括有条件现金转移支付在内的反贫困项目在客观上也促进了实验经济学的发展以及准实验影响评估方法的使用(Banerjee and Duflo,2009)。

四、有条件现金转移支付项目的实施依据与方案设计

(一)实施有条件现金转移支付项目的判断依据

如前文所述,有条件现金转移支付旨在兼顾公平与效率,在运用现金补贴减少当期贫困和不平等的同时,通过儿童人力资本投资预防未来贫困。不过,由于不同地区的社会经济发展状况存在差异,所以是否有必要执行有条件现金转移支付项目需要对当地多方面的实际情况进行评判。根据有条件现金转移支付的理论基础,菲茨本等给出了执行该项目的判断依据(见图 8-1)(Fiszbein et al.,2009)。

总结来看,实施有条件现金转移支付项目主要有两个方面依据。其一,从公平角度判断是否需要通过公共转移支付减少居民贫困和改善收入分配。这需要掌握当地的贫困发生率和收入不平等状况,初步考察现金转移支付减贫的预期效果及其阻碍因素(例如,现金补贴的负向劳动激励),并进一步考虑利用转移支付进行收入再分配的政治经济背景或立场。

其二,从效率角度判断是否需要设立以进行儿童人力资本投资为前提条件的现金转移支付。这需要在决定实施公共转移支付项目的基础上,分

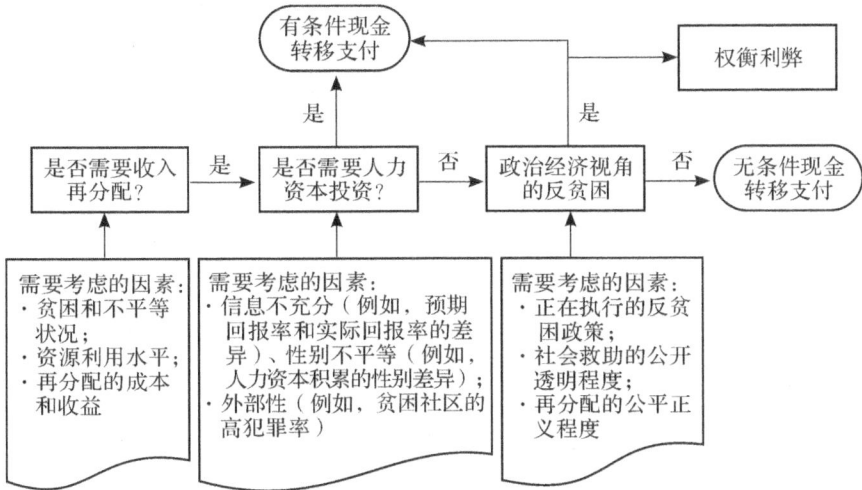

图 8-1　有条件现金转移支付项目的实施依据和判断流程

析当地(特别是农村地区)的儿童人力资本积累是否存在明显不足,包括信息不充分导致贫困家庭低估人力资本投资的回报率,从而未能达到家庭资源配置的最优水平,以及人力资本积累的外部性引起家庭与社会福利最大化目标的不一致。若公共转移支付的收入效应不足以实现长期可持续减贫,则需要进一步附加儿童人力资本投资的条件以充分发挥替代效应,避免市场失灵,从而提升家庭和社会的福利水平,包括在微观上促进儿童的长期发展、阻断贫困的代际传递,在宏观上降低长期贫困水平和社会犯罪率、促进性别平等、形成经济发展的人口质量红利等。

对以上实施有条件现金转移支付项目的两个方面因素的考察不仅需要收集相关的定量指标数据,而且有必要知晓项目潜在目标群体的定性评价,从而能够初步评判在当地实施有条件现金转移支付项目的必要性和可行性。

(二)有条件现金转移支付项目的方案设计

在决定实施有条件现金转移支付项目后,如何设计科学有效的项目方案是需要重点考虑的问题。回答这一问题,需要对以下两方面内容进行深入讨论:一是在设计项目方案时应主要考虑哪些项目特征,二是通过何种方法能够获得预期效果的理想政策设计。根据有条件现金转移支付的理论基础和实践经验,在项目特征上,应当着重考察目标群体的判定标准、附加条件的设定以及现金补贴水平和支付过程等。首先,有条件现金转移支付项目的参加资格需要综合考虑家庭的收入和消费维度的受剥夺状况以及儿童的人力资本积累水平,即应设定识别目标群体的多维标准来精确瞄准贫困家庭,提高减贫效率(Azevedo and Robles,2013)。其次,需要基于贫困家庭的现实情况科学设计项目的附带条件。例如,受益家庭中学龄儿童的上学出勤率应达到的水平(或者具体的学习表现),孕妇和婴幼儿接受健康服务的种类(例如,例行体检、营养补充剂、健康知识培训等)、频率和地点等。最后,需要根据群体异质性合理设定具有针对性的现金转移支付水平和支付过程。在现金补贴额度方面,既需考虑到转移支付可能存在边际效应递减的情况,同时也应注意到对于不同的家庭(包括家庭经济状况、人口结构、儿童性别和年龄),进行儿童人力资本投资的机会成本存在差异,因而有必要尽可能针对不同目标群体设定能够达到最高实施效率的现金补贴水平;在支付过程方面,需要考虑的内容包括支付方式(如现金支付或银行转账)、支付频率(如按月或按季度发放)和接收人(如户主或孩子的母亲)等。总之,以上有条件现金转移支付项目特征设定是丰富且复杂的,最终目标是确保有条件现金转移支付的减贫作用精准、有效且可持续。

在进行具体的方案设计时,多数既往的有条件现金转移支付项目方案是由政府部门的政策设计团队根据国际经验,以及当地相关的定量和定性资料商讨确定。虽然这种"自上而下"的政府主导型政策设计思路在政策设计和执行过程中效率较高,但难以避免政府失灵和其他因素干扰导致的资源低效配置(贾俊雪等,2017)。例如,对于柬埔寨有条件现金转移支付项目按照儿童辍学率的阶梯式补贴标准特点进行断点回归估计发现,现金补贴水平和儿童上学出勤率并不是严格的线性关系,当转移支付水平超过家庭消费水平中位数的 2%后,儿童上学出勤率不再显著提升,这意味着可以通过改善政策设计以更低的成本实现相同的效果(Filmer and Schady,2011)。由于目标群体的积极参与是政策持续实施的关键,所以在进行政策设计时同样需要重视基于贫困家庭需求、"自下而上"的基层自主型政策设计思路，对于旨在改善家庭人力资本投资行为的有条件现金转移支付项目尤其如此。基于此，近些年关于有条件现金转移支付的一个新的研究方向是通过准确衡量贫困家庭对不同有条件现金转移支付项目方案的真实偏好来改善现行政策设计。阿利克斯-加西亚以墨西哥的一项旨在恢复生态环境的有条件现金转移支付项目为例，通过投票式的偏好调查得出家庭对不同项目方案的接受意愿（willingness to accept，WTA），并结合不同地区家庭的 WTA 和森林采伐风险设计项（Alix-Garcia，2019）目方案，模拟发现，该方案能够更加精确地瞄准目标群体，改进方案后的项目社会成本将显著低于现行项目的成本。[①] 蒂利等运用选择实验法分析了南非的家庭对一项旨在提升厕所质量的有条件现金转移支付项目方案的偏好水平，并通过小规模的随机干预实验进行了结果验证。该研究发现，选择实验法所得的家庭偏好信息有助于提高项目的实际实施效率（Tilley et al.，2017）。根据贾俊雪等（2017）对中国农村小额信贷项目的影响评估结果，衔接"上下机制"的扶贫发展项目能够显著提高贫困瞄准度、减贫成效及其可持续性。[②] 因此，通过有效融合政府主导型（"自上而下"机制）和基层自主型（"自下而上"机制）政策设计思路，有助于减少政府失灵和协调成本问题，进而获得更高的资金使用效率和更好的政策效果。

（三）对有条件现金转移支付的综合评价

有条件现金转移支付在国际上快速发展的主要原因在于该项目似乎是有效减少短期和长期贫困、减轻相对贫困的"一石多鸟"的政策选择。但是，尽管多数研究验证了此类项目有显著的短期成效，关于其长期效果（特别是能否真正阻断贫困的代际传递）仍未形成一致的结论。除此之外，应

[①]　实施目标为改变参与者行为的项目通常存在自选择问题。例如，部分有参与项目资格的家庭在未收到现金补贴的情况下本身也会对孩子进行人力资本投资，对这部分群体进行转移支付将在一定程度上导致资金使用效率的损失。因此，对自选择问题的考虑是政策方案的偏好和接受意愿分析提高政策瞄准精度的一个重要原因。

[②]　该项目融合"上下机制"的主要表现为：第一阶段，政府根据村级调查数据和村民评议识别出贫困村与项目总体规划（"自上而下"机制）；第二阶段，村级扶贫发展项目的具体规划、实施、监督和管理由贫困村农户民主讨论决定（"自下而上"机制）。

当注意到，有条件现金转移支付可能存在以下局限：第一，在需求侧改善家庭的儿童人力资本投资行为的同时，需要在供给侧提高教育与健康服务的水平和质量。实施有条件现金转移支付项目能够改善家庭人力资本投资行为的一个重要前提假定是教育和健康服务有足够的供给质量。在未能保证供给质量的情况下，该项目不但难以增进家庭和社会福利，反而可能扭曲家庭原先的理性行为，导致资源低效配置。有学者在评估洪都拉斯有条件现金转移支付项目的长期效果时发现，仅在需求侧（家庭）提供现金补贴难以产生持久影响，而同时在需求侧和供给侧（学校和诊所）提供转移支付激励则能在长期显著增加儿童的受教育年限，优化其劳动力市场表现（Ham and Michelson，2018）。第二，充分考虑有条件现金转移支付项目潜在的负向劳动激励效应，科学设计应对策略，减少贫困家庭的福利依赖。根据既往研究结果，有条件现金转移支付项目在帮助减贫的同时，也可能对家庭成年人的劳动供给产生负向溢出，进而导致贫困陷阱的出现。因此，需要合理设定项目的进入和退出机制，并探索结合有条件现金转移支付和就业激励项目的可能性。第三，应明确有条件现金转移支付项目在社会保障政策中的定位，促使有条件现金转移支付项目与其他反贫困政策的协调互补。作为一种政策工具，有条件现金转移支付项目应当作为补充或优化社会保障政策的重要组成部分，而非替代原先的反贫困政策。其主要原因在于，一方面，有条件现金转移支付项目并不能覆盖所有的贫困群体，如老年人家庭、无子女家庭等。对于这些贫困家庭，需要"农村低保"和"新农保"等社会保障政策进行支持。[①] 另一方面，有条件现金转移支付项目的最大优势是通过促进人力资本投资预防长期贫困，因而该项目主要用来解决结构性贫困问题，而非突发事件（例如2020年的新冠疫情）导致的瞬时贫困。后者需要其他政策工具（如促进就业和社会救助项目）进行协调补充，以应对短期冲击导致的贫困问题。

---

① 整合具有相似功能的政策不仅能改善政策实施效果，也能在一定程度上避免不同项目对目标群体的重复覆盖导致的效率损失。当然，整合不同的公共转移支付项目也可能产生行政和社会成本，在决策前需进行相应的成本收益评估。

五、面向中国农村的有条件现金转移支付：正当其时？

(一)中国农村的公共转移支付与儿童人力资本发展

当前，"农村低保"和"新农保"是中国农村公共转移支付政策体系的主要组成部分，前者的保障对象是家庭人均收入低于当地最低生活保障的农村绝对贫困人口，后者的目标群体则是 60 岁以上未被其他养老保险制度覆盖的农村老年人。截至 2018 年末：全国"农村低保"人数为 3940.6 万人，"农村低保"的最低标准为每人每年 4833 元；城乡居民基本养老保险①的参保人数为 5.2 亿人，领取养老金的老年人达 1.6 亿人，月人均待遇 125 元。已有研究对"农村低保"和"新农保"的减贫效应的评估显示，尽管以上两类政策对减少农村贫困有积极作用，但其各自存在不足之处。一方面，"农村低保"政策的瞄准效率偏低，减贫效果仍有较大的提升空间。根据韩华为和高琴(2020)的总结，虽然"农村低保"能够显著提升受助者物质福祉水平，但是，由于贫困识别、精英俘获和福利耻感等原因，该政策存在较大的瞄准偏误，同时伴随着显著的负向劳动激励效应。尽管近年来农村低保的瞄准效率呈现出提升趋势，但其贫困识别过程、政策支持力度和可持续性仍有待进一步完善(朱梦冰和李实，2017)。另一方面，由于"新农保"所提供的养老金水平有限，其减贫作用仍然较小，并且在长期存在递减效应。郑晓冬等(2020)回顾了关于"新农保"政策效果的主要文献，发现"新农保"能够在一定程度上降低农村低收入家庭的贫困发生率和贫困脆弱性，增加生存型消费，但总体效果比较有限，并且该政策的成效将随着时间的推移，因农村居民收入的提高和对政策认识的深入而逐渐减弱。

由于"农村低保"和"新农保"制度的主要目标分别是保障农村低收入群体与老年人的基本生活，因而关于农村公共转移支付与儿童人力资本发

---

①　2014 年 2 月，《国务院关于建立统一的城乡居民基本养老保险制度的意见》颁布，将"新农保"与"城居保"制度合并，实现了城乡居民社会养老保险的跨户籍和跨区域转移，参加城乡居民社会养老保险的主体仍是农村居民。

展的研究比较少见。不过,随着关于主要政策目标的研究日渐丰富,部分研究者开始将视角转向现有农村公共转移支付的溢出效应,儿童的人力资本发展便是其中之一。例如,刘成奎和齐兴辉(2019)通过对2012年CFPS数据的分析发现,"农村低保"制度对家庭增加教育投入和改善教养方式有积极作用,并能显著提高农村儿童的认知能力,不过较低的瞄准效率和救助水平限制了其正向影响。李琴和周先波(2018)基于2011—2013年CHARLS数据的研究显示,"新农保"通过收入效应和劳动替代效应显著增加了老年人的隔代照料时间。利用2012—2014年CFPS数据的实证研究表明,"新农保"提高了农村儿童的营养健康水平,特别是农村留守儿童,但该影响的经济显著性仍然有限(于新亮等,2019;Zheng et al.,2020)。

虽然中国农村地区的贫困发生率不断降低,儿童教育和营养健康也有较大改善,但儿童发展仍然是不平衡不充分的,贫困农村的儿童发展问题尤其需要重视。根据《中国儿童发展报告(2017)》,贫困地区最弱势的超过20%的儿童仍然缺乏足够的营养摄入、早期养育和教育机会等,同时这部分儿童也是心理问题突出、遭受虐待和忽视的高危群体。虽然中国针对农村地区儿童发展试点实施了多个项目(见表8-4),同时儿童发展已被纳入国家发展规划和扶贫规划,但目前中国农村仍未建立正式的、瞄准农村儿童的转移支付政策。亚洲开发银行(2012)认为,在中国开展针对贫困群体的有条件现金转移支付项目合乎时宜,有助于实现包容性均衡发展,旨在促进农村儿童人力资本投资的有条件现金转移支付项目或许是对现有政策体系的良好补充。

(二)有条件现金转移支付项目在中国的实践与展望

目前,关于中国的有条件现金转移支付项目试点和随机干预实验评估研究,主要集中于中国科学院和北京大学的张林秀研究团队,以及西南财经大学甘犁研究团队。张林秀团队在中国西北贫困农村地区分别进行了儿童教育和妇幼保健服务主题的有条件现金转移支付随机干预实验评估。儿童教育方面,该团队于2009—2010年在西北地区国家级贫困县中抽取了10所初中的1507名学生进行随机干预实验,其中300名学业表现不佳

表 8-4　21 世纪以来有关中国农村儿童发展的主要政策

实施年份	主要政策	扶持对象	主要内容
2001	"两免一补"项目	贫困地区	免学杂费,免书本费,补助寄宿生生活费
2003	"新农合"项目	贫困地区	建立以大病统筹为主的新型农村合作医疗制度
2009	增补叶酸项目	农村地区	减少新生儿的神经缺陷
2011	学前教育行动计划	中西部农村地区	缓解农村儿童"入园难"
2011	营养改善计划项目	贫困地区	改善农村义务教育学生营养状况
2011	乡村学校少年宫项目	农村地区	改善农村学生学习和文化娱乐条件
2012	"营养包"项目	贫困地区	为 6—24 月龄婴幼儿提供营养包,提高抚养人科学喂养知识水平
2014	儿童早期综合发展项目	试点贫困地区	促进 0—3 周岁儿童早期综合发展
2016	家庭教育项目	农村地区	建立家长学校或家庭教育指导服务站点

资料来源:根据《中国儿童发展报告(2017)》《中央专项彩票公益金支持乡村学校少年宫项目管理办法》和《关于指导推进家庭教育的五年规划(2016—2020 年)综合整理所得。

的贫困学生作为项目干预组,其余学生作为对照组。干预组学生所在家庭将在每学期获得 500 元的现金补贴,前提是学生上学出勤率达到 80% 以上。研究结果显示,该农村地区 7—8 年级学生的辍学率达 7.8%,贫困家庭的儿童辍学率高达 13.3%,接受项目干预的农村儿童的辍学率显著下降了 60%,但学习表现(测试成绩)并没有显著变化(Mo et al.,2013)。妇幼保健服务方面,该团队首先在 2012 年调查了甘肃、四川和云南 3 省共 993 个村庄的妇幼保健服务利用情况,发现西部农村地区孕产妇的在医院分娩、接受产前保健和产后护理的比例分别为 80%、89% 和 64%,与全国平均水平有较大差距(Liu et al.,2016)。而后,项目组在 2013—2014 年,从中选取了 75 个村庄进行了村级妇幼保健服务有条件现金转移支付项目的随机干预实验,其中 25 个村庄为干预组,其余村庄为对照组。在干预组村庄中,若孕产妇接受 7 种给定的妇幼保健服务(条件)的至少一种[①],则将收到项目组提供的 1000 元现金补贴。研究发现,该项目显著提高了孕产妇的妇幼保健服务利用率,同时也在一定程度上促进了当地孕产妇对妇幼保健服务的认识,不过新生儿健康状况未现明显改善(Zhou et al.,2020)。甘犁团队主导进行的有条件现金转移支付项目"青少年教育促进计划"主要关注农村儿童教育,项目对学生家庭和教师进行现金补贴的条件是儿童的教育表现达到指定标准。该项目于 2015 年 4 月开始在四川省乐山市试点实施,共选取了 32 所义务教育小学的 5700 个家庭和 7000 余名师生作为激励对象。对该项目的影响评估结果显示,参与随机干预实验的小学生的语文和数学成绩分别显著提高 7.5%、19.0%,并且项目对成绩较差和贫困家庭学生的影响更加明显(甘犁,2019)。

尽管正在中国试点实施的有条件现金转移支付项目大多取得了良好的效果,但对项目的方案优化设计缺少充分研究。因此,若要长期实施并推广有条件现金转移支付项目,至少需要在以下三个方面对项目的设计、执行与发展思路进行深入探讨(见图 8-2)。

第一,合理设计有条件现金转移支付项目的主要特征,重视需求侧目

---

① 这 7 种妇幼保健服务(条件)包括:产前检查、在医院接生、产后检查、产后一小时内进行母乳喂养、产后单独母乳喂养 6 个月、产后带孩子接受需要的免疫服务、产后带孩子进行身体检查。

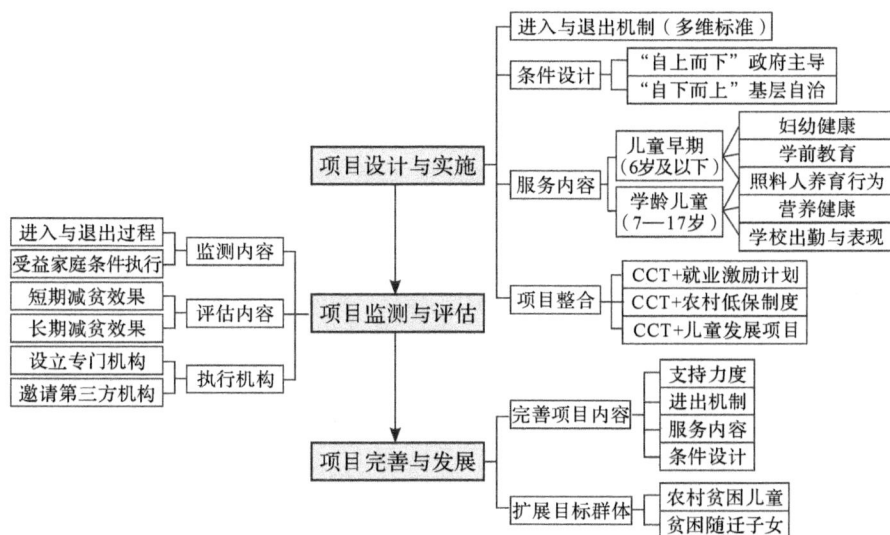

图 8-2　面向中国农村的有条件现金转移支付项目的设计、执行与发展思路

标群体对政策方案的偏好，兼顾供给侧教育和健康服务的质量。有条件现金转移支付项目设计的基础是明确项目针对的发展阶段、目标群体、实施内容和具体条件。从当前现实来看，中国儿童发展的不平衡性主要表征为城乡和地区间差异，不充分性主要体现在学前教育和儿童早期养育短板。因此，有条件现金转移支付项目设计首先应瞄准贫困农村地区的儿童，并根据多维标准识别目标群体，设计进入退出机制。在关注学龄儿童的上学出勤和学习表现的同时，需要强调针对儿童早期的妇幼健康、学前教育、照料人养育行为（包括营养健康和教育等方面）的服务供给以及相应的现金转移支付条件设定。政府可以依据地区发展情况识别贫困村和确定项目的总体规划（"自上而下"机制）。在具体决定受助者接受补贴的条件、补贴额度和支付过程时，可以借鉴已有实践经验，充分考虑基层意愿，发挥农户的参与权和自主权（"自下而上"机制）。例如，可以基于选择实验分析目标群体对不同有条件现金转移支付项目方案的偏好状况，并通过一定规模的随机干预实验进行验证。此外，为充分发挥项目的效果，应在供给侧完善农村教育和健康服务设施与队伍建设，提供与项目成效挂钩的物质激励。

　　第二，充分考虑有条件现金转移支付项目的潜在局限性，研究整合有条件现金转移支付项目与其他反贫困政策的必要性和可行性。有条件现金转移支付项目潜在的负向劳动激励以及政策碎片化问题将直接影响项目的最终效果。从现有的理论研究和实践经验来看，主要有两种破解策略。一是尝试结合有条件现金转移支付项目和就业激励项目来避免贫困家庭的福利依赖。例如，甘犁团队在进行"青少年教育促进计划"的同时，借鉴美国的劳动所得税抵免制度，开展了一项以鼓励贫困人口劳动为目标的"劳动收入奖励计划"①（甘犁，2019）。田野实验的初步结果表明，该项目能够显著促进贫困家庭的劳动参与，提高家庭劳动收入和消费水平，这为减少有条件现金转移支付项目潜在的负向劳动激励提供了一项政策组合工具。二是尝试融合有条件现金转移支付项目与"农村低保"制度以及其他农村儿童发展项目，以此减少贫困人群重复覆盖的资源低效配置问题。例如，可以考虑将有条件现金转移支付项目融入"农村低保"制度，作为瞄准有子女家庭进行长期多维减贫的方式。对于无子女家庭和老年人家庭，则需要无条件现金转移支付政策进行兜底。同时，也可以尝试衔接有条件现金转移支付项目与现行的婴幼儿和学龄儿童营养改善计划等儿童发展项目，进而更加有效地配置资源。

　　第三，探索建立有条件现金转移支付项目的监测评估体系及其执行机构，顺应城乡发展趋势，适时扩展目标群体。除政策设计外，有条件现金转移支付项目能否有效执行和及时调整也关乎该政策的成效与未来发展。因此，有必要对项目的进入和退出过程、受益家庭对项目实施条件的遵从程度等内容进行定期监测管理，以此确保项目精准可持续。同时，应秉持基于证据的政策设计原则，运用反事实因果评估方法对有条件现金转移支付项目的短期和长期减贫效果进行科学评价，发现项目存在的不足，并完善项目的设计和执行过程。考虑到可能面临的决策体系结构性因素，可以建立专门的有条件现金转移支付项目监测和评估机构来解决跨部门协调

---

　　① 该计划由西南财经大学中国家庭金融调查中心于 2014 年设计实施，项目面向四川省乐山市农村贫困劳动人口，参与家庭平均每月领取 459 元现金奖励（相当于当地贫困家庭月收入的20％），奖励金额与劳动时间挂钩。

合作问题①(徐晓新和张秀兰,2016)。在进行具体的政策评估时,应当邀请第三方机构进行公正公开的项目效果评估。此外,有条件现金转移支付项目的目标群体也应随城乡发展趋势进行相应调整。尽管后 2020 时代的长期减贫主战场仍然在农村,但是减贫方向将从以农村为主转向兼顾农村和城市(陈志钢等,2019)。随着新生代农民工逐步成为城乡流动人口的主体,家庭化迁移趋势日益明显,农民工随迁子女数量不断增加。与此同时,由于户籍制度的约束和相对高昂的生活成本,农民工随迁子女的人力资本及其家庭贫困状况不容忽视。因此,也有必要考虑在未来实施瞄准随迁子女群体的有条件现金转移支付项目,进而帮助建立城乡统筹的贫困治理体系,从提升随迁子女人力资本水平的角度推进新型城镇化和乡村振兴。

六、本章小结

在 2020 年基本消除现行标准下的绝对贫困后,中国的反贫困战略将主要围绕预防长期贫困现象和解决相对贫困问题展开。科学设计和实施激励相容的公共转移支付政策有助于实现长期可持续的减贫目标,有效改善收入分配格局,同时有利于扩大中等收入群体,提高总体消费水平,形成经济发展的"转移支付红利"。本章认为,有条件现金转移支付是中国现阶段可以重点考虑的、实现农村长效脱贫的一项政策工具,现有随机干预实验研究已经证明了有条件现金转移支付项目在西部农村地区有显著的短期成效。但从当前的情况来看,除项目的长期效果有待检验外,政策方案设计的完善与资源配置的优化也值得引起研究者和决策层的充分重视,这是决定有条件现金转移支付项目能否在中国持续发展的关键依据之一。有条件现金转移支付项目的设计与执行需要考虑中国农村贫困和儿童发展的特点,结合"自上而下"和"自下而上"的政策设计思路。一方面坚持政府在贫困治理格局上的主导作用;另一方面充分考虑贫困群体的项目参与

---

①　由于有条件现金转移支付项目在现金转移支付的同时,还将涉及儿童的教育和健康服务,理论上参与该政策设计的部门包括人力资源和社会保障部、财政部、教育部、国家卫生健康委员会等。

意愿,发挥基层民主决策的重要作用。与此同时,需要统筹兼顾供需两侧的目标群体和服务供给,以及进一步融合协调有条件现金转移支付项目和其他反贫困政策,从而避免政策碎片化,实现不同政策的优势互补。此外,有条件现金转移支付项目的有效实施和完善也离不开健全的监测与评估体系,项目的目标群体和覆盖范围也需要顺应城乡发展新形势进行相应调整。总之,科学设计包括有条件现金转移支付项目在内的反贫困政策需要做到因时制宜、因地制宜和因贫制宜,只有"对症下药",才能消除贫困的"病根"。经过合理的本土化政策方案设计和执行过程,相信有条件现金转移支付将有助于优化中国长期可持续减贫战略的政策选择和实施效果。

第九章
研究结论与政策建议

在工业化和城镇化的进程中,中国农村经济不断增长,农民收入不断提高。但与此同时,城镇化和人口老龄化也使得农村家庭核心化与小型化的格局日趋凸显,农村老年人,特别是农村留守老人经济状况窘迫、生活照料缺失以及精神抑郁明显等问题亟待解决。我国政府于2009年9月启动了"新农保"推广试点,此后该政策在全国范围内快速推广,到2012年末,"新农保"政策已基本覆盖了全国所有县级行政区。"新农保"政策已经成为世界上覆盖人口最多的养老保障计划,也是农村社会保障体系的重要组成部分。政府、学界与公众对"新农保"政策寄予厚望,希望该政策能够改善农村居民养老质量并提高农村老年人福利水平。那么,"新农保"政策是否改善了农村老年人基本生活并进进了他们的主观福利?"新农保"政策的主观福利增进效应又是如何产生的?农村留守老人与非留守老人主观福利受"新农保"政策的影响是否有所不同?"新农保"对老年人的影响是否存在家庭层面的溢出效应?围绕这些问题,本书从多个数据、多个角度讨论并检验了"新农保"对农村老年人主观福利的影响及其机制,同时还分析了"新农保"养老金在家庭层面的儿童人力资本溢出效应,并基于研究结果提出政策优化建议。

一、主要结论

（一）"新农保"可显著增进农村老年人主观福利，相对收入效应发挥主要作用

基于 2011 年和 2013 年 CHARLS 数据，通过多种实证策略避免可能的内生性问题后发现，"新农保"政策显著增进了农村老年人的主观福利。具体而言，与未参保的农村老年人相比，参加"新农保"的老年人抑郁程度平均低 13％，生活满意度平均高 3％。同时，相比于男性、中高龄和非留守老人，"新农保"政策对女性、低龄和留守老人主观福利的影响更为明显。此外，在不同的"新农保"养老金水平下，主观福利的边际效应存在差异。当参保老年人仅领取基础养老金时，其主观福利水平与未参保老年人并无显著不同，而当领取养老金的水平超过基础养老金时，"新农保"对农村老年人主观福利的正面影响开始显现。使用 CHARLS 数据所得最具启示性的结论是：由于养老金水平仍然处于较低水平，"新农保"政策对农村老年人的主观福利增进效应并非主要来自养老金改善物质生活的绝对收入效应，或是闲暇时间增加的时间分配效应，而是源自相对剥夺感弱化的相对收入效应。即在当前阶段，"新农保"增进农村老年人主观福利的主要原因并非物质层面的经济支持的增加，而是精神层面的剥夺感的减弱，以及安全感与获得感的增强。后者塑造了参保者积极面对未来生活的信心与良好预期，从而增进其主观福利。

（二）"新农保"对留守老人主观福利增进作用明显，基本生活的保障是主要原因

不论是运用 CHARLS 数据，还是 CLHLS 数据进行分析，所得结果均显示，"新农保"政策能够显著提升农村留守老人的精神健康水平，降低其抑郁程度，并提高其睡眠质量和生活满意度。与此同时，"新农保"提供的养老金对农村非留守老人的各个主观福利指标并没有显著影响。进一步

探究"新农保"与全体农村老年人及农村留守老人的生活方式、生活水平的关系发现,在老年人的劳动与闲暇、健康行为、代际转移支付以及医疗与照料方面,"新农保"养老金并未对全体农村老年人及农村留守老人产生十分明显的影响。研究发现,"新农保"养老金主要促进了农村老年人的高蛋白食物(肉鱼蛋奶等)消费水平提高和饮食均衡,并在一定程度上改善了老年人对自身经济水平的评价,这一点对于农村留守老人尤为明显。因此,现阶段"新农保"养老金提供的养老保障仍是最基本的保障水平,它难以替代家庭养老的情感支持和生活照料的作用,并且也难以明显提高农村老年人的物质生活水平。

(三)"新农保"的主观福利增进作用主要表现为短期效应,在中长期将有所减弱

根据 CHARLS 数据的实证分析结果,"新农保"养老金对农村老年人的主观福利增进作用随参保时间的推移而减弱。即老年人参保越晚,其抑郁程度下降和生活满意度提高的水平将降低。这表现出"新农保"的主观福利作用体现在政策早期。与此同时,基于 CLHLS 的 2008—2011 年数据以及 2008—2014 年数据,本书对"新农保"对全体农村老年人及农村留守老人主观福利的短期与中长期影响分别进行分析。结果也表明,"新农保"存在显著的短期主观福利增进作用,这种作用在中长期则有所减弱。这表明,虽然"新农保"提供给农村参保老人一笔长期稳定的养老金,但这在很大程度上仅能在短期给予老年人精神上的信心与保障。较低的养老金水平对老年人物质生活上的支持作用可能仍然是有限的,特别是对于那些社会经济状况本身较好的群体。另外,由于随时间推移的收入增长和通货膨胀因素,养老金的主观福利增进效应也将随之减弱。因而,如不能给予参保老人持续的激励,其主观福利水平可能如同"踏水车"一般上升后又回到原点。

(四)"新农保"可缩小参保老人的主观福利差距,但弱势老人群体的参保率相对较低

基于 CLHLS 的实证分析结果显示,在已经领取"新农保"养老金的农

村老年人中，"新农保"对那些精神健康水平较低的老年人的主观福利增进作用显著，但对那些精神健康状况较好的老年人的作用则并不明显，对农村留守老人更是如此。这表明，"新农保"可以缩小参保老人的主观福利差距，减弱原本主观福利状况较差的老年人的相对剥夺感，特别是留守老人群体。因而，"新农保"政策不仅可增进农村老年人，特别是留守老人的总体主观福利，同时还能缩小农村老年人群体内部的主观福利差距。然而，进一步分析发现，相比于主观福利和家庭经济条件较好的老年人，那些主观福利和家庭收入水平较低的老年人的"新农保"参保率显著更低。这意味着现行农村社会养老保险制度在一定程度上仍存在"保富不保贫"的现象。鉴于养老金在短期的主观福利增进效应，这种情况可能扩大老年人的主观福利差距，成为居民养老质量均等化的"隐形"阻碍。

（五）"新农保"的影响在家庭层面存在溢出效应，儿童人力资本也会从"新农保"中获益

以儿童健康与教育为人力资本的表征，本书运用 2012 年和 2014 年的 CFPS 数据，系统讨论了"新农保"对农村儿童人力资本的溢出效应。在"新农保"的儿童健康效应方面，研究结果显示"新农保"养老金不仅对养老金的领取者，即农村老年人产生影响，还存在家庭层面的隔代溢出效应。研究发现，相比于家中没有老年人领取养老金的儿童，家中有老年人领取"新农保"养老金的农村儿童的年龄别身高（HAZ）和年龄别体重（WAZ）水平分别高 0.205、0.159 个标准差。换算成身高体重，家中有老年人领取"新农保"养老金可使农村儿童的身高平均增长 1.171 厘米，体重平均增加 0.892 千克。同时，"新农保"养老金的儿童健康改善效应对于男童、6—10 岁以及留守儿童更加明显，并且对健康水平较低儿童的健康改善效应更大。本书通过考察养老金影响农村儿童健康的可能渠道，包括儿童食物营养摄入、照料者对儿童的健康意识以及家庭卫生设施等发现，儿童食物消费水平的提高，尤其是高蛋白的营养物摄入的增加是养老金改善农村儿童健康的主要渠道。中国农村存在庞大的留守老人与留守儿童群体，并且留守儿童通常由祖辈照料，前述研究显示食物消费增加和自评经济水平提升

是农村老年人主观福利增进的主要来源，如此就不难理解农村儿童健康状况改善的主要原因。此外，除了老年人直接给予孙辈经济（实物）支持外，农村儿童健康状况改善的原因也可能是养老金挤出子女提供给老人的经济支持和照料时间，进而有更多资源和精力来更好地照料儿童。

在"新农保"的儿童教育效应方面，研究结果表明，"新农保"对农村儿童的入学率和字词技能有显著的正面作用。异质性分析结果显示，"新农保"对男性、年龄较小、留守以及贫困的农村儿童教育改善有更加明显的影响。进一步考察作用机制发现，祖父母和父母的照料增加，以及伴随的儿童健康状况和学习行为的改善，是"新农保"影响农村儿童教育的主要渠道。"新农保"的儿童人力资本溢出效应的政策启示是，评估包括公共政策的影响并探索政策改进思路时，应当从家庭层面进行综合考虑。若要更有效地促进农村儿童，特别是处于社会经济弱势的儿童人力资本积累，应当重视和完善相关农村公共转移支付项目和儿童照料政策。

二、政策建议

（一）继续逐步提高养老金水平，完善养老金待遇调整机制

就目前的情况来看，在参加"新农保"的农村居民中，多数居民的缴费档次为最低档，同时有很大一部分老年人未缴费直接领取基础养老金。这也就意味着现阶段中央提供的基础养老金占据了农村老年人领取的"新农保"养老金的主要部分。2009—2018年，全国基础养老金经过两次上调，分别从2009年的55元/月提升到2014年的70元/月，而后又提升到2018年的88元/月。然而，基础养老金的上升速度远低于农村居民收入增长速度，甚至未超过农村消费价格指数的提升速度。这也是"新农保"未能从物质生活上显著增进农村老年人主观福利的重要原因。因此，在今后"新农保"政策的实施过程中，需要继续逐步提高养老金水平，特别需要注意完善养老金待遇的调整机制。具体而言，在中央财力允许的情况下，可以将养老金待遇与地方农民收入增长速度与农村居民消费价格指数相挂钩，综合

考虑两者之后设定下一期的养老金待遇水平,使其与当地收入及物价增长水平同步。同时,地方政府也应按照当地实际情况适时和适度地调整养老金的地方补贴水平,从而更好地提升农村老年人的生活质量和主观福利水平。此外,应当给予参保农村居民,尤其是参保老年人持续"刺激",使得"新农保"养老金的主观福利增进作用不仅是短期效应,更能够在中长期对农村老年人的生活质量产生积极作用。

(二)健全参保和缴费激励机制,做好城乡养老保险制度的衔接

"新农保"政策的长期稳定执行不仅需要中央财政提供支持,同时也需要大量参保人员的缴费贡献,这就需要更多农村居民参保并选择更高的缴费档次。然而,现行的"新农保"政策在参保政策与缴费激励机制方面仍存在一些需要改进之处。首先,在参保政策方面,为促使更多农村居民参保,仍有地区实行"家庭捆绑"参保条款,即符合参保资格的农村老年人直接领取基础养老金的前提是其符合参保资格的子女均参保。该做法实际成了隐性的子女向上转移支付。对于社会经济水平较低的农村老年人以及子女外出务工的农村留守老人,这一条款反而不利于他们享受到"新农保"对其福利水平的正面影响。其次,在激励机制方面,现行的激励机制存在两方面的矛盾。一方面,为鼓励参保人员参加更高的缴费档次,"新农保"政策实行"多缴多得",即缴费档次越高,获得政府补贴越多。然而对于那些家庭经济状况本就相对贫困的老年人,其缴费档次通常落于较低的几档,因而其获得的补贴金额更低,这就形成了"保富不保贫"的局面。这与政策促进农村居民养老均等化的初衷相悖。另一方面,现行的"多缴多得"机制中不同缴费档次的补贴金额的差异有限。例如,目前的缴费档次从100～4000元共划分为13个档次,较为分散,但补贴金额的增加幅度仅为每增加一档多补5元/月,这就很难激励参保者提高缴费档次。

因此,一方面,需要结合精准扶贫战略思维,取消"新农保"政策的"家庭捆绑"条款,对贫困户、低保户以及留守家庭中的老年人进行"新农保"的政策倾斜,提供专项的支持和补贴,提高这部分老年人群体的参保率和养老金待遇,做到应保尽保,同时防止"骗保"行为。另一方面,需要适当增加

不同缴费档次的补贴差异,提高参保缴费者选择更高缴费档次的积极性。此外,需要做好完善城乡养老保险的衔接工作,这不仅包括"新农保"和城市居民社会养老保险间的衔接,还有"新农保"与城镇职工养老保险的衔接。做好相关的衔接工作可以使得未来的农村老年人,也就是目前的农村留守老人的子女——数量庞大的农民工群体安心参保,减少因养老保险分轨导致的不确定性等后顾之忧。

(三)加强政策宣传教育,提高基金管理水平与参保、领取程序的效率

随着"新农保"政策实施的深入,农村居民参保率逐渐提高。然而,仍有不少农村居民对"新农保"政策并不十分了解。这也是现阶段"新农保"普遍缴费档次较低的一个重要原因。因此,有必要继续加强"新农保"政策的宣传教育。可以通过简明的宣传册、专场讲座以及经验交流等方式宣传"新农保"养老金的账户结构、基础养老金水平、不同缴费档次和年限情况下的补贴额度以及总体养老金水平等。同时需要及时通知农村居民"新农保"政策基础养老金调整信息,做好政策的基本内容解释工作,使得农村居民能够较好地认识和了解"新农保"政策,稳定其在农村居民经济收益与养老保障方面发挥的作用。此外,需要加强"新农保"基金管理,提高基金保值增值能力,规避挪用挤占基金现象,稳定农村居民对"新农保"的收益预期。另外,在基层经办服务建设上:首先需要加强"新农保"经办队伍力量,提高经办人员业务素养,从而提升基层经办服务质量,确保"新农保"养老金准时发放;其次需要增加"新农保"金融服务网点,方便农民缴纳保费和领取养老金;最后,要完善"新农保"信息管理系统,确保参保者个人账户清晰合规,养老金准确有效发放,避免误领、冒领现象,提高"新农保"参保与养老金领取程序的效率与服务质量。

(四)系统全面评估"新农保"政策的影响,合理设置"新农保"政策的资金投入力度

"新农保"政策旨在改善农村老年人养老质量,促进养老均等化。现实中,"新农保"养老金的影响并非仅仅产生在老年人个体层面,其还在老年

人家庭层面存在溢出效应，比如养老金挤出子女代际支持以及改善儿童健康等。所以，在评估"新农保"政策的影响时，也应考虑家庭中其他成员的受益情况。系统、全面和科学的评估结果，能为"新农保"政策资金投入力度的设定提供支持。比如，在设定补贴额度和支持力度时，考虑老年人的留守状态（子女外出情况）、儿童数量及其教育和健康情况等，使得"新农保"在提高农村老年人福利水平同时，间接促进农村儿童的人力资本积累，提高未来农村劳动力的人力资本质量。同样，在评估其他公共转移支付项目时，也应以家庭为单位加以考虑，系统、全面地把握政策效果，进而更加科学合理地设置政策的资金投入力度。另外，全面评估"新农保"政策的影响还需要考虑"新农保"对农村不同类型老人家庭影响的异质性，加强"新农保"政策资金投入设置的针对性。

（五）发展农村就业和养老市场，提高农村家庭和社区养老服务供给水平与质量

由于国家财力的限制，在经济支持上，现阶段的"新农保"政策仍然难以替代家庭养老，在情感支持和生活照料方面，代际与人际的情感关系作用更是金钱难以取代的。"新农保"制度增进老年人福利的作用并非孤立进行的。养老金在放松老年人预算约束、减少老年人劳动供给的同时，也将增加其对养老服务以及社会活动参与的需求。因此，一方面，有必要在"乡村振兴"战略下发展农业产业和当地就业市场，提高乡村的"人气"，在提高农业收入与当地非农收入的同时，使农村老年人与其子女能够常聚，这对于老年人的主观福利增进作用将是有效的。另一方面，在农村青壮年劳动力大量外出的情况下，需要鼓励发展农村养老市场，支持包括起居照顾、精神慰藉、日常购物在内的社区居家养老服务的发展，提高农村养老服务供给水平与质量。与此同时，需要建立健全农村养老与体育活动基础设施，鼓励建立社会活动与体育锻炼的团体和组织。在进行身体锻炼的同时，扩大农村老年人，特别是农村留守、孤寡老人的交际圈，减少他们的孤独感，从而改善其福利状况。实地调研结果也显示，虽然"新农保"政策可以通过养老金的支持在一定程度上改善农村老年人的经济状况，保障农村

老年人的基本生活,增强其安全感,但在生活照料和情感支持方面,"新农保"并不能代替家庭养老的作用,而农村老年人对这两方面的需求很大,尤其是留守老人。因此,迫切需要通过其他手段和途径,比如社区或集体服务的形式为农村老年人提供医疗照料和情感方面的支持,提升其主观福利水平。

（六）科学设计实施激励相容的转移支付政策,有效促进农村人力资本发展

在乡村振兴的背景下,农村儿童人力资本是脱贫人口在长期实现内生可持续发展的重要资源,精准有效的公共转移支付项目对减少当期和长期贫困具有重要作用。改革开放以来,中国农村的公共转移支付政策体系不断扩充,已经形成为农村居民基本生活兜底的生存保护网。但是,目前我国仍未建立旨在促进农村儿童人力资本积累的公共转移支付项目,尽管"新农保"政策对农村儿童人力资本有溢出效应,但该效应的经济显著性仍然有限。为更加有效地促进农村人力资本发展,需要重视公共转移支付政策的精准性、有效性与参与性。从国际发展和国内实践经验来看,有条件转移支付能够实现激励相容,有助于在长期精准有效促进儿童人力资本发展,优化其成年后的劳动力市场表现。与此同时,在设计实施有条件转移支付项目时:首先需要合理设计项目的主要特征,重视需求侧目标群体对政策方案的偏好,兼顾供给侧教育和健康服务的质量,提高项目的参与性;其次需要充分考虑有条件现金转移支付项目的潜在局限性,研究整合有条件现金转移支付项目与其他反贫困政策的必要性和可行性,避免相关政策的碎片化,减少负向激励;最后需要探索建立项目的监测评估体系及执行机构,确保项目的实施效率。此外,除了提高农村经济弱势家庭的收入水平,还需要设计相关政策或干预项目增加农村儿童主要照料人的养育知识及实践,提升农村婴幼儿的科学养育水平,减少在儿童养育上的极端行为,包括溺爱,以及忽视和虐待等。多措并举,充分发挥农村儿童的人力资本发展潜力,缩小城乡居民长期发展差距。

三、研究不足与展望

本书试图采用科学合理的方法，通过多组数据和多个视角对"新农保"与农村老年人，特别是农村留守老人主观福利及儿童人力资本的关系进行较为深入细致的研究。但在研究内容、研究数据和研究方法上仍存在一定的不足，这些局限也是未来相关研究需要考虑和解决的重要问题。

在研究内容上，目前农村的支农惠农政策很多，包括种粮直接补贴、大型农业机械补贴、基础教育"两免一补"等。此外，新型农村合作医疗、农村最低生活保障制度、失地养老保险等也都是农村社会保障的重要组成部分。本书的着眼点和落脚点是"新农保"政策的效果，因此仅能知晓该政策的影响程度，难以比较该政策与其他政策的成效差异。而对后者的研究显然是重要的，它将影响中央在资源约束下推进"乡村振兴战略"时的具体政策偏向与选择。与此同时，尽管本书从儿童人力资本角度发现了"新农保"在农村家庭层面存在溢出效应，但仍难以回答这种溢出对农村老年人而言是主观福利的相对增进还是相对损失。这是因为家庭内部的利他主义所得的福利状况改善可能是非线性的。一方面，养老金促使老年人照料孙子女，而后者的人力资本积累本身有利于老年人"含饴弄孙"的福利增进；另一方面，将养老金用在家庭其他成员而非自己身上可能将削弱原本养老金带来的福利增进作用。因此，"新农保"养老金溢出效应研究值得更多学者在未来进一步探索。此外，值得注意的是，"新农保"政策和"城居保"政策在 2014 年合并为城乡居民基本养老保险政策。此次并轨是否可以进一步提高农村老年人，尤其是农村留守老人福利水平？这一问题也值得关注和探究。

其二，在研究数据上，尽管本书结合使用了 CLHLS、CHARLS 与 CFPS 进行描述统计和实证分析，并且通过对比前两者数据的基本结果证明总体结果一致可靠。然而，此种做法使得本书的行文流畅性有所不足，但这也是在包含老年人及其家庭丰富信息的长期追踪数据难以获得的情况下采取的折中之举。不过，随着包含丰富信息的大样本、高代表性的追踪调查的增多,此类问题将逐渐减少,这也为研究者进行感兴趣的经验分析提供了重要数据支撑。此外,值得说明的是,由于本书在选定数据和成书过程中,2013 年以后的 CHARLS 追踪数据、2014 年以后的 CLHLS 以及 CFPS 数据并未公布或完全公开,所以本书的实证研究主要使用的是 2011 年和 2013 年的 CHARLS 数据以及 2014 年及以前的 CLHLS 和 CFPS 调查数据,因而研究的时效性可能有所不足。不过,时效性问题是使用延时公布的公开数据库进行经验研究的通病,如仔细搜索文献,可以发现近期发表的关于农村养老问题的经验研究仍有不少运用了 2013 年及之前的 CHARLS 等公开数据库数据。由于这些公开数据库调查广泛的代表性、庞大的样本量,以及研究者关注问题本身的重要性与趣味性,对研究时效性的容忍度比地区性小规模调查相对更大一些。无论如何,随着时代的发展,政策、家庭与个人特征及其环境都可能发生变化,因此本书的结论仍需通过更新的数据进行验证。

其三,在研究方法上,本书运用了多种实证策略,试图避免可能的内生性问题并得到一致估计,但仍不能完全确保所得结果为纯粹的因果关系。由于个体主观福利的决定因素纷繁复杂,简单的回归分析往往会出现估计偏误问题。如果条件允许,今后的研究者与其在实证方法上绞尽脑汁,不如从研究问题的调查设计着手调整,转变为实验设计,形成基本完全的随机区组,使得经验研究结果更加接近真实世界。

参考文献

[1] Acemoglu D, Johnson S, Robinson J, et al. Institutional causes, macroeconomic symptoms: Volatility, crises and growth[J]. Journal of Monetary Economics, 2003(1): 49-123.

[2] Acock A C. Discovering Structural Equation Modeling Using Stata [M]. Stata Press Books, 2013.

[3] Ahnquist J, Wamala S P, Lindstrom M. Social determinants of health—A question of social or economic capital? Interaction effects of socioeconomic factors on health outcomes[J]. Social Science & Medicine, 2012(6): 930-939.

[4] Aizer A, Eli S, Ferrie J, et al. The long-run impact of cash transfers to poor families[J]. American Economic Review, 2016(4): 935-971.

[5] Akee R, Copeland W, Costello E J, et al. How does household income affect child personality traits and behaviors? [J]. American Economic Review, 2018(3): 775-827.

[6] Alatartseva E, Barysheva G. Well-being: Subjective and objective aspects[J]. Procedia-Social and Behavioral Sciences, 2015: 36-42.

[7] Alfonso V C, Allison D B, Rader D E, et al. The extended satisfaction with life scale: Development and psychometric properties [J]. Social Indicators Research, 1996(3): 275-301.

[8] Alix-Garcia J M, Sims K R E, Phaneuf D J. Using Referenda to Improve Targeting and Decrease Costs of Conditional Cash Transfers [M]. The World Bank, 2019.

［9］ Amarante V，Brun M. Cash transfers in Latin America：Effects on poverty and redistribution［J］. Economía，2018(1)：1-31.

［10］ Amuedo-Dorantes C，Juarez L. Old-age government transfers and the crowding out of private gifts：The 70 and above program for the rural elderly in Mexico［J］. Southern Economic Journal，2015(3)：782-802.

［11］ Ando A，Modigliani F. Tests of the life cycle hypothesis of saving：Comments and suggestions［J］. Bulletin of the Oxford Institute of Statistics，1957(2)：99-124.

［12］ Andresen E M，Malmgren J A，Carter W B，et al. Screening for depression in well older adults：Evaluation of a short form of the CES-D［J］. American Journal of Preventive Medicine，1994(2)：77-84.

［13］ Andrews F M，Withey S B. Social Indicators of Well-being：Americans' Perceptions of Life Quality［M］. Springer Science &. Business Media，2012.

［14］ Angelucci M，Attanasio O，Di Maro V. The impact of oportunidades on consumption，savings and transfers［J］. Fiscal Studies，2012(3)：305-334.

［15］ Apouey B，Geoffard P Y. Family income and child health in the UK［J］. Journal of Health Economics，2013(4)：715-727.

［16］ Araujo M C，Bosch M，Schady N. Can cash transfers help households escape an inter-generational poverty trap? ［M］//The Economics of Poverty Traps. University of Chicago Press，2019：357-382.

［17］ Ardington C，Bärnighausen T，Case A，et al. Social protection and labor market outcomes of youth in South Africa［J］. Industrial and Labor Relations Review，2016(2)：455-470.

［18］ Ardington C，Case A，Hosegood V. Labor supply responses to large social transfers: Longitudinal evidence from South Africa [J]. American Economic Journal: Applied Economics, 2009(1): 22-48.

[19] Atchley R C. A continuity theory of normal aging [J]. Gerontologist, 1989(2): 183-190.

[20] Attanasio O, Mesnard A. The impact of a conditional cash transfer programme on consumption in Colombia[J]. Fiscal Studies, 2006 (4): 421-442.

[21] Azevedo V, Robles M. Multidimensional targeting: Identifying beneficiaries of conditional cash transfer programs [J]. Social Indicators Research, 2013(2): 447-475.

[22] Baird S, Ferreira F H G, Özler B, et al. Conditional, unconditional and everything in between: A systematic review of the effects of cash transfer programmes on schooling outcomes[J]. Journal of Development Effectiveness, 2014(1): 1-43.

[23] Banerjee A V, Duflo E. Poor Economics: A Radical Rethinking of the Way to Fight Global Poverty[M]. Public Affairs, 2011.

[24] Banerjee A V, Duflo E. The experimental approach to development economics[J]. Annual Review of Economics, 2009(1): 151-178.

[25] Barham T, Macours K, Maluccio J A. Are conditional cash transfers fulfilling their promise? Schooling, learning, and earnings after 10 years[J]. Research Papers in Economics, 2017: 1-96.

[26] Barrientos A, Hulme D, Stewart F. Social Protection for the Poor and Poorest: Concepts, Policies and Politics[M]. Springer, 2010.

[27] Barro R J. Are government bonds net wealth? [J]. Journal of Political Economy, 1974(6): 1095-1117.

[28] Bastagli F, Hagen-Zanker J, Harman L, et al. The impact of cash transfers: A review of the evidence from low-and middle-income countries[J]. Journal of Social Policy, 2019(3): 569-594.

[29] Bauchet J, Undurraga E A, Reyes-García V, et al. Conditional cash

transfers for primary education: Which children are left out? [J].
World Development, 2018: 1-12.

[30] Baulch B. The medium-term impact of the primary education stipend
in rural Bangladesh[J]. Journal of Development Effectiveness, 2011
(2): 243-262.

[31] Beck A T, Steer R A, Carbin M G. Psychometric properties of the
Beck Depression Inventory: Twenty-five years of evaluation[J].
Clinical Psychology Review, 1988(1): 77-100.

[32] Becker G S. A theory of social interactions[J]. Journal of Political
Economy, 1974(6): 1063-1093.

[33] Becker G S. A theory of the allocation of Time[J]. Economic
Journal, 1965(299): 493-517.

[34] Becker G S. Human Capital: A Theoretical and Empirical Analysis,
with Special Reference to Education[M]. University of Chicago
Press, 2009.

[35] Becker G S. Investment in human capital: A theoretical analysis[J].
Journal of Political Economy, 1962(5): 9-49.

[36] Becker N, Jesus S, João K, et al. Depression and sleep quality in
older adults: a meta-analysis[J]. Psychology, Health & Medicine,
2016(8): 889-895.

[37] Bhatia S, Singh S. Empowering women through financial inclusion:
A study of urban slum[J]. Vikalpa, 2019(4): 182-197.

[38] Blanchflower D G, Oswald A J. Money, sex and happiness: An
empirical study[J]. Scandinavian Journal of Economics, 2004(3):
393-415.

[39] Blanchflower D G, Oswald A J. Well-being over time in Britain and
the USA[J]. Journal of Public Economics, 2004(7-8): 1359-1386.

[40] Bornstein M H, Bradley R H. Socioeconomic Status, Parenting,
and Child Development[M]. Taylor and Francis, 2014.

[41] Brickman P. Hedonic relativism and planning the good society[J]. Adaptation Level Theory，1971：287-301.

[42] Bruni L，Porta P L. Economics and Happiness：Framing the Analysis[M]. Oxford University Press，2005.

[43] Cainzos-Achirica M，Capdevila C，Vela E，et al. Individual income，mortality and healthcare resource use in patients with chronic heart failure living in a universal healthcare system：A population-based study in Catalonia，Spain[J]. International Journal of Cardiology，2019：250-257.

[44] Carneiro P M，Heckman J J. Human capital policy[R]. National Bureau of Economic Research，2003.

[45] Case A，Lubotsky D，Paxson C. Economic status and health in childhood：The origins of the gradient[J]. American Economic Review，2002(5)：1308-1334.

[46] Case A，Wilson F. Health and wellbeing in South Africa：Evidence from the Langeberg survey[D]. Princeton University，2000.

[47] Case A. Does Money Protect Health Status? Evidence from South African pensions[M]// Perspectives on the Economics of Aging. University of Chicago Press，2004：287-312.

[48] Caucutt E M，Lochner L. Early and late human capital investments，borrowing constraints，and the family[J]. Journal of Political Economy，2020(3)：1065-1147.

[49] Chen X，Eggleston K，Sun A. The impact of social pensions on intergenerational relationships：Comparative evidence from China[J]. Journal of the Economics of Ageing，2018：225-235.

[50] Chen X，Silverstein M. Intergenerational social support and the psychological well-being of older parents in China[J]. Research on aging，2000(1)：43-65.

[51] Chen X，Wang T，Busch S H. Does money relieve depression?

Evidence from social pension expansions in China[J]. Social Science & Medicine, 2019: 411-420.

[52] Chen X. Old age pension and intergenerational living arrangements: A regression discontinuity design[J]. Review of Economics of the Household, 2017(2): 455-476.

[53] Chen Y, Li H. Mother's education and child health: Is there a nurturing effect? [J]. Journal of Health Economics, 2009(2): 413-426.

[54] Cheng L, Liu H, Zhang Y, et al. The health implications of social pensions: Evidence from China's new rural pension scheme[J]. Journal of Comparative Economics, 2018(1): 53-77.

[55] Cheng L, Liu H, Zhang Y, et al. The heterogeneous impact of pension income on elderly living arrangements: Evidence from China's new rural pension scheme [J]. Journal of Population Economics, 2018(1): 155-192.

[56] Chyi H, Mao S. The determinants of happiness of China's elderly population[J]. Journal of Happiness Studies, 2012(1): 167-185.

[57] Clark A E, Frijters P, Shields M A. Relative income, happiness, and utility: An explanation for the Easterlin paradox and other puzzles[J]. Journal of Economic Literature, 2008(1): 95-144.

[58] Cong Z, Silverstein M. Intergenerational time-for-money exchanges in rural China: Does reciprocity reduce depressive symptoms of older grandparents? [J]. Research in Human Development, 2008(1): 6-25.

[59] Costa Jr P T. Still stable after all these years: Personality as a key to some issues in adulthood and old age[J]. Life Span Development and Behavior, 1980: 65-102.

[60] Cox D, Hansen B E, Jimenez E. How responsive are private transfers to income? Evidence from a laissez-faire economy [J].

Journal of Public Economics, 2004(9-10): 2193-2219.

[61] Cox D. Motives for private income transfers[J]. Journal of Political Economy, 1987(3): 508-546.

[62] Cumming E, Henry W E. Growing Old, the Process of Disengagement[M]. Basic Books, 1961.

[63] Cunha F, Heckman J. The technology of skill formation [J]. American Economic Review, 2007(2): 31-47.

[64] Currie J, Almond D. Human capital development before age five [M]// Handbook of Labor Economics. Elsevier, 2011: 1315-1486.

[65] Currie J, Stabile M. Socioeconomic status and child health: Why is the relationship stronger for older children? [J]. American Economic Review, 2003(5): 1813-1823.

[66] Currie J. Healthy, wealthy, and wise: Socioeconomic status, poor health in childhood, and human capital development[J]. Journal of Economic Literature, 2009(1): 87-122.

[67] Currie J. Welfare and the Well-being of Children[M]. Taylor & Francis, 2013.

[68] Dahl G B, Lochner L. The impact of family income on child achievement: Evidence from the earned income tax credit [J]. American Economic Review, 2012(5): 1927-1956.

[69] De Carvalho Filho I E. Old-age benefits and retirement decisions of rural elderly in Brazil[J]. Journal of Development Economics, 2008 (1): 129-146.

[70] De la Miyar J R B. The effect of conditional cash transfers on reporting violence against women to the police in Mexico [J]. International Review of Law and Economics, 2018: 73-91.

[71] Deaton A. Income, health, and well-being around the world: Evidence from the Gallup World Poll [J]. Journal of Economic Perspectives, 2008(2): 53-72.

[72] Deaton A. Relative deprivation, inequality, and mortality[R]. National Bureau of Economic Research, 2001.

[73] Devereux S, Masset E, Sabates-Wheeler R, et al. The targeting effectiveness of social transfers [J]. Journal of Development Effectiveness, 2017(2): 162-211.

[74] Diener E D, Emmons R A, Larsen R J, et al. The satisfaction with life scale[J]. Journal of Personality Assessment, 1985(1): 71-75.

[75] Diener E, Suh E M, Lucas R E, et al. Subjective well-being: Three decades of progress[J]. Psychological Bulletin, 1999(2): 276.

[76] Ding Y. Personal life satisfaction of China's rural elderly: Effect of the New Rural Pension Programme[J]. Journal of International Development, 2017(1): 52-66.

[77] DiPrete T A, Eirich G M. Cumulative advantage as a mechanism for inequality: A review of theoretical and empirical developments[J]. Review of Sociology, 2006: 271-297.

[78] Dolan P, Peasgood T, White M. Do we really know what makes us happy? A review of the economic literature on the factors associated with subjective well-being[J]. Journal of Economic Psychology, 2008(1): 94-122.

[79] Duflo E. Grandmothers and granddaughters: Old-age pensions and intrahousehold allocation in South Africa[J]. The World Bank Economic Review, 2003(1): 1-25.

[80] Duncan G J, Magnuson K, Votruba-Drzal E. Boosting family income to promote child development[J]. Future of Children, 2014: 99-120.

[81] Duncan G J, Morris P A, Rodrigues C. Does money really matter? Estimating impacts of family income on young children's achievement with data from random-assignment experiments[J]. Developmental Psychology, 2011(5): 1263.

［82］ Duncan G J，Murnane R J. Growing income inequality threatens American education［J］. Phi Delta Kappan，2014(6)：8-14.

［83］ Dynan K E，Ravina E. Increasing income inequality，external habits，and self-reported happiness［J］. American Economic Review，2007(2)：226-231.

［84］ Easterlin R A. Building a better theory of well-being［J］. Economics and Happiness：Framing the Analysis，2005：29-64.

［85］ Easterlin R A. Does economic growth improve the human lot? Some empirical evidence［M］//Nations and Households in Economic Growth. Academic Press，1974：89-125.

［86］ Easterlin R A. Will raising the incomes of all increase the happiness of all?［J］. Journal of Economic Behavior & Organization，1995(1)：35-47.

［87］ Edmonds E V. Child labor and schooling responses to anticipated income in South Africa［J］. Journal of Development Economics，2006(2)：386-414.

［88］ Eggleston K，Sun A，Zhan Z. The impact of rural pensions in China on labor migration［J］. World Bank Economic Review，2018(1)：64-84.

［89］ Fang X，Zheng X，Fry D A，et al. The economic burden of violence against children in South Africa［J］. International Journal of Environmental Research and Public Health，2017(11)：14-31.

［90］ Feldstein M. Social security，induced retirement，and aggregate capital accumulation［J］. Journal of Political Economy，1974(5)：905-926.

［91］ Ferrer-i-Carbonell A. Income and well-being：An empirical analysis of the comparison income effect［J］. Journal of Public Economics，2005(5-6)：997-1019.

［92］ Festinger L. A theory of social comparison processes［J］. Human

Relations，1954(2)：117-140.

[93] Filmer D，Schady N. Does more cash in conditional cash transfer programs always lead to larger impacts on school attendance？[J]. Journal of Development Economics，2011(1)：150-157.

[94] Filmer D，Schady N. The medium-term effects of scholarships in a low-income country[J]. Journal of Human Resources，2014(3)：663-694.

[95] Fiszbein A，Schady N，Ferreira F H G，et al. Conditional Cash Transfers：Reducing Present and Future Poverty[M]. World Bank Publications，2009.

[96] Fletcher J M，Wolfe B. The importance of family income in the formation and evolution of non-cognitive skills in childhood[J]. Economics of Education Review，2016：143-154.

[97] Floro M S. Economic restructuring，gender and the allocation of time[J]. World Development，1995(11)：1913-1929.

[98] Francesconi M，Heckman J J. Child development and parental investment：Introduction[J]. Economic Journal，2016(596)：1-27.

[99] Frankenberg E，Lillard L，Willis R J. Patterns of intergenerational transfers in Southeast Asia[J]. Journal of Marriage and Family，2002(3)：627-641.

[100] Fratiglioni L，Paillard-Borg S，Winblad B. An active and socially integrated lifestyle in late life might protect against dementia[J]. Lancet Neurology，2004(6)：343-353.

[101] Frey B S，Stutzer A. What can economists learn from happiness research？[J]. Journal of Economic Literature，2002(2)：402-435.

[102] Frijters P，Beatton T. The mystery of the U-shaped relationship between happiness and age[J]. Journal of Economic Behavior and Organization，2008(2)：525-542.

[103] Galiani S，Gertler P，Bando R. Non-contributory pensions[J].

Labour Economics, 2016: 47-58.

[104] Gertler P. The impact of Progresa on health: A final report[R]. International Food Policy Research Institute, 2000.

[105] Glaeser E L, Lu M. Human-capital externalities in China[R]. National Bureau of Economic Research, 2018.

[106] Glewwe P, Kassouf A L. The impact of the Bolsa Escola/Familia conditional cash transfer program on enrollment, dropout rates and grade promotion in Brazil[J]. Journal of Development Economics, 2012(2): 505-517.

[107] Goode A, Mavromaras K. Family income and child health in China [J]. China Economic Review, 2014: 152-165.

[108] Goode W J. World revolution and family patterns[J]. Journal of Marriage and Family, 1963(3): 856.

[109] Grossman M. On the concept of health capital and the demand for health[J]. Journal of Political Economy, 1972(2): 223-255.

[110] Hair N L, Hanson J L, Wolfe B L, et al. Association of child poverty, brain development, and academic achievement[J]. JAMA Pediatrics, 2015(9): 822-829.

[111] Ham A, Michelson H C. Does the form of delivering incentives in conditional cash transfers matter over a decade later? [J]. Journal of Development Economics, 2018: 96-108.

[112] Hanushek E A. Developing a Skills-based Agenda for 'New Human Capital' Research[R]. American Economic Association, Ten Years and Beyond: Economists Answer NSF's Call for Long-Term Research Agendas, 2010.

[113] He Z, Fang X, Rose N, et al. Rural minimum living standard guarantee (rural Dibao) program boosts children's education outcomes in rural China[J]. China Agricultural Economic Review, 2021(1): 223-246.

[114] Headey B. Life goals matter to happiness: A revision of set-point theory[J]. Social Indicators Research, 2008(2): 213-231.

[115] Headey B. The set point theory of well-being has serious flaws: on the eve of a scientific revolution? [J]. Social Indicators Research, 2010(1): 7-21.

[116] Heckman J J, Corbin C O. Capabilities and skills[J]. Journal of Human Development and Capabilities, 2016(3): 342-359.

[117] Heckman J J, Mosso S. The economics of human development and social mobility [J]. Annual Review of Economics, 2014 (1): 689-733.

[118] Heckman J J, Rubinstein Y. The importance of noncognitive skills: Lessons from the GED testing program [J]. American Economic Review, 2001(2): 145-149.

[119] Heckman J J. Skill formation and the economics of investing in disadvantaged children[J]. Science, 2006(5782): 1900-1902.

[120] Heckman J, Pinto R, Savelyev P. Understanding the mechanisms through which an influential early childhood program boosted adult outcomes[J]. American Economic Review, 2013(6): 2052-2086.

[121] Heller K, Thompson M G, Vlachos-Weber I, et al. Support interventions for older adults: Confidante relationships, perceived family support, and meaningful role activity[J]. American Journal of Community Psychology, 1991(1): 139.

[122] Hill J L, Waldfogel J, Brooks-Gunn J, et al. Maternal employment and child development: A fresh look using newer methods[J]. Developmental Psychology, 2005(6): 833.

[123] Huang L, Tan R. The impact of social security policies on farmland reallocation in rural China [J]. China Agricultural Economic Review, 2018(4): 626-646.

[124] Imbens G, Kalyanaraman K. Optimal bandwidth choice for the

regression discontinuity estimator [J]. Review of Economic Studies, 2012(3): 933-959.

[125] Inglehart R. Globalization and postmodern values[J]. Washington Quarterly, 2000(1): 215-228.

[126] International Food Policy Research Institute. Proyecto PRAF/BID Fase Ⅱ: Impacto Intermedio, Sexto Informe[R]. International Food Policy Research Institute, 2003.

[127] Jany-Catrice F, Méda D. Well-being and the wealth of nations: How are they to be defined? [J]. Review of Political Economy, 2013(3): 444-460.

[128] Jensen R T. Do private transfers "displace" the benefits of public transfers? Evidence from South Africa [J]. Journal of Public Economics, 2004(1-2): 89-112.

[129] Johnston D W, Propper C, Shields M A. Comparing subjective and objective measures of health: Evidence from hypertension for the income/health gradient[J]. Journal of Health Economics, 2009(3): 540-552.

[130] Jorgenson D W, Fraumeni B M. Investment in education and US economic growth[J]. Scandinavian Journal of Economics, 1992: S51-S70.

[131] Kabeer N, Waddington H. Economic impacts of conditional cash transfer programmes: A systematic review and meta-analysis[J]. Journal of Development Effectiveness, 2015(3): 290-303.

[132] Kahneman D. Objective Happiness [M]. Russell Sage Foundation, 1999.

[133] Kaushal N. How public pension affects elderly labor supply and well-being: Evidence from India[J]. World Development, 2014: 214-225.

[134] Kehn D J. Predictors of elderly happiness [J]. Activities,

Adaptation & Aging，1995(3)：11-30.

[135] Kessler R C，Andrews G，Colpe L J，et al. Short screening scales to monitor population prevalences and trends in non-specific psychological distress[J]. Psychological Medicine，2002(6)：959.

[136] Khanam R，Nghiem H S，Connelly L B. Child health and the income gradient：Evidence from Australia[J]. Journal of Health Economics，2009(4)：805-817.

[137] Khanam R，Nghiem S. Family income and child cognitive and noncognitive development in Australia：Does money matter? [J]. Demography，2016(3)：597-621.

[138] Kilburn K，Handa S，Angeles G，et al. Short-term impacts of an unconditional cash transfer program on child schooling：Experimental evidence from Malawi[J]. Economics of Education Review，2017：63-80.

[139] Kraay A. The world bank human capital index：A guide[J]. World Bank Research Observer，2019(1)：1-33.

[140] Krause N，Liang J，Gu S. Financial strain，received support，anticipated support，and depressive symptoms in the People's Republic of China[J]. Psychology and Aging，1998(1)：58.

[141] Krause，N. Negative interaction and satisfaction with social support among older adults[J]. Journals of Gerontology Series B-Psychological Sciences and Social Sciences，1995(2)：59-73.

[142] Künemund H，Rein M. There is more to receiving than needing：Theoretical arguments and empirical explorations of crowding in and crowding out[J]. Ageing & Society，1999(1)：93-121.

[143] Laaksonen E，Martikainen P，Lahelma E，et al. Socioeconomic circumstances and common mental disorders among Finnish and British public sector employees：Evidence from the Helsinki Health Study and the Whitehall Ⅱ Study[J]. International Journal of

Epidemiology，2007(4)：776-786.

[144] Labrecque J A, Kaufman J S, Balzer L B, et al. Effect of a conditional cash transfer program on length-for-age and weight-for-age in Brazilian infants at 24 months using doubly-robust, targeted estimation[J]. Social Science & Medicine, 2018：9-15.

[145] Lalive R, Parrotta P. How does pension eligibility affect labor supply in couples? [J]. Labour Economics, 2017：177-188.

[146] Layard R. Measuring subjective well-being[J]. Science, 2010 (5965)：534-535.

[147] Lee D S, Lemieux T. Regression discontinuity designs in economics [J]. Journal of Economic Literature, 2010(2)：281-355.

[148] Lee S, Ku I, Shon B. The effects of old-age public transfer on the well-being of older adults: The case of social pension in South Korea[J]. Journals of Gerontology: Series B, 2019(3)：506-515.

[149] Lei L, Liu F, Hill E. Labour migration and health of left-behind children in China[J]. Journal of Development Studies, 2018(1)：93-110.

[150] Leroy J L, García-Guerra A, García R, et al. The Oportunidades Program increases the linear growth of children enrolled at young ages in urban Mexico[J]. Journal of Nutrition, 2008(4)：793-798.

[151] Leung A S M, Cheung Y H, Liu X. The relations between life domain satisfaction and subjective well-being [J]. Journal of Managerial Psychology, 2011(2)：155-169.

[152] Leung K K, Chen C Y, Lue B H, et al. Social support and family functioning on psychological symptoms in elderly Chinese [J]. Archives of Gerontology and Geriatrics, 2007(2)：203-213.

[153] Levy S. Progress Against Poverty: Sustaining Mexico's Progresa-Oportunidades Program[M]. Brookings Institution Press, 2007.

[154] Lim S S, Updike R L, Kaldjian A S, et al. Measuring human

capital: A systematic analysis of 195 countries and territories, 1990 - 2016[J]. Lancet, 2018(10154): 1217-1234.

[155] Liu C, Zhang L, Shi Y, et al. Maternal health services in China's western rural areas: Uptake and correlates[J]. China Agricultural Economic Review, 2016(2): 250-276.

[156] Lloyd-Sherlock P, Barrientos A, Moller V, et al. Pensions, poverty and wellbeing in later life: Comparative research from South Africa and Brazil[J]. Journal of Aging Studies, 2012(3): 243-252.

[157] Lorant V, Deliège D, Eaton W, et al. Socioeconomic inequalities in depression: A meta-analysis [J]. American Journal of Epidemiology, 2003(2): 98-112.

[158] Lucas R E, Clark A E, Georgellis Y, et al. Unemployment alters the set point for life satisfaction[J]. Psychological Science, 2004 (1): 8-13.

[159] Luo R, Emmers D, Warrinnier N, et al. Using community health workers to deliver a scalable integrated parenting program in rural China: A cluster-randomized controlled trial[J]. Social Science & Medicine, 2019: 112545.

[160] Lykken D, Tellegen A. Happiness is a stochastic phenomenon[J]. Psychological Science, 1996(3): 186-189.

[161] MacLeod A K, Conway C. Well-being and the anticipation of future positive experiences: The role of income, social networks, and planning ability[J]. Cognition & Emotion, 2005(3): 357-374.

[162] Maier H, Klumb P L. Social participation and survival at older ages: Is the effect driven by activity content or context? [J]. European Journal of Ageing, 2005(1): 31-39.

[163] Maluccio J A, Murphy A, Regalia F. Does supply matter? Initial schooling conditions and the effectiveness of conditional cash

transfers for grade progression in Nicaragua [J]. Journal of Development Effectiveness, 2010(1): 87-116.

[164] Maluccio J A. Household targeting in practice: the Nicaraguan Red de Protección Social[J]. Journal of International Development: The Journal of the Development Studies Association, 2009 (1): 1-23.

[165] Mansuri G. Migration, School Attainment, and Child Labor: Evidence from Rural Pakistan[M]. World Bank, 2006.

[166] Marmot M. Epidemiology of socioeconomic status and health: Are determinants within countries the same as between countries? [J]. Annals of the New York Academy of Sciences, 1999(1): 16-29.

[167] Max-Neef M. Economic growth and quality of life: A threshold hypothesis[J]. Ecological Economics, 1995(2): 115-118.

[168] Mei Z, Grummer-Strawn L M. Standard deviation of anthropometric Z-scores as a data quality assessment tool using the 2006 WHO growth standards: A cross country analysis [J]. Bulletin of the World Health Organization, 2007: 441-448.

[169] Menec V H. The relation between everyday activities and successful aging: A 6-year longitudinal study [J]. Journals of Gerontology Series B: Psychological Sciences and Social Sciences, 2003(2): S74-S82.

[170] Meng L. Evaluating China's poverty alleviation program: A regression discontinuity approach[J]. Journal of Public Economics, 2013: 1-11.

[171] Michalos A C. An application of multiple discrepancies theory (MDT) to seniors [J]. Social Indicators Research, 1986 (4): 349-373.

[172] Millán T M, Barham T, Macours K, et al. Long-term impacts of conditional cash transfers: Review of the evidence[J]. World Bank

Research Observer, 2019(1): 119-159.

[173] Mincer J, Polachek S. Family investments in human capital: Earnings of women[J]. Journal of Political Economy, 1974(2): S76-S108.

[174] Mincer J. Investment in human capital and personal income distribution[J]. Journal of Political Economy, 1958(4): 281-302.

[175] Mo D, Zhang L, Yi H, et al. School dropouts and conditional cash transfers: Evidence from a randomised controlled trial in rural China's junior high schools[J]. Journal of Development Studies, 2013(2): 190-207.

[176] Mohamad N, Alavi K, Mohamad M S, et al. Intergenerational support and intergenerational social support among elderly—A short review in Malaysian context [J]. Procedia-Social and Behavioral Sciences, 2016: 513-519.

[177] Moreno R L, Godoy-Izquierdo D, Vazquez Perez M L, et al. Multidimensional psychosocial profiles in the elderly and happiness: A cluster-based identification[J]. Aging & Mental Health, 2014(4): 489-503.

[178] Morgan S P, Hirosima K. The persistence of extended family residence in Japan: Anachronism or alternative strategy? [J]. American Sociological Review, 1983: 269-281.

[179] Morris S S, Flores R, Olinto P, et al. Monetary incentives in primary health care and effects on use and coverage of preventive health care interventions in rural Honduras: cluster randomised trial[J]. Lancet, 2004(9450): 2030-2037.

[180] Morrissey T W. Child care and parent labor force participation: A review of the research literature[J]. Review of Economics of the Household, 2017(1): 1-24.

[181] Mu R. Regional disparities in self-ported health: Evidence from

Chinese older adults[J]. Health Economics, 2014(5): 529-549.

[182] Myers D G, Diener E. Who is happy? [J]. Psychological Science, 1995(1): 10-19.

[183] Ning M, Gong J, Zheng X, et al. Does new rural pension scheme decrease elderly labor supply? Evidence from CHARLS[J]. China Economic Review, 2016: 315-330.

[184] Ning M, Liu W, Gong J, et al. Does the New Rural Pension Scheme crowd out private transfers from children to parents? Empirical evidence from China[J]. China Agricultural Economic Review, 2019(2): 411-430.

[185] Noble K G, Houston S M, Brito N H, et al. Family income, parental education and brain structure in children and adolescents [J]. Nature Neuroscience, 2015(5): 773.

[186] Olson Z, Clark R G, Reynolds S A. Can a conditional cash transfer reduce teen fertility? The case of Brazil's Bolsa Familia[J]. Journal of Health Economics, 2019: 128-144.

[187] Omodei M M, Wearing A J. Need satisfaction and involvement in personal projects: Toward an integrative model of subjective well-being[J]. Journal of Personality and Social Psychology, 1990 (4): 762.

[188] Oswald A J. Happiness and economic performance[J]. Economic Journal, 1997(445): 1815-1831.

[189] Paes-Sousa R, Santos L M P, Miazaki É S. Effects of a conditional cash transfer programme on child nutrition in Brazil[J]. Bulletin of the World Health Organization, 2011: 496-503.

[190] Parker S W, Todd P E. Conditional cash transfers: The case of Progresa/Oportunidades[J]. Journal of Economic Literature, 2017 (3): 866-915.

[191] Parker S W, Vogl T. Do conditional cash transfers improve

economic outcomes in the next generation? Evidence from Mexico [R]. National Bureau of Economic Research, 2018.

[192] Paxson C, Schady N. Does money matter? The effects of cash transfers on child development in rural Ecuador [J]. Economic Development and Cultural Change, 2010(1): 187-229.

[193] Propper C, Rigg J, Burgess S. Child health: Evidence on the roles of family income and maternal mental health from a UK birth cohort[J]. Health Economics, 2007(11): 1245-1269.

[194] Putnam R D. Our Kids: The American Dream in Crisis[M]. Simon and Schuster, 2016.

[195] Qi D, Wu Y. A multidimensional child poverty index in China[J]. Children and Youth Services Review, 2015: 159-170.

[196] Radloff L S. The CES-D scale: A self-report depression scale for research in the general population [J]. Applied Psychological Measurement, 1977(3): 385-401.

[197] Reinhold S, Jürges H. Parental income and child health in Germany[J]. Health Economics, 2012(5): 562-579.

[198] Rivera J A, Sotres-Alvarez D, Habicht J P, et al. Impact of the Mexican program for education, health, and nutrition (Progresa) on rates of growth and anemia in infants and young children: A randomized effectiveness study[J]. JAMA, 2004(21): 2563-2570.

[199] Salthouse T A. Mental exercise and mental aging: Evaluating the validity of the "use it or lose it" hypothesis[J]. Perspectives on Psychological Science, 2006(1): 68-87.

[200] Satumba T, Bayat A, Mohamed S. The impact of social grants on poverty reduction in South Africa[J]. Journal of Economics, 2017 (1): 33-49.

[201] Schatz E, Gómez-Olivé X, Ralston M, et al. The impact of pensions on health and wellbeing in rural South Africa: Does

gender matter? [J]. Social Science & Medicine, 2012 (10)：1864-1873.

[202] Schultz T W. Investment in human capital[J]. American Economic Review, 1961(1)：1-17.

[203] Sen A. Development as freedom[M]. Alfred Knopf, 1999.

[204] Shah M, Steinberg B M. Workfare and human capital investment evidence from India[J]. Journal of Human Resources, 2021(2)：380-405.

[205] Shen Z, Zheng X, Yang H. The fertility effects of public pension：Evidence from the new rural pension scheme in China[J]. Plos One, 2020(6)：e0234657.

[206] Shu L. The effect of the New Rural Social Pension Insurance program on the retirement and labor supply decision in China[J]. Journal of the Economics of Ageing, 2018：135-150.

[207] Sinha N, Yoong J. Long-term financial incentives and investment in daughters：Evidence from conditional cash transfers in North India[R]. World Bank, 2009.

[208] Spernak S M, Schottenbauer M A, Ramey S L, et al. Child health and academic achievement among former head start children[J]. Children and Youth Services Review, 2006(10)：1251-1261.

[209] Stampini M, Martinez-Cordova S, Insfran S, et al. Do conditional cash transfers lead to better secondary schools? Evidence from Jamaica's PATH[J]. World Development, 2018：104-118.

[210] Stroebe W, Stroebe M S. Bereavement and health：The psychological and physical consequences of partner loss [J]. Contemporary Sociology, 1987(5)：692.

[211] Su B. Pensions and household consumption in rural China[J]. China Agricultural Economic Review, 2017(4)：522-534.

[212] Sun R. Old age support in contemporary urban China from both

parents' and children's perspectives[J]. Research on Aging，2002
(3)：337-359.

[213] Thaler R H，Ganser L J. Misbehaving：The Making of Behavioral
economics[M]. WW Norton，2015.

[214] Tilley E，Logar I，Günther I. The effect of giving respondents time
to think in a choice experiment：A conditional cash transfer
programme in South Africa[J]. Environment and Development
Economics，2017(2)：202-227.

[215] Todd J E，Winters P，Stecklov G. Evaluating the impact of
conditional cash transfer programs on fertility：The case of the Red
de Protección Social in Nicaragua[J]. Journal of Population
Economics，2012(1)：267-290.

[216] Van de Leemput I A，Wichers M，Cramer A O J，et al. Critical
slowing down as early warning for the onset and termination of
depression[J]. Proceedings of the National Academy of Sciences，
2014(1)：87-92.

[217] Van Hemert D A，Van De Vijver F J R，Poortinga Y H. The Beck
Depression Inventory as a measure of subjective well-being：A
cross-national study[J]. Journal of Happiness Studies，2002(3)：
257-286.

[218] Veenhoven R. Happy life-expectancy[J]. Social Indicators
Research，1996(1)：1-58.

[219] Veenhoven R. Is happiness a trait? [M]// Citation Classics from
Social Indicators Research. Springer，2005：477-536.

[220] Vera-Villarroel P，Urzúa A，Celis-Atenas P P K，et al. Evaluation
of subjective well-being：Analysis of the satisfaction with life scale
in chilean population[J]. Universitas Psychologica，2012(3)：
719-727.

[221] Watkins L L，Koch G G，Sherwood A，et al. Association of

anxiety and depression with all-cause mortality in individuals with coronary heart disease [J]. Journal of the American Heart Association, 2013(2): e000068.

[222] Wildman J. Income related inequalities in mental health in Great Britain: Analysing the causes of health inequality over time[J]. Journal of Health Economics, 2003(2): 295-312.

[223] World Health Organization. WHO Child Growth Standards: length/height-for-age, Weight-for-age, Weight-for-length, Weight-for-height and Body Mass Index-for-age: Methods and Development[M]. World Health Organization, 2006.

[224] Xie Y. China Family Panel Studies, Users Manual for the 2010 Baseline Survey[R]. Peking University Institute of Social Science Survey, 2012.

[225] Zhang Z, Luo Y, Robinson D. Do social pensions help people living on the edge? Assessing determinants of vulnerability to food poverty among the rural elderly [J]. European Journal of Development Research, 2020(1): 198-219.

[226] Zhang Z, Luo Y, Robinson D. Reducing food poverty and vulnerability among the rural elderly with chronic diseases: The role of the new rural pension scheme in China[J]. International Journal of Environmental Research and Public Health, 2018 (6): 1253.

[227] Zhao Q, Yu X, Wang X, et al. The impact of parental migration on children's school performance in rural China [J]. China Economic Review, 2014: 43-54.

[228] Zheng H, Zhong T. The impacts of social pension on rural household expenditure: Evidence from China [J]. Journal of Economic Policy Reform, 2016(3): 221-237.

[229] Zheng X, Fang X, Brown D S. Social pensions and child health in

rural China［J］. Journal of Development Studies，2020（3）：545-559.

［230］Zhong H. The impact of population aging on income inequality in developing countries：Evidence from rural China［J］. China Economic Review，2011(1)：98-107.

［231］Zhou C，Sylvia S，Zhang L，et al. China's left-behind children：Impact of parental migration on health，nutrition，and educational outcomes[J]. Health Affairs，2015(11)：1964-1971.

［232］Zhou H，Wu Y，Liu C，et al. Conditional cash transfers，uptake of maternal and child health services，and health outcomes in western rural China[J]. BMC Public Health，2020：1-17.

［233］Zhou Y，Zhou L，Fu C，et al. Socio-economic factors related with the subjective well-being of the rural elderly people living independently in China［J］. International Journal for Equity in Health，2015(1)：1-9.

［234］白南生，李靖，陈晨. 子女外出务工、转移收入与农村老人农业劳动供给——基于安徽省劳动力输出集中地三个村的研究[J]. 中国农村经济，2007(10)：46-52.

［235］蔡昉. 如何开启第二次人口红利？[J]. 国际经济评论，2020(2)：4，9-24.

［236］陈斌开，张川川. 人力资本和中国城市住房价格[J]. 中国社会科学，2016(5)：43-64，205.

［237］陈刚. 对移民的误解——移民对本地居民主观福利的影响[J]. 世界经济文汇，2015(6)：106-120.

［238］陈国强，罗楚亮，吴世艳. 公共转移支付的减贫效应估计——收入贫困还是多维贫困？[J]. 数量经济技术经济研究，2018(5)：59-76.

［239］陈华帅，曾毅. "新农保"使谁受益：老人还是子女？[J]. 经济研究，2013(8)：55-67，160.

[240] 陈林，伍海军. 国内双重差分法的研究现状与潜在问题[J]. 数量经济技术经济研究，2015(7)：133-148.

[241] 陈志钢，毕洁颖，吴国宝，何晓军，王子妹一. 中国扶贫现状与演进以及 2020 年后的扶贫愿景和战略重点[J]. 中国农村经济，2019(1)：2-16.

[242] 成红磊. 社会参与对老年人生活满意度的影响[J]. 老龄科学研究，2016(5)：20-28.

[243] 程杰. 养老保障的劳动供给效应[J]. 经济研究，2014(10)：60-73.

[244] 程令国，张晔，刘志彪. "新农保"改变了中国农村居民的养老模式吗？[J]. 经济研究，2013(8)：42-54.

[245] 程名望，盖庆恩，Jin Yanhong，史清华. 人力资本积累与农户收入增长[J]. 经济研究，2016(1)：168-181,192.

[246] 范辰辰，陈东. 新型农村社会养老保险的减贫增收效应——基于"中国健康与营养追踪调查"的实证检验[J]. 求是学刊，2014(6)：62-70.

[247] 范辰辰，李文. "新农保"、宗族网络与农村家庭代际转移[J]. 北京社会科学，2015(1)：18-25.

[248] 方黎明. 健康状况、公共服务与农村老人的主观幸福感[J]. 江汉学术，2014(1)：5-11.

[249] 方黎明. 社会支持与农村老年人的主观幸福感[J]. 华中师范大学学报(人文社会科学版)，2016(1)：54-63.

[250] 房连泉. 国际扶贫中的退出机制——有条件现金转移支付计划在发展中国家的实践[J]. 国际经济评论，2016(6)：6,86-104.

[251] 费孝通. 家庭结构变动中的老年赡养问题——再论中国家庭结构的变动[J]. 北京大学学报(哲学社会科学版)，1983(3)：7-16.

[252] 费孝通. 乡土中国·生育制度·乡土重建[M]. 商务印书馆，2011.

[253] 封进，余央央. 中国农村的收入差距与健康[J]. 经济研究，2007(1)：79-88.

[254] 甘犁. 解决相对贫困需建立激励相容的现金转移支付制度[EB/

OL]，新浪财经，2019-11-08.

[255] 高翔，王三秀. 农村老年多维贫困的精准测量与影响因素分析[J]. 宏观质量研究，2017（2）：61-71.

[256] 官皓. 收入对幸福感的影响研究：绝对水平和相对地位[J]. 南开经济研究，2010（5）：56-70.

[257] 郭文斌. 老年人生活满意度及其影响因素——以温州为例[J]. 社会科学家，2008（2）：66-68.

[258] 郭熙保，周强. 长期多维贫困、不平等与致贫因素[J]. 经济研究，2016（6）：143-156.

[259] 韩华为，高琴. 中国农村低保政策效果评估——研究述评与展望[J]. 劳动经济研究，2020（1）：111-135.

[260] 何立新，潘春阳. 破解中国的"Easterlin 悖论"：收入差距、机会不均与居民幸福感[J]. 管理世界，2011（8）：11-22,187.

[261] 何强. 攀比效应、棘轮效应和非物质因素：对幸福悖论的一种规范解释[J]. 世界经济，2011（7）：148-160.

[262] 何秀荣. 改革 40 年的农村反贫困认识与后脱贫战略前瞻[J]. 农村经济，2018（11）：1-8.

[263] 何泱泱，周钦. "新农保"对农村居民主观福利的影响研究[J]. 保险研究，2016（3）：106-117.

[264] 贺聪志，安苗. 发展话语下我国农村留守老人的福利之"痛"[J]. 中国农业大学学报（社会科学版），2011（3）：120-126.

[265] 贺立龙，姜召花. "新农保"的消费增进效应——基于 CHARLS 数据的分析[J]. 人口与经济，2015（1）：116-125.

[266] 贺雪峰. 最后一公里村庄[M]. 中信出版社，2017.

[267] 贺志峰. 代际支持对农村老年人主观幸福感的影响研究[J]. 人口与经济，2011（S1）：1-3.

[268] 侯亚景. 中国农村长期多维贫困的测量、分解与影响因素分析[J]. 统计研究，2017（11）：86-97.

[269] 胡安宁. 教育能否让我们更健康——基于 2010 年中国综合社会调

查的城乡比较分析[J]. 中国社会科学,2014(5):116-130,206.

[270] 胡鞍钢. 从人口大国到人力资本大国:1980—2000 年[J]. 中国人口科学,2002(5):3-12.

[271] 胡宏伟,高敏,王剑雄. 老年人主观幸福感的影响因素与提升路径分析——基于对我国城乡老年人生活状况的调查[J]. 江苏大学学报(社会科学版),2013(4):48-54.

[272] 黄宏伟,展进涛,陈超. "新农保"养老金收入对农村老年人劳动供给的影响[J]. 中国人口科学,2014(2):106-115,128.

[273] 黄睿. 新型农村社会养老保险对高龄农民家庭消费的影响——基于2011—2013 年 CHARLS 数据的研究[J]. 经济体制改革,2016(6):84-92.

[274] 黄祖辉,朋文欢. 对"Easterlin 悖论"的解读——基于农民工的视角[J]. 浙江大学学报(人文社会科学版),2016(4):158-173.

[275] 贾俊雪,秦聪,刘勇政. "自上而下"与"自下而上"融合的政策设计——基于农村发展扶贫项目的经验分析[J]. 中国社会科学,2017(9):68-89,206-207.

[276] 江求川,张克中. 宗教信仰影响老年人健康吗?[J]. 世界经济文汇,2013(5):85-106.

[277] 焦克源,井亚琼. "新农保"的储蓄挤出效应及其影响因素分析——基于两期代际扩展模型的应用[J]. 西北人口,2014(2):110-114.

[278] 焦娜. 社会养老保险会改变我国农村家庭的代际支持吗?[J]. 人口研究,2016(4):88-102.

[279] 靳卫东,王鹏帆,何丽. "新农保"的养老保障作用:理论机制与经验证据[J]. 财经研究,2018(11):125-138.

[280] 冷熙媛,张莉琴. "新农保"对传统合住模式的冲击效应[J]. 人口研究,2018(4):66-77.

[281] 李海峥,贾娜,张晓蓓,Barbara Fraumeni. 中国人力资本的区域分布及发展动态[J]. 经济研究,2013(7):49-62.

[282] 李海峥. 中国人力资本报告 2020[R]. 中央财经大学中国人力资本

与劳动经济研究中心，2020.

[283] 李翰炜. 北京市城镇老年人社会参与和生活满意度关系研究——基于模糊回归分析方法[D]. 北京大学，2010.

[284] 李建新. 社会支持与老年人口生活满意度的关系研究[J]. 中国人口科学，2004(S1)：45-49，176.

[285] 李江一，李涵. 新型农村社会养老保险对老年人劳动参与的影响——来自断点回归的经验证据[J]. 经济学动态，2017(3)：62-73.

[286] 李齐云，席华. "新农保"对家庭贫困脆弱性的影响——基于中国家庭追踪调查数据的研究[J]. 上海经济研究，2015(7)：46-54.

[287] 李琴，杨松涛，张同龙. 社会保障能够替代土地保障吗——基于"新农保"对土地租出意愿租金的影响研究[J]. 经济理论与经济管理，2019(7)：61-74.

[288] 李琴，周先波. 新型农村社会养老保险对农村老年人儿童照料时间的影响及机制研究[J]. 世界经济文汇，2018(5)：31-52.

[289] 李婷，张闫龙. 出生队列效应下老年人健康指标的生长曲线及其城乡差异[J]. 人口研究，2014(2)：18-35.

[290] 李越，崔红志. 农村老人主观幸福感及其影响因素分析——基于山东、河南、陕西三省农户调查数据分析[J]. 中国农村观察，2014(4)：18-28.

[291] 李宗华. 近30年来关于老年人社会参与研究的综述[J]. 东岳论丛，2009(8)：60-64.

[292] 刘成奎，齐兴辉. 公共转移支付能授人以渔吗？——基于子代人力资本的研究[J]. 财政研究，2019(11)：77-90.

[293] 刘宏，高松，王俊. 养老模式对健康的影响[J]. 经济研究，2011(4)：80-93，106.

[294] 刘凌晨，曾益. "新农保"覆盖对农户劳动供给的影响[J]. 农业技术经济，2016(6)：56-67.

[295] 刘书鹤. 农村社会保障的若干问题[J]. 人口研究，2001(5)：35-42.

[296] 刘书鹤. 农村社会保障的主要问题与对策[J]. 人口与经济，2002 (6)：67-73.

[297] 刘颂. 老年社会参与对心理健康影响探析[J]. 南京人口管理干部学院学报，2007(4)：38-40.

[298] 刘西国，刘晓慧. 基于断点回归法的"新农保"主观福利效应检验 [J]. 统计与信息论坛，2017(5)：90-95.

[299] 刘亚洲，钟甫宁，王亚楠. "新农保"对中国农村老年人劳动时间供给的影响[J]. 人口与经济，2016(5)：114-126.

[300] 刘远风. "新农保"扩大内需的实证分析[J]. 中国人口·资源与环境，2012(2)：88-93.

[301] 刘子兰. 中国农村养老社会保险制度反思与重构[J]. 管理世界，2003(8)：46-56,80-154.

[302] 娄伶俐. 主观幸福感的经济学研究动态[J]. 经济学动态，2009(2)：99-104.

[303] 罗仁福，刘琰，刘承芳，张林秀，赵启然. 新型农村养老保险对农户家庭土地流转行为的影响——基于中国农村发展调查的 5 省农户微观数据[J]. 经济经纬，2019(3)：33-40.

[304] 马光荣，周广肃. 新型农村养老保险对家庭储蓄的影响：基于 CFPS 数据的研究[J]. 经济研究，2014(11)：116-129.

[305] 马瑜，李政宵，马敏. 中国老年多维贫困的测度和致贫因素——基于社区和家庭的分层研究[J]. 经济问题，2016(10)：27-33.

[306] 马照泽. 中国农村社会养老保险制度变迁研究[D]. 吉林大学，2014.

[307] 孟庆方，许昭，林勇虎. 体育活动参与程度与老年人孤独感及生活满意度的关系[J]. 山东体育学院学报，2007(3)：82-84.

[308] 宁满秀. 谁从"家庭捆绑"式的新型农村社会养老保险制度中获益？——来自 CHARLS 数据的经验分析[J]. 中国农村经济，2015 (7)：31-45,96.

[309] 佩德罗·孔塞桑，罗米娜·班德罗，卢艳华. 主观幸福感研究文献

综述[J]. 国外理论动态，2013(7)：10-23.

[310] 乔晓春. 关于中国农村社会养老保险问题的分析[J]. 人口研究，1998(3)：8-13.

[311] 秦昌才. "新农保"对中国农村家庭收入的促进效应[J]. 华南农业大学学报(社会科学版)，2017(5)：41-48.

[312] 阮荣平，郑风田，刘力. 宗教信仰、宗教参与与主观福利：信教会幸福吗？[J]. 中国农村观察，2011(2)：74-86.

[313] 沈冰清，郭忠兴. "新农保"改善了农村低收入家庭的脆弱性吗？——基于分阶段的分析[J]. 中国农村经济，2018(1)：90-107.

[314] 宋璐，李树茁. 劳动力外流下农村家庭代际支持性别分工研究[J]. 人口学刊，2008(3)：38-43.

[315] 宋璐，李树茁. 当代农村家庭养老性别分工[M]. 社会科学文献出版社，2011.

[316] 孙文凯，王乙杰. 父母外出务工对留守儿童健康的影响——基于微观面板数据的再考察[J]. 经济学(季刊)，2016(3)：963-988.

[317] 谭华清，周广肃，王大中. 新型农村社会养老保险对城乡劳动力转移的影响：基于CFPS的实证研究[J]. 经济科学，2016(1)：53-65.

[318] 檀学文. 时间利用对个人福祉的影响初探——基于中国农民福祉抽样调查数据的经验分析[J]. 中国农村经济，2013(10)：76-90.

[319] 唐丹，邹君，申继亮，张凌. 老年人主观幸福感的影响因素[J]. 中国心理卫生杂志，2006(3)：160-162.

[320] 唐丹. 城乡因素在老年人抑郁症状影响模型中的调节效应[J]. 人口研究，2010(3)：53-63.

[321] 陶然，周敏慧. 父母外出务工与农村留守儿童学习成绩——基于安徽、江西两省调查实证分析的新发现与政策含义[J]. 管理世界，2012(8)：68-77.

[322] 陶裕春，申昱. 社会支持对农村老年人身心健康的影响[J]. 人口与经济，2014(3)：3-14.

[323] 汪三贵，曾小溪. 有条件现金转移支付减贫的国际经验[N]. 学习时

报，2016-02-25(002).

[324] 王春超，张承莎. 非认知能力与工资性收入[J]. 世界经济，2019 (3)：143-167.

[325] 王翠. 不同健康状况的老年人社会参与和主观幸福感的关系研究 [D]. 湖南师范大学，2011.

[326] 王芳，李锐. "新农保"对"家庭养老"替代性的地区差异分析——基 于 CHARLS 数据的实证研究[J]. 保险研究，2016(12)：114-123.

[327] 王国军. 现行农村社会养老保险制度的缺陷与改革思路[J]. 上海社 会科学院学术季刊，2000(1)：120-127.

[328] 王萍，李树茁. 代际支持对农村老年人生活满意度影响的纵向分析 [J]. 人口研究，2011(1)：44-52.

[329] 王萍，李树茁. 子女迁移背景下代际支持对农村老人生理健康的影 响[J]. 人口与发展，2012(2)：47,61-71.

[330] 王天宇，周钦. 非缴费型养老金对消费的影响——来自断点回归的 证据[J]. 保险研究，2017(6)：70-84.

[331] 王小林，尚晓援，徐丽萍. 中国老年人主观福利及贫困状态研究 [J]. 山东社会科学，2012(4)：22-28.

[332] 王旭光. 新型农村养老保险政策提升农民消费水平了吗——来自 CFPS 数据的实证研究[J]. 南方经济，2017(1)：1-12.

[333] 王以才. 谁来赡养中国老农？——农村社会养老保险的现状、问题 及措施[J]. 中外管理导报，1999(2)：14-15.

[334] 王翌秋，刘蕾. 新型农村合作医疗保险、健康人力资本对农村居民劳 动参与的影响[J]. 中国农村经济，2016(11)：68-81.

[335] 王跃生. 中国城乡家庭结构变动分析——基于 2010 年人口普查数 据[J]. 中国社会科学，2013(12)：60-77,205-206.

[336] 位秀平. 中国老年人社会参与和健康的关系及影响因子研究[D]. 华东师范大学，2015.

[337] 吴海盛. 农村老人生活质量现状及影响因素分析——基于江苏省农 户微观数据的分析[J]. 农业经济问题，2009(10)：44-50,110-111.

[338] 吴捷. 老年人社会支持、孤独感与主观幸福感的关系[J]. 心理科学，2008(4)：984-986,1004.

[339] 吴振云. 老年心理健康的内涵、评估和研究概况[J]. 中国老年学杂志，2003(12)：799-801.

[340] 谢冬水，王松. 中国农村社会养老保险的历史变迁与制度创新[J]. 中国集体经济，2008(10)：164-165.

[341] 解垩. "新农保"对农村老年人劳动供给及福利的影响[J]. 财经研究，2015a(8)：39-49.

[342] 解垩. 公共转移支付对再分配及贫困的影响研究[J]. 经济研究，2017(9)：103-116.

[343] 解垩. 公共转移支付与老年人的多维贫困[J]. 中国工业经济，2015b(11)：32-46.

[344] 徐晓新，张秀兰. 将家庭视角纳入公共政策——基于流动儿童义务教育政策演进的分析[J]. 中国社会科学，2016(6)：151-169,207.

[345] 徐志刚，宁可，钟甫宁，纪月清. "新农保"与农地转出：制度性养老能替代土地养老吗？——基于家庭人口结构和流动性约束的视角[J]. 管理世界，2018(5)：86-97,180.

[346] 薛惠元. 基于整体法的"新农保"个人账户基金收支平衡模拟与预测[J]. 保险研究，2014(2)：103-118.

[347] 薛惠元. "新农保"能否满足农民的基本生活需要[J]. 中国人口·资源与环境，2012(10)：170-176.

[348] 薛新东，刘国恩. 社会资本决定健康状况吗——来自中国健康与养老追踪调查的证据[J]. 财贸经济，2012(8)：113-121.

[349] 亚洲开发银行. 在中国开展有条件现金转移支付项目的理据[R]. 亚洲开发银行驻中国代表处，2012.

[350] 杨人平，康小兰. 农村老人主观幸福程度影响因素的实证研究——以江西调查样本为例[J]. 江西农业大学学报，2011（6）：1263-1268.

[351] 杨政怡. 替代或互补：群体分异视角下"新农保"与农村家庭养老的

互动机制——来自全国五省的农村调查数据[J]. 公共管理学报，2016(1)：117-127,158-159.

[352] 姚远. 中国家庭养老研究述评[J]. 人口与经济，2001(1)：11，33-43.

[353] 叶丹丹. "新农保"视角下农村空巢老人养老方式的路径选择[J]. 湖北经济学院学报(人文社会科学版)，2012(9)：87-89.

[354] 于新亮，上官熠文，刘慧敏. "新农保"、隔代照顾与儿童健康[J]. 中国农村经济，2019(7)：125-144.

[355] 余桔云. 新中国农村社会养老保险制度变迁与绩效评估[D]. 江西财经大学，2011.

[356] 苑鹏，白描. 社会联系对农户生活幸福状况影响的实证分析——基于山东、河南、陕西三省六县487户农户问卷调研[J]. 学习与实践，2013(7)：86-96.

[357] 岳爱，蔡建华，白钰，汤蕾，史耀疆，罗仁福，罗斯高. 中国农村贫困地区0—3岁婴幼儿面临的挑战及可能的解决方案[J]. 华东师范大学学报(教育科学版)，2019(3)：1-16.

[358] 岳爱，杨矗，常芳，田新，史耀疆，罗仁福，易红梅. 新型农村社会养老保险对家庭日常费用支出的影响[J]. 管理世界，2013(8)：101-108.

[359] 张川川，John Giles，赵耀辉. 新型农村社会养老保险政策效果评估——收入、贫困、消费、主观福利和劳动供给[J]. 经济学(季刊)，2015(1)：203-230.

[360] 张川川，李雅娴，胡志安. 社会养老保险、养老预期和出生人口性别比[J]. 经济学(季刊)，2017(2)：749-770.

[361] 张恺悌. 中国城乡老年人社会活动和精神心理状况研究[M]. 中国社会出版社，2009.

[362] 张骑，王玲凤. 城市空巢老人心理健康状况的影响因素[J]. 中国老年学杂志，2010(16)：2334-2336.

[363] 张苏，朱媛. 最优代际人力资本投资研究新进展[J]. 经济学动态，

2018(5)：117-128.

[364] 张文娟，李树茁. 子女的代际支持行为对农村老年人生活满意度的影响研究[J]. 人口研究，2005(5)：73-80.

[365] 张新梅. 家庭养老研究的理论背景和假设推导[J]. 人口学刊，1999(1)：58-61.

[366] 张亚丽，白云丽，甄霖，辛良杰. "新农保"能促进农户土地流转吗？——基于 CHARLS 三期面板数据[J]. 自然资源学报，2019(5)：1016-1026.

[367] 张晔，程令国，刘志彪. "新农保"对农村居民养老质量的影响研究[J]. 经济学(季刊)，2016(2)：817-844.

[368] 张玉平，李彦章，周胡园，张亚静. 社会参与对老年人认知功能的影响[J]. 成都医学院学报，2016(4)：496-500.

[369] 章元，陆铭. 社会网络是否有助于提高农民工的工资水平？[J]. 管理世界，2009(3)：45-54.

[370] 赵晶晶，李放. 养老金收入对农村老年人劳动供给的影响——基于 CHARLS 数据的实证分析[J]. 农业经济问题，2017(3)：63-71,111.

[371] 赵忻怡，潘锦棠. 城市女性丧偶老人社会活动参与和抑郁状况的关系[J]. 妇女研究论丛，2014(2)：25-33.

[372] 郑晓冬，方向明. 社会养老保险与农村老年人主观福利[J]. 财经研究，2018(9)：80-94.

[373] 郑晓冬，上官霜月，陈典，方向明. 有条件现金转移支付与农村长期减贫：国际经验与中国实践[J]. 中国农村经济，2020(9)：124-144.

[374] 郑晓冬，上官霜月，方向明. 新型农村社会养老保险政策效果的研究综述[J]. 农业经济问题，2020(5)：79-91.

[375] 郑晓冬，杨园争，冯子蔚，方向明. 社会养老保险、老年人健康及其不平等的关系研究[J]. 制度经济学研究，2019(3)：88-116.

[376] 中国发展研究基金会. 中国儿童发展报告 2017：反贫困与儿童早期发展[M]. 中国发展出版社，2017.

[377] 周广肃,李力行. 养老保险是否促进了农村创业[J]. 世界经济,2016(11):172-192.

[378] 周金燕. 人力资本内涵的扩展:非认知能力的经济价值和投资[J]. 北京大学教育评论,2015(1):78-95,189-190.

[379] 周亚,甘勇,李克强,姜璐. 中国人力资本的分布差异研究[J]. 教育与经济,2004(2):17-20.

[380] 朱梦冰,李实. 精准扶贫重在精准识别贫困人口——农村低保政策的瞄准效果分析[J]. 中国社会科学,2017(9):90-112,207.

后 记

　　本书是本人的博士论文中关于新型农村社会养老保险政策效果分析的延续与拓展。首先，本书从理论机制与实证研究两个角度系统梳理关于"新农保"政策效果评估的主要文献，并对既往文献出现分歧的可能原因进行了讨论。其次，本书运用相对严谨的实证方法和多个大型微观数据库验证"新农保"对农村老年人（包括农村留守老人）主观福利的影响，提升了研究结论的稳健性和可靠性。最后，本书还考察了"新农保"对农村儿童人力资本（健康和教育）的溢出效应，并通过总结国际上流行的有条件现金转移支付政策经验与中国实践，来探索长期有效提升农村人力资本水平的转移支付政策，这为进一步完善包括"新农保"在内的公共转移支付制度提供参考。

　　老人和儿童，特别是在城镇化和劳动力迁移过程中产生的大量留守老人、留守儿童，是社会中相对弱势的群体。设计针对这些群体的长期有效的社会支持政策，对提升社会总体福利水平、减少发展不平衡不充分问题、实现人的全面发展和全体人民共同富裕具有重要作用。希望本书所涉及的一些主题研究能够为未来更多相关议题讨论起到"抛砖引玉"的作用，同时也希望这一领域的研究能够在一定程度上指导实践，推动相关政策的完善与优化。

　　本书的完成需要特别感谢我的导师方向明教授。方老师治学严谨，知识涉猎广泛，研究问题能够在短时间内抓住本质、切入要害，并能够通过比较通俗的语言化繁为简，发人深省。虽然方老师常常工作繁忙，但他并不吝惜时间与我进行学术讨论，特别是关于我的学术论文撰写修改与分析框架构建，并给予非常具有建设性意义的指导和帮助。方老师对我的帮助并不只是在学术与科研上,还在为人处世与生活状态上给予我很多思考和启示。方老师本人在工作与生活中是极富激情和励志性的,他总能通过他的亲身经历来鼓舞我们不断积累、持续努力、取得进步。我将铭记方老师的指导与教诲,在工作与生活中有目标、有冲劲,同时劳逸结合。还要感谢上官霜月博士和陈典博士,对本书中部分内容进行校对和补充,感谢我的家人对我的无私付出和支持。

本书的出版得到了浙江省哲学社会科学规划后期资助课题(编号:22HQZZ19YB)的资助,同时也得到了国家自然科学基金项目(编号:72003173)、教育部人文社会科学研究项目(编号:20YJC790187)、浙江工商大学应用经济学高校人文社科重点研究基地的支持,在此一并表示感谢。

由于本人能力有限,书中仍可能有纰漏错误之处,恳请读者和同行见谅并指正。

郑晓冬

2021 年 11 月于杭州